航天科技图书出版基金资助出版

产业成熟度
评价方法与应用

产业成熟度编研组　著

中国宇航出版社
·北京·

图书在版编目(CIP)数据

产业成熟度评价方法与应用 / 产业成熟度编研组著. --北京: 中国宇航出版社, 2017.11
ISBN 978-7-5159-1401-5

Ⅰ.①产… Ⅱ.①产… Ⅲ.①产业发展-研究 Ⅳ.①F260

中国版本图书馆 CIP 数据核字(2017)第 272909 号

责任编辑　侯丽平
责任校对　祝延萍　　装帧设计　宇星文化

出版发行　中国宇航出版社
社　址　北京市阜成路 8 号　邮　编　100830
(010)60286808　(010)68768548
网　址　www.caphbook.com
经　销　新华书店
发行部　(010)60286888　(010)68371900
(010)60286887　(010)60286804(传真)
零售店　读者服务部
(010)68371105
承　印　北京画中画印刷有限公司

版　次　2017 年 11 月第 1 版
2017 年 11 月第 1 次印刷
规　格　787×1092
开　本　1/16
印　张　11.25
字　数　271 千字
书　号　ISBN 978-7-5159-1401-5
定　价　98.00 元

本书如有印装质量问题，可与发行部联系调换

航天科技图书出版基金简介

航天科技图书出版基金是由中国航天科技集团公司于2007年设立的，旨在鼓励航天科技人员著书立说，不断积累和传承航天科技知识，为航天事业提供知识储备和技术支持，繁荣航天科技图书出版工作，促进航天事业又好又快地发展。基金资助项目由航天科技图书出版基金评审委员会审定，由中国宇航出版社出版。

申请出版基金资助的项目包括航天基础理论著作，航天工程技术著作，航天科技工具书，航天型号管理经验与管理思想集萃，世界航天各学科前沿技术发展译著以及有代表性的科研生产、经营管理译著，向社会公众普及航天知识、宣传航天文化的优秀读物等。出版基金每年评审1～2次，资助20～30项。

欢迎广大作者积极申请航天科技图书出版基金。可以登录中国宇航出版社网站，点击“出版基金”专栏查询详情并下载基金申请表；也可以通过电话、信函索取申报指南和基金申请表。

网址：http：//www. caphbook. com

电话：（010）68767205，68768904

产业成熟度编研组

专　　家　　组：王礼恒　屠海令　柳百成
吴　澄　张履谦

工作组组长：王崑声

工作组副组长：薛惠锋

工作组成员：王崑声　薛惠锋　葛宏志　赵　滟
马　宽　王海南　袁建华　胡良元
卢　跃　常　青　蒲洪波　周少鹏
刘立民　刘　瑜　夏倩雯　龚茂华
王　红　包彦明　孙静芬　崔　剑
马雪梅　陆春华

序

本书系统地介绍了产业成熟度的有关理论、方法与应用实践。本书提出的产业成熟度方法是在分析和构建技术、制造、产品、市场等之间的基本关系的基础上，探索和把握从技术到产业发展的规律，对技术、制造、产品、市场和产业的成熟程度进行判断；还可以进一步对未来发展的重要时间节点进行预判，为新技术产业化提供一种量化评价的工具。本方法主张由第三方专家对自评价结果做出独立评审，这有利于产业成熟度评估的客观性和公正性，能够使管理部门和工程单位客观认识产业各个层面的状况，为进一步制定产业发展政策和开展重大行动计划提供支撑。

本书的出版具有几个方面的意义和价值：首先是创新性，本书提出的产业成熟度与以往的成熟度方法相比，综合集成了技术、制造成熟度理论方法，提出了产品、市场、产业成熟度测量和评价方法，并构建了关系模型；其次是实践性，编研组在多项战略咨询课题和项目策划中运用产业成熟度方法，且他们的工作得到了课题主管部门和专家的认可。本书是编研组对几年来研究与实践的一次全面总结，从评估作用和效果来看，本方法是值得推荐的。不论是在工程实践中，还是在项目评估中，或是在战略性新兴产业重大咨询课题中，成熟度评价都起到了支持与支撑的作用，无论对技术研发和制造层面的评估，还是对宏观市场和产业发展宏观趋势的把握，都能提供有价值的信息。

通过几年来对产业成熟度的应用研究和运用能够看出，这是一个较好的从定性到定量的综合集成方法，是用系统工程方法解决实际问题的探索与实践，具有理论研究意义和实用价值。希望此书的出版能推广这种方法，在实践中对其进一步研究与完善，大家共同参与并继续做好这项工作。

王礼恒

2016 年 9 月于航天科技大厦

前　言

当今世界主要经济体纷纷致力于发展新技术、积极培育新兴产业，以抢占未来经济和科技发展的战略制高点。为应对世界产业结构的调整，积极参与全球经济竞争，我国提出了加快经济发展方式转变的重大战略部署，并且将发展战略性新兴产业作为重要抓手。科学客观地评价一项新兴技术研发及其产业化发展的状况，全面把握产业成熟规律并预测发展趋势，是进一步正确制定产业发展规划必须解决的重要课题。

产业成熟度是在总结产业成熟发展规律的基础上，结合系统工程思想、产业经济学理论和管理决策方法，提出的一种定性与定量相结合的综合集成评价方法：首先对技术、制造、市场的成熟状况进行评价，进而集成出产业发展状况的综合评价结果，即产业成熟度等级。

编写本书有两个主要背景：一是在中国航天科技集团公司的支持下，先期成立了成熟度研究组，研究组主要对技术成熟度、制造成熟度、管理成熟度和软件能力成熟度模型等成熟度理论和方法进行了深入研究，并在国家重大专项工程实施过程中开展评价，积累了一定的研究基础和工程经验；二是本研究依托中国工程院重大咨询课题，通过探索新技术、新产品的发展规律，提出了产业成熟度评价方法，并且在各个领域课题组得到部分初步应用。本方法除了评价技术、制造、产品、市场及其产业的现状外，还进一步分析具体产业方向培育与发展存在的制约要素、发展需求、潜在风险和预期成熟时间及规模等关键问题，力争为制定政策建议提供有价值、有针对性的方法支持。

本书的研究目的是在新技术创新体系的统筹规划决策、技术成果转化评估，以及在工程研发过程的顶层设计和阶段评审中，都能够提供量化评价分析方法，为第三方独立评估和管理决策提供数据化支撑。本研究是在通过运用产品成熟度、技术成熟度、制造成熟度的基础上，探索将成熟度理论和方法从工业技术和制造领域关联到市场和产业领域的途径，从而构建产业成熟度评价模型。这一方法可进一步应用到项目评估、工程管理和投资决策支撑等领域。本书案例均来自中国工程院重大咨询课题“战略性新兴产业培育与发展战略研究”项目，在此，诚挚地感谢课题组各个领域的专家学者对本研究的指导与支持！

全书分为9章：第1章，概述；第2章，产业成熟度的评价模型；第3章，技术成熟度评价方法；第4章，制造成熟度评价方法；第5章，市场成熟度评价方法；第6章，产业成熟度检查单及其应用操作；第7章，产业成熟度评价组织与流程；第8章，产业成熟度评价案例；第9章，产业成熟度的后续发展。

本书的读者对象主要是产业培育与发展的研究和实践人员，从事军民融合发展和创新成果转化的研究和实践人员，以及从事科技评估、项目管理、投资决策、战略咨询、系统论证等研究方向的专家学者。

王崑声

2016年9月于航天科技大厦

目 录

第1章 概 述

当前，我国正在积极实施创新驱动强国战略，以培育和发展战略性新兴技术产业作为主要抓手，以促进经济发展方式的转变、推动经济结构战略性调整、建设创新型社会作为重要实践。新技术产业化是一个系统化的过程，从新技术到新产品，再到市场化并形成产业规模，存在着一定的固定规律。新技术产业化既有工程问题，也有经济和社会影响问题，要解决新技术产业化过程中的复杂性和不确定性，需构建一种以系统工程思想和方法为基础、集合专家经验智慧的评价方法体系，而这项工作绝非易事。以这样的目标为出发点，研究并提出了产业成熟度（IML，Industry Maturity Levels）理论和评价方法。本章主要介绍了产业成熟度的基本理论，包括产业成熟度的基本概念、研究对象及主体理论基础，以及开展产业成熟度评价的目的、意义和作用，使读者对产业成熟度有个初步的了解。

1.1 产业成熟度的基本概念

新技术产业化过程是指新技术产品、新工艺或服务，从基础研究到技术突破，继而实现商业化应用，再通过技术扩散和企业规模化生产并最终实现产业升级与优化的过程[1]。新技术产业化是一个环环相扣的过程，经历以下几个环节：科学研究、技术突破、生产制造、产品开发与应用、市场营销、技术扩散至规模化大生产，最终形成新产业链，各环节组成一个开放式的系统[2]。产业成熟度正是探索研究产业发展过程中的固有规律，提出各个发展阶段特征，并以此为基础形成从产品研制和市场推广两个层面进行判定与预测的方法，通过评价获得的量化数据为进一步制定产业培育与发展政策、或为企业投资新技术产品提供支撑。

产业成熟度，是评价和度量产业从诞生到成熟的发展过程的量化标准，它反映了产业发展的完善程度。该定义的内涵主要有三个方面。

首先，产业成熟度主要研究新技术产业化成熟过程中各个阶段的规律，但不考虑成熟之后的衰退和更新过程。如果更新是基于新的技术产品引起的，则发生了“质”的变化，应视为新的、又一轮的新技术产业化过程。

其次，产业成熟度主要把握产品和市场成熟过程的规律，其中产品又分为技术研发和制造能力两个层面：新技术获得突破之后，新产品研制完成并投入市场，才有市场推广、发展与成熟的连续过程。这里的“产业”是二者的有机结合，因此，产业成熟度量化评价结果是通过技术、制造和市场成熟度评价结果综合集成的。

最后，产业成熟度以其各个发展阶段的量化特征为基础，构建了成熟“度（levels）”的评价准则，将定量的评价等级与发展阶段相对应。

产业成熟度等级是评价产业发展成熟过程的尺度，分为1～4个等级，即4个阶段，分别为：萌芽阶段、培育阶段、发展阶段和成熟阶段，其中萌芽阶段是第1等级，成熟阶段是第4等级。

产业成熟度评价（IMA，Industry Maturity Assessment），是从技术、制造和市场三个层面的成熟度综合集成评价产业成熟程度的方法。产业成熟度评价的组成结构包括五个部分，其模型见图1－1。

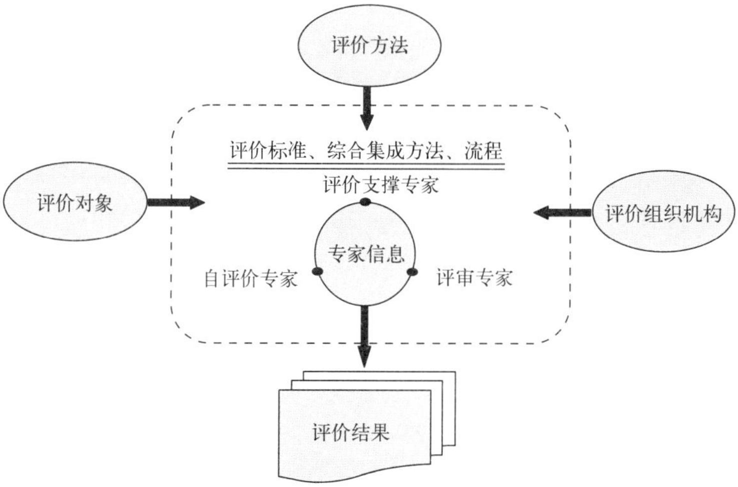

图1－1　产业成熟度评价的组成结构

一是评价方法，主要是评价标准、综合集成方法和评价流程。二是专家信息，源于自评价专家、评审专家和评价支撑专家提供的评价信息，基于这些信息并运用产业成熟度方法综合集成出产业成熟度结果。这体现了系统工程的思想：以人为本，专家系统集成。评价结果遵从专家信息和产业数据，不以某位专家的主观判断为转移，使评价结果尽可能地逼近实际的情况。三是评价组织机构，主要是评价组织和职责分工。四是评价对象，主要是形成新技术产品发展所对应的产业。五是评价结果，主要是评价与预测的结论，以及产业发展咨询建议。

1.2　产业成熟度的研究对象及主体

1.2.1　产业成熟度研究对象

产业是提供相近商品和服务，在相同或相关价值链上活动的企业及其经济活动的集合或系统①，是介于宏观经济与微观经济之间的中观经济。产业成熟度的研究对象是新技术

① 杨公朴（1999）：产业是具有使用相同原材料、相同工艺技术或生产产品用途相同的企业的集合。
苏东水（2005）：产业是具有某种同类属性的、具有相互作用的经济活动组成的集合或系统。

产业，重点关注其发展规律，具体研究内容包括产业发展过程中的阶段、规律、影响因素、产业预测、资源配置、发展政策等核心问题。其中，产业发展阶段是指一个产业从萌芽到成熟的各个阶段，但不考虑衰亡、更新阶段。产业的发展规律是指各个阶段的主要特征、培育与发展需要具备的条件和环境要素，以及相应应采取的必要政策措施。

1.2.2 产业成熟度研究主体

从产业经济学角度来看，市场行为对企业活动起着决定性作用，而企业的活动决定了产业的特征和发展过程[2]，因此，企业活动和市场行为是产业成熟度研究的主体。企业活动分为内部活动和外部活动。企业内部活动主要是开展新技术突破及提高其制造能力，推出具备新技术、有竞争力的产品或服务；企业外部活动是商品交换的行为与环境。市场行为通过供求、价格、竞争等机制功能进行资源的配置，对企业活动有重要影响。

1.3 产业成熟度研究理论基础

产业成熟度是一门新兴的成熟度理论和评价方法，但是相关思想和理论方法的研究却源远流长。产业成熟度正是在探索研究产业发展规律的基础上，结合产业经济学理论、成熟度理论和系统工程思想，提出的理论、评价方法与流程。正如前文所述，单一产业发展是有一定的生命周期和规律的。一个新的产业诞生或革新升级，往往是由新的技术突破、颠覆性技术创造开始的。从新技术产品发展成为一个新的产业，在各个不同阶段都会有不同的发展规律，这种固有的规律特征结合成熟度理论就成为一种度量从技术到产业的方法。

产业正如其他事物一样，都遵循从萌芽到成熟的过程，那么使用“成熟”表示事物发展过程，直至完全达到预期的效果。“成熟”的本意，是指植物果实成长到可以收获的程度，后引申为事物的完善程度，是对一个事物或人发展、成长的综合性描述和度量[3]。成熟度评价能够在事物由当前状态向理想的目标状态发展的过程中识别并规避风险，从而达到最优化管理的目的。成熟度评价方法可以看作是一种基于系统工程思想解决实际工程问题的方法，是系统整体实现最优目标的有效组织管理技术。因此，成熟度评价是一种定性定量相结合地评价与提升事物发展过程的方法。

在20世纪70年代前后，兴起了对事物成熟度评价方法的研究，并逐渐形成两个研究方向：一个是基于事物自身发展的规律评价其成熟程度，如一项新技术从基础理论到性能成熟后应用于产品系统；另一个是注重考察组织（包括项目、企业和非企业等组织）的行为与演化发展的过程，如项目团队从初始零散到优化管理的过程。前者形成了技术成熟度、制造成熟度和产品成熟度等理论方法，研究起始于20世纪70年代前后[4]；后者形成了管理成熟度、组织成熟度等理论方法。最早的能力成熟度模型研究起始于1986年，并于1991年正式推出了CMM（SW-CMM，Capability Maturity Model for Software，简称为CMM）1.0版本[5]，至今能力成熟度模型已经成为过程建模和在不同过程领域评价组织成熟度的标准。CMM 模型被广泛认可，此后的 PM3 模型①、OPM3 模型②、K-PMMM 模型③和 JK-PMMM 模型④等都沿用该模型的架构[6-7]。产业成熟度研究，是建立在把握新技术到产业的发展规律的基础上，沿着技术成熟度、制造成熟度等相关理论的探索与发展而形成的。

技术成熟度(TRL，Technology Readiness Level)的概念是 20 世纪 70 年代前后，由美国国家航空航天局(NASA)的专家萨丁(Sadin)首先提出的[8]。1995 年，NASA 的专家曼肯(Mankins)在《技术成熟度白皮书》中将技术成熟度划分为 9 个级别[8]，与目前广泛应用的技术成熟度等级相近。2001 年，美国国防部(DoD)要求重大武器装备采办项目采用技术成熟度进行评价；2011 年发布的《技术成熟度评价指南》中要求在方案细化、系统采办前期和生产部署前技术成熟度必须分别达到 TRL4、TRL6 和 TRL7[3]。美国在国防装备研制过程中开展技术成熟度评价，建立基线以控制关键武器装备的整体研制过程，在需求分析、方案论证、技术开发、工程研制、生产与部署、使用与保障等阶段工程实施过程中综合集成各子系统与多学科的专业知识⑤，使得工程专家和管理机关在同一框架下有机结合，循序渐进地推进技术成熟，使得装备整体性能和工程管理达到最优化。这是运用系统工程思想解决工程实践问题的具体方法与实践。

武器装备研制过程中技术成熟度模型原理如图 1-2 所示，武器研制过程是一项系统工程。技术成熟度评价结果不仅仅是利用统一、规范、可量化架构，为工程管理机构提供一种管理工具，评定武器装备系统中的关键技术研发状态，贴个“标签”；更是将一种系统工程运用于重大、复杂工程研制过程的手段和技术，使人员、技术、知识、信息、设备与物资综合集成，协同武器装备各个子系统、各专业行家共同推进重大工程的进展，把握工程进度、风险和费用，实现顶层设计与底层的对接与结合，其目的是使得武器装备系统性能最优化，工程实施的各个环节有序、可控。

目前技术成熟度评价标准已基本成熟，评价方法和实施程序也已形成规范，2013 年国际标准化组织(ISO)正式颁布了技术成熟度的国际标准[9]。从 2001 年至今，美国国防部提出将制造成熟度[3]作为技术成熟度的配合方法。经过 30 多年的发展和应用，根据工程发展的实际需求，发展出了制造成熟度、产品成熟度[12]、集成成熟度⑥、系统成熟度⑦、软

① 项目管理成熟度模型(Project Management Maturity Model，PMMM，简称 PM3)。

② 组织级项目管理成熟度模型(Organizational Project Management Maturity Model，OPMMM，简称 OPM3)。

③ Kerzner 博士提出的 Kerzner 项目管理成熟度模型(Kerzner Project Management Maturity Model，K-PMMM)。

④ James 和 Kevin 提出的项目管理成熟度模型(James-Kevin Project Management Maturity Model，JK-PMMM)。

⑤ DoD 国防采办阶段：解决方案分析、技术开发、工程研制、生产与部署、使用与保障。技术成熟的过程主要集中在前面四个阶段，方案分析阶段分为需求分析和方案论证两个阶段。

⑥ 集成成熟度(Integration Readiness Levels，IRL)，是对各项技术之间相互集成和使用的集成点的成熟程度进行度量的一种方法，共划分为 9 个等级[10]。

⑦ 系统成熟度(System Readiness Levels，SRL)，是通过单项技术的技术成熟度和集成成熟度综合评价的一种方法，即 SRL = f(TRL，IRL)，共划分为 5 个等级[10]。

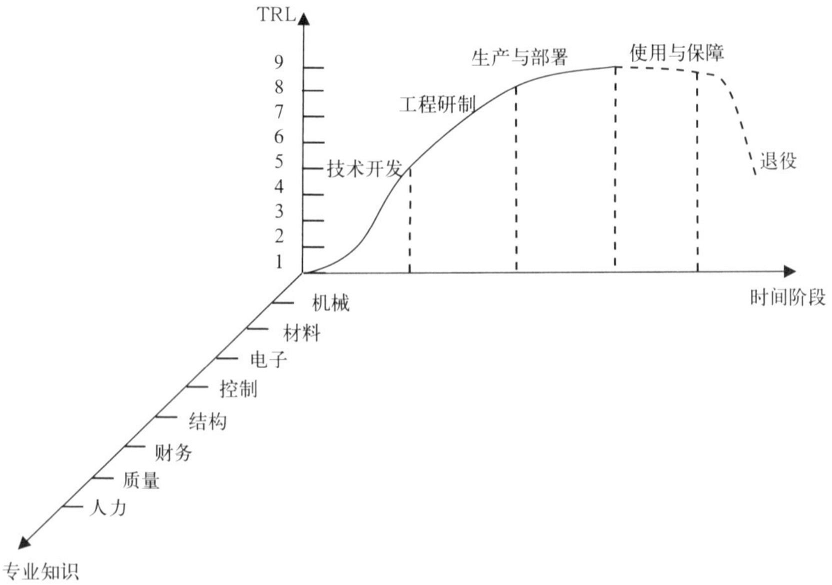

图1－2　武器装备研制过程中技术成熟度原理三维图

件能力成熟度[5]、管理成熟度①，以及对人员管理的队伍成熟度②等评价理论和方法。由此，从技术生命周期源起的成熟度方法，与从软件能力提高过程源起的成熟度方法，可在一项工程项目中能够有机地结合与应用，从而综合作用提升工程管理能力，促进项目顺利实施。

在技术成熟度和制造成熟度研究与应用实践的基础上，国内外学者提出了相关的理论和方法，将成熟度评价方法推广到产品和市场经济领域。在一汽集团科研绩效管理咨询系统中，将技术成熟度的9个等级扩展到13级，考量了产品和市场效益问题，增加了销售级、盈亏级、利润级和回报级[12]。我国航天领域从2003年起开始研究产品成熟度[13]，主要是为了适应航天科研生产由单件研制项目向小批量生产转型这一新的发展趋势，根据航天产品特殊性和小子样研制导致的主要问题，构建了航天单机产品8级框架模型。除此之外，美国Gartner公司还运用了技术循环曲线(HC，the Hype Cycle)，其又称为光环曲线或者炒作周期，是一种图解表示法[14]，用以显示一项技术从概念演变至成熟并广泛应用的生命周期的过程。技术循环曲线表述两个主要因素，如图1－3中的两条曲线所示：第一条曲线是钟形线，代表着由正负面炒作所导致的期望值变化；第二条曲线是一条成熟度S形曲线，其表明创新在最开始缓慢地改善其表现，之后稳步上升，最后产生递减的回报的过程。将两条曲线合并在一起，就是成熟度与技术及其产品在市场的反映情况综合评价与

① 管理成熟度(Management Maturity Model，MMM)，是项目组织与实施的一种评估与改进方法，通过战略规划、组织管理、风险控制使得项目满足工程实施的目标，共划分为5个等级[6,7]。

② 队伍成熟度(Team Maturity Model，TMM)，是对项目组员的个人能力和团队合作能力的一种评价与提升方法，反映了人员及其团队满足项目实施预期目标能力的情况，共划分为5个等级[11]。

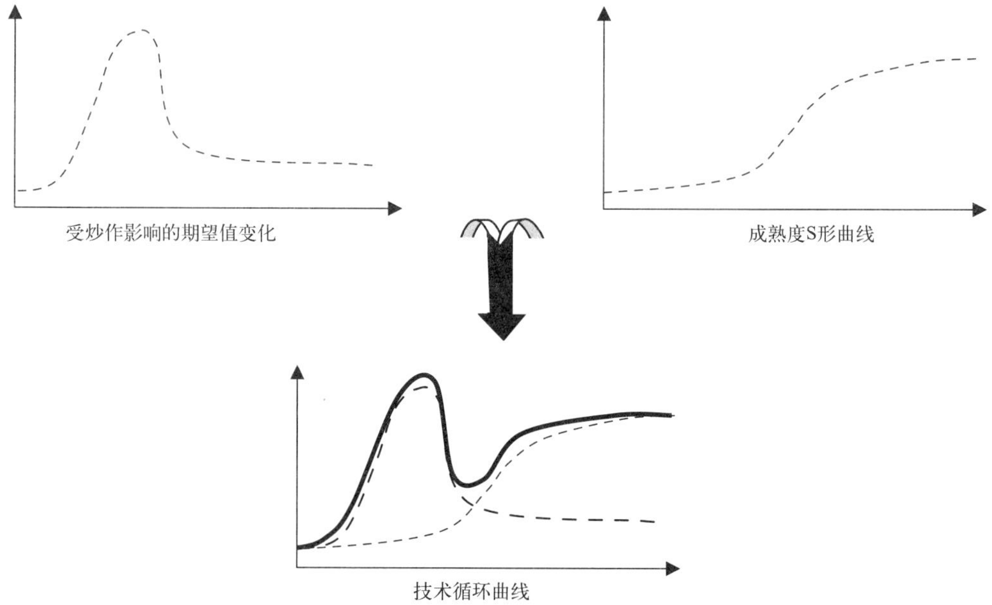

图 1－3　技术循环曲线的组成部分

预测市场趋势的方法。

基于系统工程的理论与方法，是成熟度系统地对事物发展过程的一种度量方法，以明确的尺度度量系统工程项目的实施过程，从而减小执行环节的不确定性和风险。在重大工程、重大专项中对人、财、物、信息、环境这 5 项工程项目中的主要要素进行统筹管理，提出了工程项目实施的成熟度模型，体现了人机结合、以人为主的理念，顶层设计与底层实践相结合，多学科和多专业技术交叉融合，多部门和多领域专家协同。与以往的工程管理方法相比，成熟度评价将以往定性分析的管理方法扩展到定量分析。其是以定性定量相结合为必要基础的，通过分析、判断和预测，既对当前综合状态进行描述和度量，又可以进一步对未来情景进行展望。在工程领域开展成熟度评价方法研究，继承与发展了钱学森系统科学和系统工程思想、理论、方法和技术，并在工程管理方法层面上实现了三个转变：从思想到科学的转变、从感性到理性的转变、从定性到定性定量相结合的转变。

基于系统工程思想研究成熟度方法，是一个知识形成、积累与发展的必然结果。从技术角度研究成熟度理论，发展到制造能力的评价方法，形成了对产品最重要的两个方面的评价与分析。近些年来，又将成熟度的方法拓展到市场与产业领域，对产业的需求、市场、社会层面进行深入评价与分析，提出了产业成熟度评价模型，即对产品和市场进行度量，其实质是系统地度量产业的硬实力(工业基础、技术状态、经费保障、人才队伍等)和软实力(组织体系、制度体系、责任体系、文化体系等)的方法。

1.4 产业成熟度评价目的

产业成熟度是分析和评价产业发展过程的工具，其以规范、一致、量化的方法评价新技术产业的技术、制造、产品、市场和产业的发展状态，并对专家所做出的判断进行综合集成，从而得到对产业发展的综合评价结果。领域专家先预测产业方向成熟历程的时序表，再结合领域组专家、第三方评审专家对产业发展潜在问题的研讨，最后提出新兴产业培育与发展的咨询建议。因此，对重大新技术产业开展产业成熟度工作，不仅对政府部门，而且对科研人员、企业及投资者都有一定的指导意义，具体体现在以下四个方面：

1）通过系统评价提出咨询建议，为产业宏观发展规划的顶层设计提供科学依据；

2）把握我国产业的关键核心新技术、关键制造能力和相关市场现状，提升我国产业宏观管理的精细化程度和规划决策的科学性；

3）识别技术研发和制造环节的潜在风险，有助于科研人员应对技术和制造风险，在新产品研发过程中节约经费、缩短工期；

4）合理地预测市场规模和产业发展趋势，帮助政府部门推出培育与发展政策以进行宏观调控，这有助于企业和投资者合理配置优质资源、进行产品升级，从而推进新技术的市场转化应用。

1.5 产业成熟度评价作用

产业成熟度评价可以用于新技术产业从诞生到发展成熟的全过程，包括技术管理、资源分配、经费预算、成果评价等，是一种有助于管理优化，尤其是投资风险管理和决策科学性的有力工具。实践表明，其主要作用如下：

1）评价重大产业方向从技术到产业的现状，进而针对自身各个成熟阶段的发展情况进行对比分析，为管理者、科研人员提供信息，使其能够认识技术到产业发展中的问题，有利于管理和规划；

2）产业成熟度评价方法作为一种基准，可以对领域内或领域之间的产业重点方向进行横向对比分析，为遴选产业方向进行培育与发展提供参考；

3）基于产业成熟度评价标准，以技术、制造、产品、市场和产业等五个维度为参照系，进行时序预测并汇总成时间表，这有利于科学规划产业发展路径；

4）通过产业成熟度评价工作，有效地将领域内技术专家、企业家、政府管理人员协同起来，有助于在顶层设计和产业发展各个阶段进行验收评审工作；

5）作为一种综合评价技术到产业发展的科学工具，其可以为具体的重大突破性技术提供适宜于自身发展的产业化培育与发展的政策建议。

1.6 研究内容特色

产业成熟度通过探索新技术产业过程规律，经历了技术突破、产品研制、市场形成与发展这一过程；在此基础上构建判定产业发展所处阶段的指标体系，形成一套新技术产业培育发展决策数据化支撑工具。这是一种系统化、易操作、定性定量相结合的评价方法，本书所述研究内容具有以下特点。

1）提出了产业成熟度的理论模型。成熟度评价起源于技术研制和软件项目管理，生命周期理论主要研究产品及其市场的发展历程。基于系统工程定性到定量综合集成的方法，产业成熟度评价方法将成熟度理论方法从工程层面拓展到了市场和产业层面，以确定技术到产业的发展状态和预测发展趋势。

2）产业成熟度评价输出数据化决策的结果，数据分别来自自评价专家评价数据、第三方评审数据、领域专家的数据等。这是一种客观性的评价方式，融入模糊计算方法，尽量避免人为的主观影响，但又能体现专家群体综合集成并决策的优势。

3）产业成熟度是一种可以针对具体问题而灵活运用的组合方法。针对产品研制过程，对技术层面开展技术成熟度评价，对制造能力进行制造成熟度评价，还可以连续地评价技术到市场层面的状况。另外，评价工作都是围绕管理目标为转移的，成熟度方法可以在工程项目中系统地评价，并与一线专家长期共同工作，这是一个系统、完整的体系；也可以作为管理机关的工具，简便易行地获取评价结果。例如，在2013—2014年开展科技部重大科技专项（民口）中期评估工作中，曾运用技术成熟度评价技术绩效的工作。

4）本书包含了很多的评价案例。本书所述方法在中国工程院重大课题“战略性新兴产业培育与发展咨询研究（综合组）”“‘十三五’战略性新兴产业发展规划咨询研究（综合组）”中得到了实践，并在实践中完善了方法研究、优化了评价流程。另外，在国家专项工程、商业项目中进行工程评价和商业咨询评价，同样积累了成熟度评价应用的实际经验。

第 2 章　产业成熟度评价模型

2.1　产业成熟度系统模型

新技术突破形成有竞争力的产品，进而促进市场形成与发展，在资金、政策等条件的推动下，形成与新技术相对应的新市场和新产业。产业是采用相同原材料、相同工艺技术或生产产品用途相同的企业及其经济活动的集合或系统。产业的主体是企业，企业是一个开放系统[2]，企业面临的所有外部系统是市场和政府的集合，外部系统从影响类型上可以表现在政治、经济、社会、文化、技术、需求等环境方面。从系统思维角度，企业、市场和政府构成了产业的行为和组织子系统，如图 2－1 所示，产业的构成要素主要有：人才、技术、知识、产品、设施、组织管理、企业集群、资源、资本、信息、社会文化、政策、财政、需求等。其中，企业系统包含的要素有：人才、技术、知识、产品、设施、组织管理等；市场系统包含的要素有：信息、需求、资源、资本、政策、社会文化等；政府包含的要素有：管理者、政策、法规、财政、服务、需求等。在一个具体的产业环境中，政府扮演企业和市场的引导与服务角色，可以认为企业和市场之间存在市场行为和政府行为。市场在资源配置中起决定性作用，政府的职能是从宏观上引导方向，保持整个经济社会持续健康稳步发展。使市场在资源配置中起决定性作用，其实质就是让价值规律、竞争规律和供求规律等市场经济规律在资源配置中起决定性作用。这有利于促使经济更有活力、更

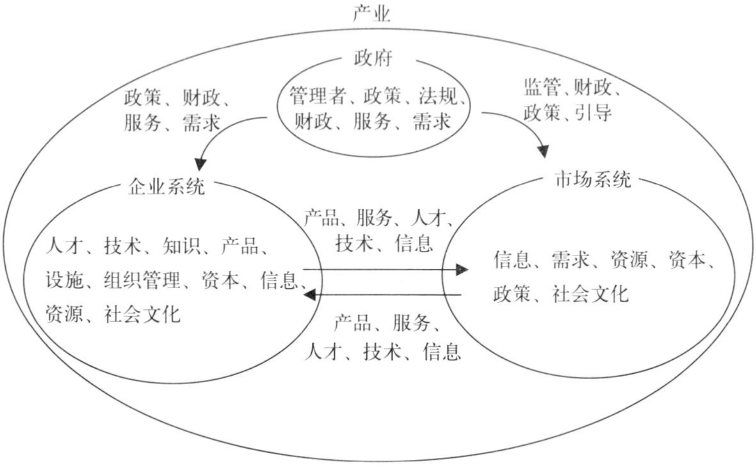

图 2－1　产业中政府系统、企业系统和市场系统的构成要素

有效率和更有效益地发展。但同时也要看到，市场调节有某些自发性、盲目性、局限性和事后性等特点，不能把资源配置统统交给市场，不能使全部社会经济活动市场化。

人才、技术、信息、产品、服务等要素的交换，使得现代企业面临的不再仅仅是一个单纯的交换场合，而是一个复杂的系统及其活动的组合，包括了不同性质的交换主体、交换对象、交换关系和交互方式。从产业角度来看，产业关系表现为上下游企业之间、企业与市场之间，以及政府对企业和市场的服务与引导关系的总和。

产业的成熟过程是一个由产品成熟到市场成熟的过程，影响产业形成和发展的主要因素有：

1）产业自身的资源情况，是指产业赖以发展的各种投入要素，包括固定资本、人力资源、知识技术等。这些资源大多以企业的形式存在，并构成了产业发展的主体。而产业发展主体的主要活动就是将资源禀赋作为投入，转化为产品或服务作为产出。

2）产业环境，是指产业发展所处的社会经济背景，包括产业政策、基础设施、金融环境等，它们是对产业发展施加重大影响的外生变量。

3）产业前景，是指产业发展的未来预期，包括产业关联性、产业替代性、产业威胁等，分别代表与本产业发展有依赖关系的其他产业、与本产业发展有替代关系的其他产业、能够威胁本产业发展的颠覆性技术和商业模式创新等因素，这些因素反映着产业未来发展的机遇与挑战。

作为产业产出和市场需求的产品或服务，产业的发展只有通过市场中供给者与需求者之间完成以产品或服务为中心的价值交换才能实现。从供给的角度看，产品或服务具有技术推动的特性，即技术是推动产品或服务质量、性能不断提升的驱动因素，体现了产品或服务的物理性质，产业发展水平体现为产品的成熟程度，包括技术成熟程度和制造成熟程度；从需求的角度看，产品或服务又具有需求牵引的特性，即市场是最终决定在一定的质量、性能条件下产品或服务价值规模的引致因素，体现了产品或服务的社会性质，产业发展的水平体现为市场的成熟程度，包括市场规模、市场结构和市场潜力三个方面。只有当产品或服务的技术性能满足了市场需求，在供给和需求之间以产品或服务为中心的价值交换过程才能实现，产业才真正创造出了价值。这种价值进而可以再次转化为产业自身的资源，重新投入到产业发展中，从而形成产业投入与产出的良性循环，推动产业不断发展成熟。

从决策者的视角看，对一个产业的评价取决于产业本身所能创造的价值及与这种价值相关的潜在问题。理性的决策者必然选择价值高同时前景好的产业，这就需要决策者在对价值和前景进行权衡的基础上对产业的发展进行综合评价。在上述各因素中，可反映产品或服务物理性质的产品成熟度与可反映社会经济环境成熟状况的市场成熟度则共同反映了产业的发展水平。综上所述，产业成熟度可由产品成熟度和市场成熟度描述，如图 2－2 所示。

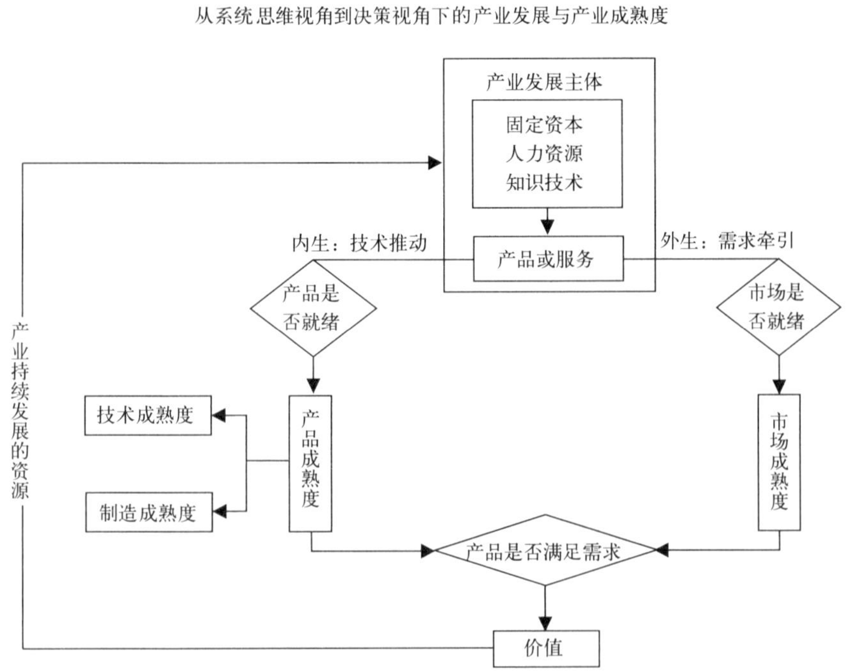

图 2－2　产业发展与产业成熟度及市场成熟度的系统分析

产业发展程度是从产品和市场两个方面对产业现实状况度量的。产业的形成和发展要靠提供满足市场需求的产品和服务价值来实现。技术经过制造转变成实现特定功能的产品，而产品价值的实现必须要通过市场，市场代表了对产品的需求程度，产业发展是一个由产品成熟到市场成熟的历程。因此，从技术产品角度来讲，产品和市场是产业发展的基本要素，产业成熟的程度可以细分为产品成熟度和市场成熟度两个评价角度，构建如图 2－3所示的产业成熟度评价理论模型。技术、制造和市场的成熟度可以通过评价标准获得，而技术、制造和市场到产业的成熟度评价结果就需要依据综合集成的方法获得。根据

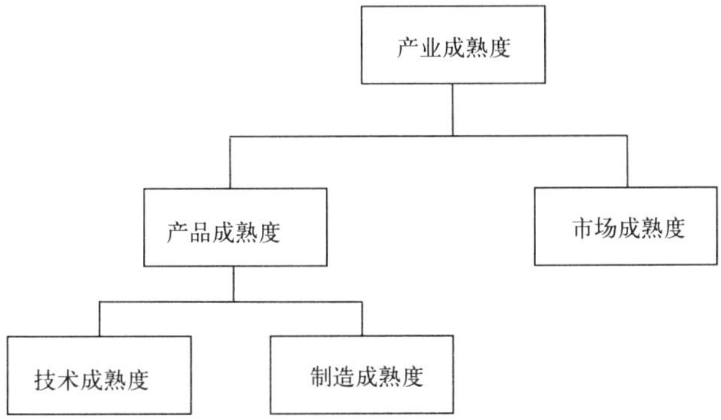

图 2－3　产业成熟度评价理论模型图

成熟度框架模型，首先分别依据标准评价技术成熟度和制造成熟度，再以技术成熟度和制造成熟度为基础综合集成出产品成熟度；依据标准评价市场成熟度，再以产品成熟度和市场成熟度评价为基础综合集成出产业成熟度。在这个理论模型中，有三个成熟度是有明确文字标准的，分别是技术成熟度、制造成熟度和市场成熟度；有两次综合集成的结果，分别是产品成熟度和产业成熟度。因此，本章接下来的内容分别阐述技术成熟度、制造成熟度和市场成熟度的研究现状、理论方法、技术路线。在此基础上，本书进一步对产品成熟度和产业成熟度综合集成的实效性进行分析，论证成熟度模型及其方法的有效性。

本书提出的产业成熟度，是由产品成熟度和市场成熟度综合集成的，在时域上可以将其分成两个阶段。第一个阶段是产品成熟阶段，以技术研发和制造能力的成熟并达到应用为目标；第二个阶段是产品成熟投入市场后的成熟发展阶段，该阶段直到市场规模达到最大、市场占有率接近或达到饱和的状态。因此，产业的成熟就是一个由理论研究、技术突破、工程研制、产品使用、市场推广、产业更新的过程，因此可以将产业成熟度划分为四个成熟阶段（等级）：萌生阶段、培育阶段、发展阶段和成熟阶段，产业主要要素及特征也随着成熟程度的提高相应地变化与成熟。各阶段详情如下[15]。

1）萌生阶段（IML1）：对应于产业形成的先导阶段和萌芽阶段，主要活动是开展基础研究和技术研发，使产业发展所需的关键核心技术不断成熟，形成由科学到技术、由技术到应用的转移，形成可供市场推广应用的产品。这些处于研发中的技术拥有以往没有的功能和性能，具有潜在的竞争力。企业和研发单位投入大量的研发成本，从业人员主要是科研技术人员。市场上没有该产品相关的销售，绝大多数顾客对它采取观望和期待的态度。

2）培育阶段（IML2）：对应于以应用为主导的产业发展初始阶段。该阶段开始的标志是产业的产品或服务取得了商业化应用示范的成功，且随着商业化应用的推广，产品或服务在性能、成本方面的优势得到了确认；企业需要支付大量技术专利、固定资产、市场和宣传费用等各类前期费用；客户偏少，销售量较少，企业的收入有限；技术、商业模式和管理等因素均较不成熟，使得运营成本较高、产业平均利润率低、进入竞争者较少。

3）发展阶段（IML3）：对应于以市场为主导的产业快速增长阶段。该阶段开始的标志是大规模市场推广示范取得成功，前期顾客消费的示范作用影响到整个顾客群，产品或服务的优点在顾客群中得到广泛认可；产品或服务的销售量在一段时间内可以保持较高增长率，并在该阶段期末达到极大值；产品或服务的边际成本逐步降低，更加成熟的技术、商业模式和管理模式减少了运营成本，企业收入增长，规模经济逐步显现，产业平均利润率非常可观，因而吸引大量竞争者进入市场。

4）成熟阶段（IML4）：标志着产业的技术、产品、市场规模等方面均达到了平稳完善的阶段。产品或服务已经被顾客完全接受，随着产品/服务的开发接近饱和状态，销售量增长率逐步趋缓，直至在成熟期末减小至零；企业间技术、商业模式和管理模式差距缩小，行业标准得到应用；企业对细分市场提供针对性的产品或服务；产业内的企业之间进行大规模兼并重组，激烈的竞争不断挤压行业平均利润，产业集中度不断提高，领先企业脱颖而出。

2.2 技术成熟度评价模型

2.2.1 技术成熟度基本概念

通常采用“技术不成熟”“技术成熟”“技术取得重大突破”等定性描述的方式评价一项新技术的研究进展。这种评价方式存在明显的不足：一方面，技术研究进展并不是成熟和不成熟两种“非黑即白”的状态，而是一种渐进过程；另一方面，判断技术成熟、技术突破没有一套科学规范的评价标准，导致不同人可能有不同理解，不利于加强科技评价和管理。

技术成熟度，是指技术相对于某个具体系统或项目而言所处的发展状态，它反映了技术对于项目预期目标的满足程度[3,16]。一项新技术从发现基本原理到技术成功应用到系统的整个技术发展成熟过程中，按照一定准则被划分成 9 个级别。技术成熟度是评价科技项目中关键技术成熟程度的一种量化、规范化和系统化的方法。美国国家航空航天局首先提出和使用这一方法，进入 21 世纪以后，技术成熟度被越来越多的国家、组织或机构研究和使用。目前，技术成熟度已经成为国际上使用广泛的科技评价方法，并正在发展成为事实上的国际标准。

技术成熟度中所指的技术成熟，是技术能够满足用户使用要求或任务要求，并且设计、制造、试验和使用等过程的可重复性和稳定性都达到满意的程度。其中技术既包括以商业化规模应用为目标的技术，又包括以完成特定任务为目标的技术。前者非常普遍，例如二氧化碳捕获和存储技术、第四代移动通信技术等；后者在国防装备领域比较集中，例如火星探测器着陆技术。

技术成熟度评价（TRA，Technology Readiness Assessment），是指基于技术成熟度等级度量标准评价项目或系统中关键技术元素成熟度的过程。其中的关键技术元素（CTE，Critical Technology Element）是指在规定的时间、规定的费用范围之内，为完成项目设定的性能要求和任务必须依赖的新技术[3]。CTE 可以是硬件技术或者软件技术。

2.2.2 技术成熟度等级定义

近年来，在中国国家和国防科技重大专项评估工作中，以及中国国家战略性新兴产业咨询研究项目中，都已开始研究和使用技术成熟度[17]。通过几年的研究和推广使用，有关方面已经认识到技术成熟度是一种很好的科技评价和项目管理工具，使用好它对于推动中国科技的长远发展具有重要意义。另一方面，由于技术的多样性，以航天和国防装备为背景的传统技术成熟度评价标准用在一些范围更广的其他技术领域时，会遇到一些不容易被理解和使用等方面的问题。因此，需要研究更加通用的技术成熟度评价标准规范，为研究制定不同技术领域专用的 TRL 评价标准提供帮助。

国内外一些组织和机构分别研究制定了技术成熟度评价标准规范，这里选择了美国国家航空航天局[7]、美国国防部[18]、美国能源部（DoE）[19]、欧盟“地平线 2020”计划（Horizon 2020)[20]、国际标准化组织(ISO)[9]及中国总装备部(国家军用标准 GJB)[21]6 个代表性的技术成熟度评价标准规范进行研究分析，6 种技术成熟度评价标准的等级定义汇总如表 2－1 所示。

表 2－1　不同组织和机构的 TRL 定义对比表

TRL	定义	组织或机构
1	Basic principles observed and reported;	NASA, DoD, ISO, DoE;
	Basic principles observed;	Horizon 2020;
	提出基本原理并正式报告	GJB
2	Technology concept and/or application formulated;	NASA, DoD, ISO, DoE;
	Technology concept formulated;	Horizon 2020;
	提出概念和应用设想	GJB
3	Analytical and experimental critical function and/or characteristic proof of concept;	NASA, DoD, ISO, DoE;
	Experimental proof of concept;	Horizon 2020;
	完成概念和应用设想的可行性验证	GJB
4	Component and/or breadboard validation in a laboratory environment;	NASA, DoD;
	Component and/or breadboard functional verification in laboratory environment;	ISO;
	Component and/or system validation in laboratory environment;	DoE;
	Technology validated in lab;	Horizon 2020;
	以原理样品或部件为载体完成实验室环境验证	GJB
5	Component and/or breadboard validation in a relevant environment;	NASA, DoD;
	Component and/or breadboard critical function verification in a relevant environment;	ISO;
	Laboratory scale, similar system validation in relevant environment;	DoE;
	Technology validated in relevant environment;	Horizon 2020;
	以原理样品或部件为载体完成相关环境验证	GJB
6	System/subsystem model or prototype demonstration in a relevant environment (ground or space);	NASA;
	System/subsystem model or prototype demonstration in a relevant environment;	DoD;
	Model demonstrating the critical functions of the element in a relevant environment;	ISO;
	Engineering/pilot-scale, similar (prototypical) system validation in relevant environment;	DoE;
	Technology demonstrated in relevant environment;	Horizon 2020;
	以系统或分系统原型为载体完成相关环境验证	GJB
7	System prototype demonstration in a space environment;	NASA;
	System prototype demonstration in an operational environment;	DoD;
	Model demonstrating the element performance for the operational environment;	ISO;
	Full-scale, similar (prototypical) system demonstrated in relevant environment;	DoE;
	System prototype demonstration in operational environment;	Horizon 2020;
	以系统原型为载体完成使用环境验证	GJB

续表

TRL	定义	组织或机构
8	Actual system completed and "flight qualified" through test and demonstration (ground or space);	NASA;
	Actual system completed and qualified through test and demonstration;	DoD;
	Actual system completed and accepted for flight ('flight qualified');	ISO;
	Actual system completed and qualified through test and demonstration;	DoE;
	System complete and qualified;	Horizon 2020;
	以实际系统为载体完成使用环境验证	GJB
9	Actual system "flight proven" through successful mission operations;	NASA, ISO;
	Actual system proven through successful mission operations;	DoD;
	Actual system operated over the full range of expected mission conditions;	DoE;
	Actual system proven in operational environment;	Horizon 2020;
	实际系统成功完成使用任务	GJB

通过对比分析 6 个不同标准规范的技术成熟度各级定义，可以发现：

1）都选择了相同的技术成熟起点和终点，都将技术成熟度划分为 9 级。

2）都将技术状态相对于成熟技术状态的逼真度作为区分技术成熟度级别的一个重要方面，但使用的一些不同的术语在不同技术领域之间不够通用，如表 2－2 所示。例如，部件或面包板等是典型的工业和电子信息技术领域的术语。

表 2－2　技术状态对比表

TRL	技术载体状态	组织或机构
4/5	Component and/or breadboard;	NASA, DoD, ISO;
	Component and/or system;	DoE;
	Technology;	Horizon 2020;
	原理样品或部件	GJB
6	System/subsystem model or prototype;	NASA, DoD;
	Model demonstrating the critical functions of the element ;	ISO;
	Engineering/pilot-scale, similar (prototypical) system;	DoE;
	Technology;	Horizon 2020;
	系统或分系统原型	GJB
7	System prototype;	NASA, DoD, Horizon 2020;
	Model demonstrating the element performance;	ISO;
	Full-scale, similar (prototypical) system;	DoE;
	系统原型	GJB
8/9	Actual system;	NASA, DoD, ISO, DoE, Horizon 2020;
	实际系统	GJB

3)都将技术的验证环境相对于真实使用环境的逼真程度作为区分技术成熟度级别的另一个重要方面，但是在验证环境术语和要求方面存在一些差别，如表 2 – 3 所示。例如，NASA 在不同级别分别强调地面环境、空间环境及飞行环境。一些术语不容易理解，例如相关环境。此外，DoE 对 TRL7 级的验证环境要求略低。

表 2 – 3　验证环境对比表

TRL	技术验证环境	组织或机构
4	laboratory environment; 实验室环境	NASA，DoD，ISO，DoE，Horizon 2020; GJB
5	relevant environment; 相关环境	NASA，DoD，ISO，DoE，Horizon 2020; GJB
6	relevant environment (ground or space); relevant environment; 相关环境	NASA; DoD，ISO，DoE，Horizon 2020; GJB
7	space environment; operational environment; relevant environment; 使用环境	NASA; DoD，ISO，DoE，Horizon 2020; DoE; GJB
8	"flight qualified" through test and demonstration (ground or space); qualified through test and demonstration; accepted for flight ("flight qualified"); 完成使用环境验证	NASA; DoD，DoE，Horizon 2020; ISO; GJB
9	mission operations; mission conditions; operational environment; 完成使用任务	NASA，DoD，ISO; DoE; Horizon 2020; GJB

技术成熟度的各级定义非常概括，仅从定义很难准确、充分理解技术成熟度对各级的核心要求。所以一些组织和机构在其标准规范中还提供了各级解释说明和例子。通过对比分析这些解释说明可以发现：

1)虽然不同组织和机构的解释说明略有差异，但是各级别的核心要求基本保持一致。例如，NASA 的 TRL 以空间系统的设备类技术为背景；DoD 与 NASA 基本保持一致，改进后可以适用于更广泛的装备技术；ISO 以 NASA 为基础，重点针对空间系统，也借鉴了 DoD 的标准规范；DoE 在借鉴 DoD 的基础上，结合了能源技术的成熟过程和特点；GJB 在借鉴 DoD 和 NASA 基础上，结合了装备技术的成熟过程和特点；Horizon 2020 的 TRL 针对欧盟的“地平线 2020”计划中的所有技术，所以没有使用部件、面包板等硬件术语描述技术载体，通用性相对较好。

2)一些技术成熟度的级别定义对核心要求表达不够准确。例如，TRL4 和 TRL5 定义中对验证载体技术状态都采用 component and/or breadboard，而对比 TRL4 和 TRL5 解释说明要求发现，TRL5 对技术状态的要求比 TRL4 高，但是定义都没有准确表达出这些差别。此外，不仅国军标对 TRL4 和 TRL5 定义中都采用“原理样品或部件”；而且也不能准确表达出 TRL4 与 TRL3 相比，其要求技术元素或部件开始集成起来进行验证。

3）技术成熟度各级解释说明有助于帮助理解和掌握各级核心要求，但通过分析发现，部分解释说明存在一些问题。例如，核心要求不够突出、级别之间区别不够明显，导致使用者不容易理解，还需要进一步研究完善。

通过对国内外 6 个具有代表性的组织或机构研究制定的技术成熟度评价标准规范进行对比分析，结合技术多样性的实际，按照继承性、通用性和易用性的原则，改进后的、更加通用的技术成熟度等级定义如表 2－4 所示。

表 2－4 通用技术成熟度等级定义

TRL	定义
1	发现基本原理并报道
2	提出技术概念和应用设想
3	分析和试验关键功能及特性，证明概念可行
4	技术通过实验室环境验证
5	技术通过模拟使用环境验证
6	技术通过模拟使用环境演示验证
7	系统原型通过典型使用环境演示验证
8	系统通过开发测试与评估达到使用要求
9	系统通过实际使用得到证明

在技术成熟度的各级定义和解释中使用了一些术语，主要包括使用环境和技术状态两大类术语，以下是这些重要术语的解释说明。

1）使用环境，即系统的真实运行环境，包括物理环境、数据环境、逻辑环境、用户环境等。技术成熟过程中一般要经历几个典型验证环境考核。其中，实验室环境是指为了验证技术原理和功能、性能所需的受控试验环境；模拟使用环境是指能够模拟真实使用环境的所有关键要素的试验环境；典型使用环境是具有代表性的真实使用环境，但它不能涵盖所有使用环境的边界。

2）技术状态，即技术达到的物理特性和功能特性。技术成熟过程中一般需要经历的几个典型技术状态。其中，技术验证模型一般用于在实验室环境中验证技术原理和主要功能、性能是否满足技术要求；技术验证原型比技术验证模型集成了更多技术，更适合在非受控的模拟使用环境中验证主要功能、性能是否满足技术要求；技术演示原型通常可实现实际系统所要求的所有功能，主要用于在模拟使用环境中全面演示、验证技术转入系统研制或产品开发阶段是否可行；系统原型与最终实际系统十分接近，用于在典型使用环境中验证系统是否满足要求；实际系统是最终交付用户使用或执行任务的系统。

3)逼真度是指当前状态相对于最终要求状态的相似程度。这里的逼真度包括两个方面内容：一方面是技术载体的功能、性能、形状、接口、尺寸(缩放比例)、质量、工艺等与最终产品的相似程度，另一方面是当前试验或演示环境与实际使用环境的相似程度。通常分为低、中、高三种逼真度。

2.2.3 技术成熟度各级内涵

(1)TRL1

定义：发现基本原理并报道。

解释说明：属于基础理论研究范畴，纸面研究技术的基本特性或试验研究观察物理现象背后的基本原理。它是支撑后续技术研究和系统研制的理论基础。

(2)TRL2

定义：提出技术概念和应用设想。

解释说明：在发现基本原理之后，发明使用该基本原理的技术应用。通过分析研究论证，提出将该基本原理应用到未来系统或产品的设想，包括新的技术概念或初步技术方案，预期能够解决什么问题、实现什么功能和性能、带来什么经济效益等。但该应用是设想还是推测性的，缺少试验或详细分析支持，并且在后续还要根据实际情况进行调整。

(3)TRL3

定义：分析和试验关键功能及特性，证明概念可行。

解释说明：积极的关键技术研发活动开始，但仍处于可行性探索阶段，在资源投入上还很有限。以TRL2提出的技术的特定应用为背景，按照技术概念或初步技术方案对关键功能特性进行建模仿真分析研究，通过实验室试验，实际验证分析预测的正确性，能够表明将来实现TRL2提出的技术概念和应用设想是基本可行的。TRL3不仅要求进行纸面分析研究，而且还要求通过试验展示或验证各单项关键技术元素的可行性，但并不要求将各相关技术元素集成为完整系统进行验证。

(4)TRL4

定义：技术通过实验室环境验证。

解释说明：TRL4～6是通过关键技术攻关使技术成熟和风险降低的关键阶段。在TRL4，相关基本技术元素开始集成为技术验证模型，并在受控的实验室环境验证其功能和性能，技术开始成熟，并能够进一步表明将来达到预期系统目标是可行的。TRL4是验证各单项技术元素是否可以协同工作的第一步。虽然技术验证模型相对最终系统的技术状态是较低逼真度的，实验室环境相对于最终真实使用环境也是较低逼真度的，但该试验既要支持TRL2提出的技术概念和应用设想，又要与未来系统要求保持一致。

(5)TRL5

定义：技术通过模拟使用环境验证。

解释说明：技术状态载体和验证环境的逼真度都比TRL4有显著提高，技术与适度逼真的支撑技术集成为各方面都更接近真实系统的中等逼真度的技术验证原型，通过在中等逼真度的模拟使用环境中对关键功能和性能验证。技术进一步成熟，但是由于一些未知因素，技术仍然存在失败风险。

(6) TRL6

定义：技术通过模拟使用环境演示验证。

解释说明：TRL6 与 TRL5 的最主要区别是，技术已经集成到系统或分系统，并通过了全面演示验证。技术演示原型能够实现真实系统要求的所有功能，演示验证环境能够比较充分模拟真实使用环境，技术状态和验证环境相对最终系统和真实使用环境都达到了较高逼真度。TRL6 代表技术演示验证取得了重要进展，技术成熟和风险已经降低到了转入系统研制或产品开发阶段可以接受的程度，并表明技术已经取得突破。

(7) TRL7

定义：系统原型通过典型使用环境演示验证。

解释说明：TRL7 已经形成了可以初步使用的系统原型，要求在典型使用环境中全面演示验证系统原型的功能性能，系统原型的技术状态应该十分接近或达到了最终系统，演示验证环境能够代表真实使用环境要求的典型使用环境。

(8) TRL8

定义：系统通过开发测试与评估达到使用要求。

解释说明：TRL8 代表实际系统开发结束，通过开发测试与评估，证明实际系统在使用环境中可以满足设计规格说明书要求，并为系统使用作好准备，例如形成标准、获得许可或其他资质证明，以达到可以交付用户使用的条件。

(9) TRL9

定义：系统通过实际使用得到证明。

解释说明：通过用户在预期使用条件下对实际系统的全方位使用考核，证明技术可以满足使用要求，达到预定的技术应用目的。通常在使用过程中还需对系统进行局部改进完善。

2.2.4　举例说明技术成熟度等级

(1) TRL1 举例说明

研究一种新型纤维材料，发现材料抗拉强度与温度之间的函数关系[4]；研究两个质点在万有引力作用下的运动规律，发现第一、第二和第三宇宙速度，这是进行运载器和航天器轨道设计的理论基础。

(2) TRL2 举例说明

观察到薄膜新材料高温超导现象后，提出将新材料用在混频器和望远镜等应用设想[8]；苏联科学家齐奥尔科夫斯提出液体推进剂火箭构想，并设计了世界上第一枚液体火箭发动机构造示意图；航天科学家提出研制以液氢为燃料、高比冲的火箭发动机推力室的设想，并对所能达到的性能和带来的好处进行估计。

(3) TRL3 举例说明

作为推进剂的关键技术元素过冷氢，是决定高能密度材料推进技术概念可行性的关键，当温度和供液压力在实验室能够实现时，该技术就达到 TRL3 要求[8]；基于经典火箭发动机热力和气动理论，建立获得高比冲氢氧流量质量比计算模型，完成热力气动计算，研制比较简易的液氢液氧推力室试验装置，并通过实验室试验验证计算分析的正确性，这能够表明研发高比冲液氢液氧推力室的设想基本可行[3]。

(4) TRL4 举例说明

对于航空电子设备的模糊逻辑技术，在 TRL4 需要用部分由计算机和部分由实验台架构成的原理样机，在受控的实验室环境中用模拟输入进行测试[4]；研制更逼真的推力室头部、身部、喷管等部件，并集成为氢氧推力室原理样机，在挤压式试车台进行试验，达到进一步验证具备氢氧发动机推力室技术方案可行的适当性能的目的[1]；将一些基本技术元素集成起来形成污染物处理原理系统，在受控的实验室环境使用部分模拟污染物和少量真实污染物进行测试[19]。

(5) TRL5 举例说明

采用新型高效的太阳能光伏材料，制作空间太阳能电池阵列，并集成电源和支持结构等部件，在具有太阳能模拟能力的热真空室进行测试[4]；小推力发动机推力室与其他相关部件集成为氢氧发动机整机演示样机，在试车台完成功能和性能试验[3]；实验室规模的、高逼真度的污染物处理演示系统，在由模拟污染物和一定真实污染物构成的模拟使用环境中进行测试，以证明其功能性能、安全性、成本和风险均可接受[19]。

(6) TRL6 举例说明

如果微重力、真空和热环境等是影响某空间技术成败的关键因素，则 TRL6 要求必须在空间环境演示验证该技术[4]；通过地面、高空模拟环境进行氢氧发动机试车，使推力室功能性能基本满足要求，证明工程中应用液氢液氧推力室是可行的[1]；在能够模拟污染物相关物理化学特性的环境中，工程规模的污染物处理系统原型的功能和性能通过演示验证[19]。

(7) TRL7 举例说明

向火星发射探路者号的演示验证试验，是未来火星巡视号在 TRL7 的演示验证试验[4]；氢氧火箭发动机圆满完成火箭试样首飞以及规定次数的发射试验[1]；在实际污染物的物理和化学环境中，污染物处理系统通过冷试车[19]。

(8) TRL8 举例说明

通过地面或空间测试与评估，空间系统取得飞行资质[4]；在实际污染环境下，污染物处理系统通过热试车[19]。

(9) TRL9 举例说明

使用液氢液氧推力室技术的火箭多次成功执行发射任务[3]；在实际污染物环境下，商用的污染物处理系统通过全方位使用考核[19]。

2.3　制造成熟度评价模型

2.3.1　制造成熟度基本概念

制造成熟度(MRL, Manufacturing Readiness Levels), 用来表示关键制造的成熟程度, 量化反映了技术转化为产品或系统过程中制造能力对于项目目标的满足程度。它通过对各制造要素(例如设计、工艺、材料、设备、人员、成本、质量等)进行系统管理, 有效评价关键制造的当前状态、识别制造风险。制造成熟度囊括了从确定制造内涵到形成批生产和精益化生产能力的全过程, 体现了从研制到生产的一般发展过程, 是在大量科研和工程实践基础上对制造成熟规律认识的一种总结[3,22]。

制造成熟度可发挥如下三方面的作用:

1)可以度量制造技术、产品或制造能力的当前成熟状态;

2)可以有效识别项目研制和生产过程中的制造风险;

3)为制造成熟计划和风险降低计划提供有力依据。

2.3.2　制造成熟度等级定义

制造成熟度通常被划分为 10 个级别, 1 级成熟度最低, 10 级成熟度最高, 以最终建立批生产能力为目标。表 2-5 给出了美国国防部制定的制造成熟度各级定义[18]。处于制造成熟度低级别时主要关注产品的可制造性, 即能够制造出工程项目要求的部件或单机;处于高级别时主要关注可生产性, 即工程项目要求的批生产能力。

分析表 2-5 可以得出, 制造成熟度等级划分主要围绕两个不同特征维度展开, 即生产环境和制造对象。生产环境主要包括实验室环境、相关生产环境、典型生产环境、试生产环境和批量生产环境; 制造对象主要包括技术原理样件、部件、分系统和系统。以 MRL6 为例, 其定义是“具备在相关生产环境下制造原型系统或分系统的能力”, 在该定义中制造对象是“原型系统或分系统”, 制造环境是“相关生产环境”。

表 2-5　美国国防部对 MRL 的定义[23]

MRL	定义
1	Basic Manufacturing Implications Identified 确定制造的内涵
2	Manufacturing Concepts Identified 确定制造的方案
3	Proof of Manufacturing Concept Developed 制造方案的可行性得到验证
4	Capability to produce the technology in a laboratory environment 具备在实验室环境下制造技术原理样件的能力

续表

MRL	定义
5	Capability to produce prototype components in a production relevant environment 具备在相关生产环境下制造原型部件的能力
6	Capability to produce a prototype system or subsystem in a production relevant environment 具备在相关生产环境下制造原型系统或分系统的能力
7	Capability to produce systems, subsystems, or components in a production representative environment 具备在典型生产环境下制造系统、分系统或部件的能力
8	Pilot line capability demonstrated; Ready to begin Low Rate Initial Production 试生产线能力得到验证，准备好开始低速率生产
9	Low Rate Intial Production demonstrated; Capability in place to begin Full Rate Production 低速率生产能力得到验证，全速率生产能力就绪
10	Full Rate Production demonstrated and lean production practices in place 全速率生产能力得到验证，精益化生产能力就绪

2.3.3 制造成熟度各级内涵

制造成熟度等级定义作为制造成熟度评价的基本原则，具有简明扼要的特点。为了更好地帮助读者准确把握 MRL 的各级内涵[22-23]，本节主要介绍制造成熟度的各级说明和定义(制造成熟度定义中涉及到的一些重要术语的解释详见附录二)。

(1)MRL1

定义：确定制造的内涵。

解释说明：MRL1 是制造成熟度的最低等级。要求识别出制造的基本内涵，重点是确定为了达到预期项目目标，制造技术需要解决的关键问题。其属于制造技术的基础研究范畴。

(2)MRL2

定义：确定制造的方案。

解释说明：MRL2 的特点是采用新的制造方案。通过应用研究将基础研究转化为针对具体项目需求的解决方案。针对 MRL1 提出的关键制造问题，识别出制造的技术概念。MRL2 的典型工作包括鉴定、论文研究、材料分析和研发新的制造工艺，并开始考虑制造可行性和制造风险。

(3)MRL3

定义：制造方案的可行性得到验证。

解释说明：MRL3 通过仿真分析或实验室试验对制造概念进行验证。材料和/或制造工艺已经具备可制造性及可行性的特征，但仍需进行进一步评估和验证。本级要求在实验室环境中研制出功能比较有限的试验性硬件模型样机。

(4)MRL4

定义：具备在实验室环境下制造技术原理样件的能力。

解释说明：MRL4 要求技术成熟度至少达到 TRL4。本级别要求确定所需的各种投资，例如制造技术研发方面的投资；工艺要确保可制造性并能达到相应的质量要求，可以制造出用于验证技术的演示样机；识别出研发原型样机的制造风险，并提出相应的风险规避措施；确定目标成本，并明确制造成本构成；完成对设计方案的可行性评估；确定主要设计性能参数，以及必要的相关特殊工具、设备、材料处理和技能要求。

（5）MRL5

定义：具备在相关生产环境下制造原型部件的能力。

解释说明：MRL5 要求各项技术的技术成熟度至少达到 TRL 5。本级别对国家工业基础进行评估，确认潜在的制造企业，进一步完善制造策略；识别出关键技术和部件，通过在相关生产环境下制造部件验证原型材料、工具、测试设备及工人技能，但是一些制造工艺和规程还需要进一步改进；已经启动或正在进行制造技术开发；正在进行关键技术或部件的可制造性评估；建立了用于评估工程制造成本的模型。

（6）MRL6

定义：具备在相关生产环境下制造原型系统或分系统的能力。

解释说明：MRL6 要求各项技术的技术成熟度至少达到 TRL 6。MRL6 通常意味着初步系统设计获得认可，已经形成了初始制造方法；定义并描述了大多数制造过程，但系统本身仍有显著的工程和/或设计变化；初步设计已经完成，并完成关键技术和零部件的产能评估和转换研究；在相关生产环境下验证了系统和/或分系统原型样品的生产工艺、材料、工具和测试设备及人员技能；执行了成本、产量和比率分析，以评价原型试验数据与目标指数的对比情况，以及项目是否具有恰当的风险控制，以达到成本需求或建立新的基线；确定长周期和关键的供应链要素。

（7）MRL7

定义：具备在典型生产环境下制造系统、分系统或部件的能力。

解释说明：MRL7 要求各项技术的成熟度应该接近或达到 TRL 7。在该级别，系统的详细设计活动已接近尾声，材料规范书已被批准；在典型生产环境下验证了制造工艺和程序；完成详细的可生产性转换研究，正在增强可生产性和进行风险评估；成本模型对详细设计进行了更新，达到系统级水平，并对分配目标进行跟踪。产量和比率分析更新了典型生产数据；供应链和供应商的质量保证进行了评估；材料满足所计划的试生产线建设时间表；已经优先开展并正在进行降低单位成本的工作；长周期采购计划到位；已经制定生产计划和质量目标；已经启动生产工具和测试设备的设计和开发。

（8）MRL8

定义：试生产线能力得到验证，准备好开始低速率生产。

解释说明：MRL8 表示已为小批量试生产做好准备，各项技术至少达到 TRL 7。系统详细设计工作已经完成且充分稳定，可开始低速率生产；材料、人力、工装、试验设备和生产设施已经全部在试生产线上验证，可满足计划的低速率生产进度要求；验证和控制制造和质量控制工艺及步骤在试生产环境，为低速率生产做好了准备；已知的可生产性风险没有对低速率生产提出重大挑战；用试生产线生产结果更新了成本模型、成本率和生产速率分析并测试通过；里程碑 C 级的工业能力评估已经完成，已经建立支持小批量试生产的供应链系统。

(9) MRL9

定义：低速率生产能力得到验证，全速率生产能力就绪。

解释说明：MRL9 的制造是为大批量生产做准备的，该等级已经成功实现低速率生产，各项技术的技术成熟度应该达到 TRL 9。所有系统的工程/设计要求已得到满足；主要的系统设计的特征是稳定的，并在测试和评估中得到证明；在小批量生产环境中的制造工艺能力达到适当的质量水平，满足设计关键特性的公差范围；正在进行生产风险监测工作；已经实现小批量生产成本目标；已为大批量生产建立费用模型，反映出不断改进的影响。

(10) MRL10

定义：全速率生产能力得到验证，精益化生产能力就绪。

解释说明：MRL10 是最高级别的生产就绪水平，各项技术的成熟度应该达到 TRL 9。MRL10 通常处于生产阶段或持续保障阶段，几乎不存在工程更改和设计更改，存在的工程或设计更改一般限于质量提高或成本下降；满足所有的工程、性能、质量和可靠性要求；所有材料，加工、检验和测试设备、设施和人力到位，并已达到全速率生产的要求；批量生产的单位成本达到目标，资金满足生产所需的比率；精益生产行之有效，并保持持续不断的改进状态。

2.3.4 举例说明制造成熟度等级

(1) MRL1

举例说明：通过文献调研、跟踪国内外情报，看到大尺寸复杂异型结构的复合材料部段制造原理的报道，该制造原理在传统的制造方案上加以改进、适应大尺寸复杂结构的制造特点，可提供比传统方法更高的结构性能，以满足条件更加苛刻的空间环境。

(2) MRL2

举例说明：根据 MRL1 发现的制造原理可支持优异结构性能，进一步提出将该制造原理或制造技术应用于飞行器舱体制造的设想，考虑飞行器系统对该制造原理的性能和生产能力要求，并初步分析舱段制造的可行性及潜在风险。

(3) MRL3

举例说明：根据 MRL2 提出的应用设想与系统最终要求，初步确定大尺寸复杂结构舱段的制造方案，研制出了用于可行性验证的较小尺寸的复合材料平板样件。尽管该平板样件的结构、外形、尺寸相对于最终舱段的要求差距较大，但是通过在简易实验室环境中对其力、热性能进行试验，结果初步证明制造方案可行。

(4) MRL4

举例说明：在 MRL3 基础上，根据设计要求，制造出舱段截短尺寸的(局部 1∶1 尺寸)的结构件。在实验室中对结构件的力、热性能进行了验证，试验结果符合设计要求。初步完成了关键工艺攻关工作，生产效率和设备是制约实现最终批生产能力的主要风险因素，在此基础上，制订了技术改进、配套设施建设和设备采购等计划。

(5) MRL5

举例说明：根据设计要求，制造出了接近于 1：1 的工程尺寸样件，该舱段样件与相关部段按要求装配后，对结构的力/热联合性能进行了地面综合验证，结果满足设计要求。经分析，原材料的供货数量、进度和质量有保证，配套设施建设和设备采购正在进行，并为最终批生产制订了技术人员培训计划。

(6) MRL6

举例说明：制造出舱段产品，其性能基本满足最终产品要求。与相关部段按要求装配后，在飞行演示试验中进行了验证，结果满足设计要求。经分析，原材料的供货数量、进度和质量有保证，配套设施建设、设备采购、技术人员培训等工作按计划开展，规避批生产风险的措施已大部分落实。

(7) MRL7

举例说明：制造出的舱段基本达到最终产品要求。与系统其他单机、分系统装配后，进行了飞行试验，其力/热性能符合要求。用于试生产的材料、设备、人员等已就绪，为下一步的试生产做好了准备。

(8) MRL8

举例说明：制造出系统最终使用的舱段，通过了各种测试和鉴定。通过生产准备评审，消除了全部风险。通过试生产 N 台舱段，使试生产能力得到验证。

(9) MRL9

举例说明：交付使用后，成功执行任务。根据要求，具备了舱段的小批量生产能力，生产效率、成本、性能符合要求。

(10) MRL10

举例说明：通过技改和完善制造计划，人员、工艺、设备、配套设施等能够满足舱段的大批量生产要求，生产效率、合格率、工艺稳定性、成本、性能等符合要求。

2.4　产品成熟度综合集成模型

2.4.1　产品成熟度基本概念

产品成熟度(PML，Product Maturity Levels)，是评价和度量产品研制所处发展状态的量化标准，反映了产品对于预期应用目标的满足程度。产品成熟度的定义主要有三个方面：

1)产品成熟度主要把握三个维度的成熟规律，分别是技术研发、制造能力、使用性能；

2)产品成熟度是综合集成的评价方法，产品成熟的过程由技术研发和制造能力共同决定，结合设计、工艺和质量等关键问题，其在产品成熟各个阶段的特征集成评价产品的成熟过程；

3）产品成熟的时间域与技术成熟度和制造成熟度相同，也是以项目或市场化为目的的，即通过实际应用、完善并达到完全成熟。

产品成熟度等级度量和评测特定产品成熟程度的标准和尺度，被划分为 5 个级别，即 5 个阶段：概念产品、实验室产品、工程化产品、市场化产品和精益市场化产品，其中 1 级最低，5 级最高。

产品成熟度评价（PMA，Product Maturity Assessment），是根据技术和制造成熟度综合集成评价产品成熟度等级的一种方法。在工程项目研制中，应用技术成熟度和制造成熟度，分别对产品的设计、制造进行分析与评价，有助于对这两个方面独立进行持续改进和量化控制，便于快速提升。另外，产品不仅是设计出来的，更要能制造出来，因此，产品成熟度是对产品在设计、研制、生产和使用环节中对所有技术性能和制造要素的综合评价与度量。

2.4.2　产品成熟度等级定义

采用新兴技术研发一种新产品，从建立新产品的概念开始到发展为投放市场的商品，将产品研发过程划分 5 个不同的阶段：概念阶段、实验室阶段、工程化研制阶段、小批量市场化阶段和大批量精益市场化或高质量细分市场化阶段。每个阶段体现产品成熟的不同程度，实现了从理论到技术、技术到工程化研制，从产品研制成功到实际使用完善的一系列连续的过程，具体如表 2－6 所示。

表 2－6　产品成熟度各等级定义

PRL	产品研发阶段	等级定义
1	概念产品	关键技术原理和制造方案的可行性得到可验证
2	实验室产品	分系统或系统研制能力得到相关实验环境验证
3	工程化产品	系统级工程产品通过典型使用环境验证
4	市场化产品	系统级产品通过低速率生产和使用环境示范验证
5	精益市场化产品	高质量系统级产品通过全速率生产并得到市场验证

2.4.3　产品成熟度各级内涵

产品成熟度各级定义是评价的原则，其中 5 个阶段界定了从概念产品、实验室产品，发展到大批量精益市场化产品或高质量细分市场产品的内涵，各级定义具体的定义和解释说明如下。

（1）PML1

定义：关键技术原理和制造方案的可行性得到验证。

解释说明：概念层面的虚拟产品，例如产品的概念模型、仿真模型。关键技术实现从理论到技术层面的可行性验证，同时制造方案得到验证，准备进入工程研制阶段。

(2) PML2

定义：分系统或系统研制能力得到相关实验环境验证。

解释说明：在实验室条件下，从部件、子系统到系统的研制过程。在这个阶段通过验证的系统可能是接近最终状态的产品；也可能是非全尺寸、非全功能的产品，主要的关键功能已经实现，需要整体进一步在实际使用环境中进行验证与完善。

(3) PML3

定义：系统级工程化产品通过典型使用环境验证。

解释说明：按照工程化开发的要求所研发出的产品，这一个阶段产品是全尺寸、全功能、系统化的产品。产品的功能、性能满足用户使用要求，但是产品的成本、质量和可靠性距离市场化产品还有待进一步改善。

(4) PML4

定义：系统级市场化产品通过低速率、对比量生产和实际使用环境验证。

解释说明：具备小批量重复稳定生产能力，在实际使用中通过关键技术性能的验证，生产能力进一步提升，具备低速率、小批量产品的生产能力。制造能力的提高，使得产品的成本、质量和可靠性有实质性的改善。

(5) PML5

定义：高质量系统级市场化产品实现全速率生产并得到市场验证。

解释说明：具备大批量生产能力，产品研发进入技术不断改进、成本不断降低、质量与可靠性不断提高、可用性不断提升的良性循环，面向不同用户向系列化产品方向发展。

2.4.4　产品成熟度综合集成方法

以产品预期应用目标研究产品成熟度的过程，必须将割裂的技术研发、设计制造集成起来。单一的技术成熟度缺乏对产品本质要求，单一的制造成熟度仅强调生产规范度和批量生产的能力，二者都对工程产品缺乏系统性的考虑。为解决这个问题，就要运用综合集成的方法。如图 2 - 4 所示，美国 DoD 提出了技术成熟度和制造成熟度的对照图[23]，将装备采办周期与技术成熟度、制造成熟度的时序关系进行了直观地统计与对应集成。本书研究技术成熟度和制造成熟度的综合集成方法，以技术的重要属性——集成度和验证环境为要素，进行时效性对比统计与分析，论证两个成熟度理论的对应关系，并以此为综合集成的基础依据。如表 2 - 7 所示，两个成熟度在方案、部件级、系统/分系统、系统级等阶段有严格的等级对应关系，并且相应的验证环境也一致。因此证明，技术成熟度 9 个等级与制造成熟度 10 个等级，在系统集成度和验证环境两个维度、而不是在执行时间维度上存在一定的对应关系[3]。

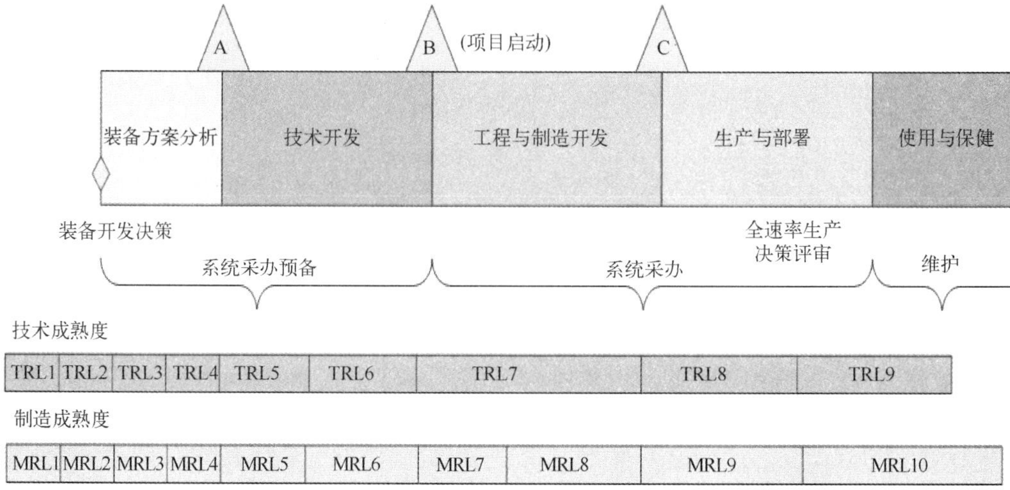

图 2－4 制造成熟度、技术成熟度和装备采办周期的关系图[3]

表 2－7 技术成熟度和制造成熟度对照表

技术成熟度			制造成熟度	
TRL 1	关键功能的试验验证或方案特征的验证	方案	生产可行性已评估，方案已确定	MRL1
TRL 2				MRL2
TRL 3				MRL3
TRL 4	实验室环境条件下的部件模型的验证	部件级	生产技术能力和风险在实验室环境条件下确认	MRL4
TRL 5	在相关环境条件下的部件模型验证		在相关条件下部件模型的生产能力	MRL5
TRL 6	在相关环境条件的系统和分系统模型的验证	系统/分系统	在相关生产环境条件下系统、分系统的生产能力	MRL6
TRL 7	在使用环境条件下的系统验证	系统级	在有代表性的生产环境条件下系统、分系统、部件的生产能力验证	MRL7
			具备小批量的生产能力	MRL8
TRL 8	真实系统已完成，并通过验证测试		小批量的生产已验证，具备大批量的生产能力	MRL9
TRL 9	通过多次成功执行任务，证实真实系统飞行可靠性		大批量的生产能力验证	MRL10

通过证明，技术成熟度和制造成熟度在装备系统的同一阶段可以判断分析技术性能和制造能力等问题，再通过进一步综合集成便可完全解析出产品成熟度。论证综合集成产品成熟度的时效性时，需借助系统采办流程的 5 个周期：装备方案分析、技术研发、工程与制造开发、生产与部署、使用与保障。技术成熟度和制造成熟度与采办流程之间有明确的对应关系，产品成熟度(周期)也与采办流程有相应的对应。因此，技术、制造和产品的成熟度对应关系与通过采办流程得到间接证明。综合集成的产品成熟度中包含技术成熟度和制造成熟度

评价结果和属性特征，技术成熟度、制造成熟度与产品成熟度的对应关系如表2－8所示。

表2－8　产品成熟度的属性特征表

	产品研发阶段	技术成熟度	制造成熟度
PRL 1	概念产品	TRL 1	MRL1
		TRL 2	MRL2
		TRL 3	MRL3
PRL 2	实验室产品	TRL 4	MRL4
		TRL 5	MRL5
		TRL 6	MRL6
PRL 3	工程化产品	TRL 7	MRL7
			MRL8
PRL 4	示范产品	TRL 8	MRL9
PRL 5	市场产品	TRL 9	MRL10

2.5　市场成熟度评价模型

2.5.1　市场成熟度基本概念

市场成熟度(MML，Market Maturity Levels)是评价和度量新兴商品或服务市场成熟过程的量化标准，反映了市场发展的完善程度。市场成熟度定义的内涵主要有3个方面：

1)市场成熟度主要把握市场自身成熟的成熟规律，重点把握市场结构、市场规模和市场潜力等要素成熟的规律；

2)对市场要素指标体系综合集成评价方法；

3)市场生命的时域从商品形成阶段开始，到初始形成市场需求或新技术推动的产品，最后导入市场后直到市场运行成熟，不考虑后期的衰退时期。市场成熟度是度量和评测商品或服务市场成熟程度的标准和尺度，被划分为3个级别，即3个阶段：导入阶段、发展阶段和成熟阶段，其中1级最低，3级最高。市场成熟度评价(MMA，Market Maturity Assessment)，是指基于市场成熟度等级要素集成评价市场成熟度的过程。

本文研究的市场生命周期是产品在完成研制以后，从投入市场开始到被市场淘汰为止所经历的时间，有的文献将其称作产品生命周期(PLC，Product Life Cycle)或产品市场生命周期(MPLC，Market Product Life Cycle)[24]。与以往一些文献不同，本文研究产品生命周期时是从工程角度出发、相对预期的应用目标而言的，不涉及产品的市场整体行为过程；产品投入市场后的寿命，本文称作市场生命周期。本文研究市场成熟的客观规律，探索到从研制成功投放市场开始，到市场成熟的整个过程中，产品销售量、获利能力、市场份额、市场竞争等都有不同的特征随着时间的推移而变化。这种市场上的变化有一定的周期性规律可循，提取后可以作为判别特征，再结合成熟度方法与系统工程思想，从而提出市场成熟度评价方法。

2.5.2　市场成熟度等级定义

市场成熟度量化评价新技术产品导入市场后的发展过程。这个过程包括新技术产品得到示范性应用，而在得到用户的肯定后市场也得到确立，因此这个过程往往是新技术推动市场的培育过程。市场确立之后，增长的需求带动这个新兴市场发展直至完全成熟，这个过程可以被划分为 3 个阶段，即导入阶段、发展阶段、成熟阶段，这里不考虑商品市场的更新与衰退阶段。市场成熟度的等级如表 2 –9 所示。

表 2 –9　市场成熟度等级定义

	市场发展阶段	等级定义
MML 1	导入期	工程化产品投放市场，形成新的市场
MML 2	成长期	市场需求增长带动市场规模不断扩大
MML 3	成熟期	市场占有率达到饱和，市场规模稳定

2.5.3　市场成熟度各级内涵

市场成熟度各级定义是评价的原则，3 个阶段界定了从产品工程化研制完成，到投放市场后有竞争力的产品满足市场需求，进而促使市场规模不断扩大和利润不断增加的过程，各级具体的定义和解释说明如下。

（1）MML1

定义：工程化产品投放市场，形成新的市场。

解释说明：新技术产品工程化研制完成，关键功能和制造工艺得到验证，能够整系统地制造产品。在一定的范围内开始投放市场、进行先期示范性应用，产品得到消费者的肯定、市场得到确认，形成了新技术产品对应的新市场。

（2）MML2

定义：市场需求增长带动市场规模不断扩大。

解释说明：新产品具有竞争力，满足市场的需求，促进产品市场推广，市场预期的规模吸引企业和消费者，市场进入成长时期。产品通过示范性应用进行推广，从而达到进一步的完善，制造环节进入规模化生产。另外，随着消费者和企业的增加，市场规模随之扩大，销量大幅提升，企业利润快速增长。

（3）MML3

定义：市场占有率达到饱和，市场规模稳定。

解释说明：在这个阶段，市场经历了优胜劣汰，资源得到进一步的优势分配，产品销量达到了顶峰，市场占有率达到饱和，供求平衡，产品设计稳定，厂家数量稳定，市场形成了一定的进出壁垒。有的文献将这一个阶段分成两部分，前一部分是成熟前期，市场通过整合进一步发展；后一部分市场潜力进一步释放，市场规模进一步扩大到饱和状态，达到一定的瓶颈状态。

2.5.4　举例说明市场成熟度等级

通过上面的论述，市场成熟度 MML 的 3 级定义分别界定了产品投入市场之后快速发展直至市场成熟的过程。本节结合新能源汽车的例子说明市场成熟度的 3 个级别。战略性新兴新能源汽车产业正好包含 3 个重点产业方向，分别是混合动力汽车、纯电动力汽车、燃料电池汽车。目前，我国这 3 个产业方向经过多年的培育与发展，混合动力汽车产业方向处于市场成熟度 MML3；纯电动汽车产业方向的市场成熟度 MML2；燃料电池汽车产业方向处于市场成熟度 MML1。通过这 3 个例子对市场成熟度做简要的说明，如表 2－10 所列。

表 2－10　市场成熟度等级定义示例

MML1	定义	工程化产品投放市场，形成新的市场
	例子	目前国内燃料电池汽车技术研发与国外步伐一致，取得了初步进展，轿车动力系统技术平台应用于相应车型，并开展示范应用，氢气消耗为每 100 km 0.912 kg
	说明	处于市场成熟度 MML1 阶段时，工程化产品取得了一定的进展，但还需要实际示范应用验证，以便进一步完善概念和关键技术及性能。在这个阶段，产品只有整体性能可靠、得到商业示范应用之后，才能投放市场。新技术产品受到市场的欢迎、满足市场需求、得到用户的肯定，才能形成了新的市场。因此，国内燃料电池汽车处于市场成熟度 MML1 的初期阶段
MML2	定义	市场需求增长带动市场规模不断扩大
	例子	我国纯电动汽车关键技术取得较大突破，纯电动汽车产品在续驶里程、动力性等性能方面得到大幅提升，并得到小规模的商业化推广应用，纯电动汽车即将进入实用化阶段。我国生产的不同品牌的纯电动汽车得到了市场的认可，为用户购买纯电动汽车给予优惠的政策促进了市场的发展
	说明	我国纯电动汽车以系统集成和关键技术为主线，突破了纯电动汽车以改装设计为主的传统思路，建立和完善了纯电动客车设计理论与系统集成体系，构建了整车及关键部件系统开发和动力系统匹配标定技术平台。新技术产品通过示范性应用，得到了客户的肯定，形成了新的市场。与传统汽车相比，纯电动汽车具有较强的竞争优势，首先是使用成本低，降低了燃油费用；另外，没有废气排放，低碳环保性受到政府的重视，给了购车者优惠政策，促进了市场快速发展。以北京市为例，根据每两个月的小汽车申购摇号的统计分析，申请购买纯电动汽车的人群不断增多，市场迎来快速发展的时期。但是，纯电动汽车产业方向处于 MML2 阶段，并未完全满足快速增长的需求，产品性能和功能需要进一步提高，需要更多企业加入，市场发展的空间是巨大的
MML3	定义	市场占有率达到饱和，市场规模稳定
	例子	我国市场上的多家汽车厂商都在进行混合动力汽车的研发与生产，技术较为成熟，产品性能稳定可靠。从市场角度看，市场份额比前两种汽车都大，混合汽车已经实现普遍商业应用、普及率较高、市场比较成熟
	说明	我国混合动力汽车市场经过多年的发展，市场份额还在不断的增长。在这个阶段，市场经历了优胜劣汰，油电、油气或其他燃料的混合动力汽车经过商业化发展，产品可靠稳定，形成了一定的进出壁垒。油电混合动力汽车市场正在完成整合，体现在资源向优势技术和企业整合，产品销量达到顶峰，市场占有率达到饱和，供求平衡。有的文献将这随后市场潜力进一步释放，市场规模进一步扩大到饱和状态。混合动力汽车进入了 MML3 阶段

2.6 产业成熟度综合集成模型

2.6.1 产业成熟度等级定义

产业成熟度(IML, Industry Maturity Levels), 是评价和度量产业从诞生到成熟发展过程的量化标准[4], 反映了产业发展的完善程度。产业成熟度等级是评价产业发展成熟过程的尺度, 分为4个级别, 即四个阶段, 分别为: 萌芽阶段、培育阶段、发展阶段和成熟阶段, 其中萌芽阶段是1级, 成熟阶段是4级。产业从萌芽到成熟的发展过程被划分为4个等级, 分别是萌芽、培育、发展和成熟阶段, 各个阶段主要特征如表2-11所示。如前文所述当初始批量的产品导入市场时, 产品成熟度是PRL3, 市场成熟度是MML2。在产品精益市场化生产阶段(PRL5), 市场也达到快速成长的时期, 此时产品的量和质均有大幅提升。市场在成熟度2、3级的时候, 产业正好处于培育阶段, 随后逐级成熟, 如表2-11所示。

表2-11 产业成熟度等级定义

	产业发展阶段	等级定义
IML 1	萌芽阶段	产品工程化的研制得到使用环境验证, 新市场尚未出现
IML 2	培育阶段	具有竞争力的产品导入市场, 市场预期很高
IML 3	发展阶段	市场需求增长促使大规模生产, 产业快速发展
IML 4	成熟阶段	市场占有率达到饱和, 产业稳定成熟

2.6.2 产业成熟度各级内涵

产业成熟度各级定义是评价的原则, 4个阶段界定了从概念产品、实验室产品, 发展到大批量精益化市场产品或高质量细分市场产品的过程, 各级具体的定义和解释说明如下。

(1)IML1

定义: 产品工程化的研制得到使用环境验证, 新市场尚未出现。

解释说明: 产业在形成时期, 由于行业内企业数量少, 关键技术处于研发阶段, 制造水平尚不成熟, 没有新商品投放到市场, 因此只有工程化的产品进行试用, 尚不能够实现批量生产, 尚未形成新的市场, 新技术产业化处于萌芽阶段。

(2)IML2

定义: 具有竞争力的产品导入市场, 市场预期很高。

解释说明: 产品投放市场, 由于市场刚刚建立, 消费者缺乏对产品的了解, 需求量不足, 因此销量有限, 需要投入大量的广告经费以开拓市场, 产业需要进一步的培育, 厂商在这一阶段很难获得可观的利润。处于培育时期的产业可被称为新兴性产业。新兴性产业具有较大的关联性和正的外部性，产业发展潜力大，但产业发展规模小。

（3）IML3

定义：市场需求增长促使大规模生产，产业快速发展。

解释说明：产业进入成长时期，一方面生产工艺水平、生产设施和产业结构都比形成时期完善很多，开始有能力实现规模化生产，逐步与相关产业形成产业链和产业群，进入产业的企业增多使得生产要素开始集中，从而使生产成本相应降低；另一方面，前期的市场宣传效果开始显现，随着消费者需求的增加，市场规模扩大、销量大幅提升、企业利润快速增长。处于成长时期的产业可被称为主导性产业。主导性产业实际增长速度超过其他产业，产业关联度和影响力逐渐提高，是拉动经济增长和促进产业结构优化的主要力量。

（4）IML4

定义：市场占有率达到饱和，产业稳定成熟。

解释说明：产业经过了成长时期，市场已扩张的空间逐渐接近饱和，扩大生产的能力越来越小，产业进入成熟时期。一方面生产技术水平、产品工艺和产业组织都已基本成熟，因此生产扩张的速度开始减缓，生产要素增加的速度减慢，企业进入的数量与成长时期相比减少很多；另一方面，随着市场需求趋于饱和，销售量虽然会继续增加，但是增速放缓，进入了一个相对平稳的阶段，此时企业的竞争重点开始转向服务的提升及通过采用最新的装备设施来降低成本。处于成熟时期的产业可被称为支柱性产业。主导性产业和支柱性产业的本质区别在于主导性产业往往处于成长时期，对国民经济不一定起到主要支撑作用，但对其他产业具有较强的带动效应；支柱性产业是经济增长的主要力量，但对其他产业增长没有直接影响。支柱性产业体现了一个国家或地区的经济实力。

2.6.3　产业成熟度综合集成方法

由于产业的发展具有一个从产品成熟到市场成熟的时序关系，同时根据产品成熟度等级划分的定义和市场成熟度等级划分的定义不难看出，产品成熟度的4级和5级分别与市场成熟度的1级和2~3级在发展时期上是重合的，因此，产业成熟度的等级可以被划分为4级，其中前1级分别对应产品成熟度1~3级，后3级分别对应市场成熟度1~3级，如图2－5所示。

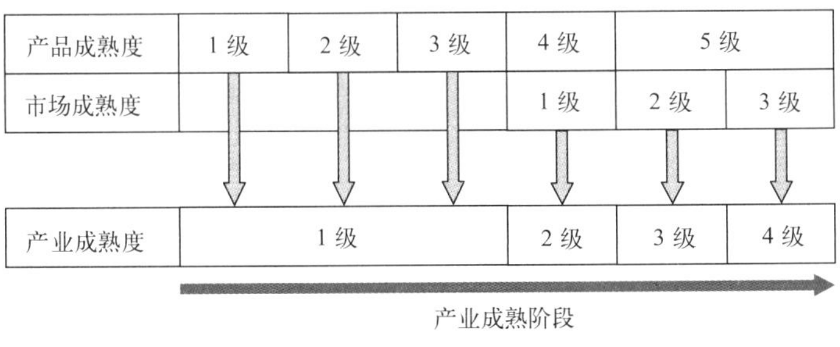

图2－5　产品成熟度、市场成熟度与产业成熟度的对应关系

第3章　技术成熟度评价方法

3.1　技术成熟度的研究与发展

3.1.1　技术成熟度概念发展

技术成熟度(TRL)的概念最早由NASA提出，20世纪70年代到90年代中期是技术成熟度评价的探索应用阶段。在这一阶段，NASA提出了7级TRL定义，技术成熟度评价的实践应用也逐渐显现。但总的来看，这一阶段的技术成熟度标准仍不够完善，主要局限于航空、航天领域的应用。1995年，NASA专家约翰·曼金斯(John Mankins)起草的《技术成熟度等级白皮书》，对早期提出的7级TRL进行了补充完善，将技术成熟度等级扩充到9级[3-4]，从基本技术原理的发现开始，到装备成功执行任务为止，包含了技术研发与转化的全部过程。该技术成熟度模型与目前普遍采用的技术成熟度等级已十分相近，是技术成熟度评价发展的一个重要里程碑。

随后，美国审计署(GAO)在1996—1999年发布的多份研究报告中指出[25]，美国DoD在应用新技术时，其较低的成熟度导致有关研制项目所承受的风险较大，所以建议DoD在国防采办中采用TRL实施技术成熟度评价与管理。在该建议下，DoD开始研究和应用技术成熟度，并于2003年发布《技术成熟度评价手册》。该手册经过2005年、2009年和2011年的三次补充修订，于2011年正式更名为《技术成熟度评价指南》[3]，该指南是对NASA TRL定义的重要拓展。NASA的TRL定义主要针对硬件而言，DoD则基于NASA的硬件TRL定义，研究形成了软件和生物医学领域的TRL定义[19,26]，形成了更为系统的技术成熟度评价指南，该定义是DoD开展技术成熟度评价的重要依据。

3.1.2　技术成熟度应用情况

技术成熟度作为科研项目的重要管理工具，能够有效降低技术、经费及管理的风险，得到了国外相关机构的广泛应用。2003年，DoD发布了新的采办政策和指令，要求在国防采办的关键里程碑节点必须进行技术成熟度评价，为国防采办进入下一个阶段提供决策支撑[27]。自2003年以来，GAO每年都对美军正在从事的重大武器系统项目进行技术成熟度评价，通过评价发现技术、经费等方面风险较大的项目，评价结果上报国会，为国会决定下一财年相关项目的预算拨款提供参考依据[25]。

技术成熟度在美国军方的成功应用使其得到了其他领域的重视。美国能源部(DoE)、美国国土安全部等机构均在NASA和DoD的TRL定义基础上，研究制定了适用于不同项目的技术成熟度评价准则，并在项目管理中实施技术成熟度评价。除美国外，英国、加拿大、澳大利亚等国家的相关机构也引入美国的技术成熟度体系，并借鉴美国的做法开展和推广技术成熟度评价[19,26]。2013 年底，由美、英、法、德等 10 余个国家约 30 名技术成熟度专家编制完成的《空间系统技术成熟度等级定义及评价准则》[3,9]由国际标准化组织(ISO)正式发布，成为技术成熟度方法在世界范围内推广应用的重大里程碑事件[9]。

近年来，我国也对技术成熟度开展了深入的研究与广泛的应用。总装备部作为我国国防装备研制项目的重要管理部门，十分重视技术成熟度的应用工作。2009 年，总装备部某重大专项工程办公室联合航天科技集团公司，委托航天系统科学与工程研究院结合重大专项工程开展技术成熟度研究和应用。2010 年，总装备部载人航天办公室组织编制了《载人航天工程技术成熟度评估规范》，内容包括技术成熟度评价准则、评价方法、评价组织和流程等[3]。2012 年，总装备部颁布了有关技术成熟度的相关法规，以提高科学管理水平与决策水平为目的，要求在装备预研项目验收时组织技术成熟度评价，同时建议在项目研制过程中根据需要组织技术成熟度评价。同年，总装备部颁布了《装备技术成熟度等级划分及定义》和《装备技术成熟度评价程序》两项顶层国家军用标准[16]，制定了装备技术成熟度的等级定义及其评价工作的一般过程和方法。在上述两项国家军用标准的基础上，总装备部陆续制定了航天器、运载火箭、飞机和直升机、电子信息系统等多类技术成熟度评价指南，用于在我国装备研制领域指导应用技术成熟度。除此以外，在 2013 年的国家科技重大专项(民口)中期监督评估，以及 2014 年和 2015 年的年度监督评估中，航天系统科学与工程研究院先后支撑中国工程院和科技部科技评估中心开展技术成熟度评价；技术成熟度也成为评价国家科技重大专项中关键核心技术研究进展和绩效的重要工具，并且在核电、油气、高端装备制造、生物医药、新一代信息技术等广大领域得到了进一步深化应用。

3.2　多领域的技术成熟度评价准则

3.2.1　工业领域评价准则

工业类技术的技术成熟度评价准则分别参考了 NASA 和 DoD 的技术成熟度评价准则、我国的《装备技术成熟度等级划分及定义》(GJB 7688—2012)[16]、《科学技术研究项目评价通则》(GB/T 22900—2009)[28]等文献材料，总结了以往在国家重大专项工程中的应用经验，最终形成了适用于该领域评价关键核心技术发展情况的通用技术成熟度准则，详见表 3 - 1。

表 3 - 1　工业领域技术成熟度准则

TRL	评价参考准则
1	观察到支撑该技术研发的基本原理或看到基本原理的报道
2	提出将基本原理应用于系统中的设想

续表

TRL	评价参考准则
3	关键功能和特性初步通过实验室可行性验证
4	以部件级实验室产品为载体通过实验室环境验证
5	以单机级初级演示验证产品为载体通过模拟使用环境验证
6	以分系统或系统级高级演示验证产品为载体通过模拟使用环境验证
7	以系统级工程原型产品为载体通过典型使用环境验证
8	以系统级试用产品为载体通过测试和交付试验
9	系统级的成熟产品通过广泛应用和考验

3.2.2 油气领域评价准则

在2013年国家科技重大专项中期评估过程中，通过与中石油科技评估中心及油气领域相关技术专家合作，对油气领域的关键技术进行了类型划分，即勘探、开发和工程3大类技术；并结合各类技术的成熟过程特点，研究形成了对应的技术成熟度评价准则(详见表3－2)。该准则可推进油气行业不同阶段研发成果的量化评价；推进技术创新以工业化应用为目标(不达9级不算成功)，特别是对不够规范的“地质类研究”明确地量化到“技术创新”层面而不是“理论创新层面”，体现了企业是技术创新的主体。

表3－2 油气类技术成熟度评价准则

TRL	阶段描述	评价准则		
		勘探类技术	开发类技术	工程类技术
1	概念提出与验证	基本原理清晰，通过研究证明基本原理是有效的	基本原理清晰，通过研究证明基本原理是有效的	基本原理清晰，通过研究证明基本原理是有效的
2		提出技术方案，明确应用领域	提出技术方案，明确应用领域	提出技术方案，明确应用领域
3		技术方案的关键技术、功能通过验证	技术方案的关键技术、功能通过验证	技术方案的关键技术、功能通过验证
4	原型验证	形成功能性单元并证明可行	形成了功能性单元并证明可行	形成功能性单元并证明可行
5		形成功能性分系统并通过验证	开发分系统/系统原型，通过最小单元使用环境验证	形成功能性分系统并通过验证
6		数据处理与解释，提出勘探目标与勘探部署方案	形成原型(技术、方法、设计方案等)并证明可行	形成原型(样机、方法、工艺等)并证明可行
7	现场验证	勘探方案通过小规模现场试验验证	系统原型通过中间试验(典型使用环境)验证	系统级产品通过中间试验(典型使用环境)验证
8		勘探方案通过工业性试验验证	系统级产品通过工业性试验验证	系统级产品通过工业性试验(实际使用环境)验证

续表

TRL	阶段描述	评价准则		
		勘探类技术	开发类技术	工程类技术
9	工业应用	勘探方案取得工业化应用，进行开发前期评价，获得规模效益	取得工业化应用，进入市场，获得规模效益	系统级成熟产品工业化应用

3.2.3　核电领域评价准则

2014年，在国家能源局的支持下，国家核电技术公司与航天系统科学与工程研究院联合开展了技术成熟度在核电领域的应用研究。在分析国外技术成熟度相关指南、法规、要求的基础上，同时参考国内制定的相关法规和标准，结合核电技术的研制流程及特点，采用核电技术专业术语，形成了《核电技术成熟度评价规范》(内部试用版)。在同年国家科技重大专项年度评估中，核电领域使用该规范中的“核电技术成熟度等级划分及定义”[29]作为该领域技术成熟度的评价准则，详见表3-3。

表3-3　核电技术成熟度等级定义说明

TRL	等级定义	设备类定义说明	非设备类定义说明
1	发现支撑该技术研发的基本原理或看到基本原理的报道	已经产生支持技术概念和(或)应用的科学知识	发现或看到支撑该软(件)技术研发的基本原理
2	提出技术概念和应用设想	提出基本原理的实际应用设想，尚未有证据或详细分析来支持这一设想，仅限于分析研究	提出采用该基本原理开发应用软件或实现新功能、性能的设想，但仍是猜测性的，尚没有经过详细分析或试验证明
3	关键功能和特性完成可行性验证	对该技术的载体和数学模型的关键性功能和性能在实验室环境和/或计算机仿真环境中进行验证	在替代处理器上运行算法，关键的物理、数学等算法模型得到验证，表明软件开发可行； 或通过分析研究、建模仿真和试验，验证数据、数学模型、方法等技术在核电领域应用的可行性
4	以原理样机(原理样品)或部件为载体完成实验室环境验证	研制原理样机(原理样品)或部件，在实验室中验证基本的功能、性能	开发关键的独立功能模块，在实验室的简化环境中，通过模块的单元测试进行功能验证； 或初步完成该项技术的模型设计、数据分析等工作，在实验室进行功能、性能试验，对主要技术参数进行验证
5	以科研样机(模型样品)或部件为载体，在模拟使用环境下完成试验验证	研制部件、科研样机(模型样品)，在堆外试验设施或其他应用中完成试验验证	对独立功能模块进行集成，在考虑目标环境典型特性的条件下，在处理器上运行算法，完成功能测试； 或利用部件或原理样机(样品)的实验结果对该技术模型、数据进行适应性改进，使用改进后技术数据和模型的部件或科研样机(模型样品)通过模拟使用环境验证

续表

TRL	等级定义	设备类定义说明	非设备类定义说明
6	分系统级或系统级的中试样机（原型），在模拟使用环境下完成试验验证	研制中试样机（原型）或部件并集成在系统或分系统中，在实验堆（如该样机或原型需经受辐照考核）、堆外试验设施或其他应用中完成试验验证	发布内测（外测）版软件，算法与现有硬件或软件系统进行部件集成，通过应用试验，初步完成软件功能验证； 或根据使用该技术的部件或科研样机的实验结果对模型、数据进行适应性改进，使用改进后数据和模型的系统或分系统中试样机（原型），通过模拟使用环境验证
7	系统级工程样机（原型），在典型使用环境下完成试验验证	研制真实的工程样机（系统原型）或部件并集成在系统中，在实验堆原型条件或堆外设施中（如果该系统在部署运行后不接受核辐射），以合适的试验次数、时间，以及需要的试验精度和质量保证条件下，验证工程样机或系统原型的性能	发布工程测试版软件，在使用环境中的处理器上运行算法，通过工程测试完成软件功能验证； 或根据相关环境下系统、分系统实验结果对模型和数据进行适应性改进，使用该技术数据和模型的系统工程样机通过典型使用环境试验验证
8	技术应用于预期的核电设施并试运行成功	真实的产品已经建设、安装于核电工程或相关设施，并在真实环境中试运行，成功通过运行测试	完成软件系统正式版的全面调试，通过在实际使用环境中成功运行完成软件的确认； 或使用该技术数据和模型的核电设施试运行成功，并可以交付使用
9	设施在预期条件下运行成功，各项指标达到要求	真实的产品已经建设、安装于核电工程或相关设施，设施通过实际运行，所有功能、性能指标满足要求	软件产品通过工程应用得到检验，通过安全审评； 或通过核电设施稳定运行、所有功能和性能满足要求，证明该技术各项指标满足要求

3.2.4 新药创制领域评价准则

新药创制领域的技术成熟度评价准则以美国国防部 2005 年制定的《技术成熟度手册》中附件 H“新药技术成熟度标准”为基础，同时参考技术成熟度评价一般标准和我国国家食品药品监督管理局的相关规定进行了调整[27,30-31]。该标准分为 9 级，涵盖了机制研究、临床前研究和临床试验等创新药品研发的全过程。其中，TRL1 ~3 为技术可行性验证阶段，TRL4 ~5 为临床前研究及小试和中试阶段，TRL6 ~8 为临床研究及生产定型阶段，TRL9 级为推广应用阶段，详见表 3 –4。

表 3 –4　新药创制技术成熟度评价准则

TRL	等级描述	等级评价准则
1	机制和原理发现	基本概念、机制、原理清晰，通过研究证明基本理论是正确的
2	靶标发现	发现药物靶标，构建筛选模型
3	候选化合物获得	利用模型筛选出候选化合物（含从动植物、矿物中提取的有效成分或有效部位等，抗体或蛋白等生物分子），通过药理学验证

续表

TRL	等级描述	等级评价准则
4	候选化合物成药性确认	在动物水平开展候选药物安全性评价、药代动力学研究、药效学评价，证明候选药物具有较好成药性；候选药物剂型、稳定性、生物利用度、中试生产工艺获得确定和验证
5	临床试验批准	临床试验申报与审批，获得Ⅰ期临床研究批件
6	安全性初步验证	完成Ⅰ期临床试验，获得Ⅱ期临床研究批件
7	治疗作用初步验证	完成Ⅱ期临床试验，获得Ⅲ期临床研究批件
8	治疗作用和安全性确认	完成Ⅲ期临床试验
9	新药产品批准	完成Ⅳ期临床试验，获得新药证书

3.2.5　水污染治理领域评价准则

水污染治理领域的技术成熟度评价准则以国家科技重大专项中期评估工作方案提供的工业类技术成熟度准则为基础，参考美国能源部针对废弃物处理提出的TRL评价准则，和美国审计署在审查碳捕获、储存、运输技术成熟状态时提出的TRL评价准则，与中国环境科学研究院的有关专家合作，结合该领域的技术特点及成熟规律，编制了适用于水污染治理领域的技术成熟度评价准则。

该准则分为9级，主要针对流域水污染控制、湖泊富营养化防治、水环境生态修复、饮用水安全保障、城市污染深度处理与再生利用、流域水质量监控预警和综合管理的关键技术、材料与设备，详见表3－5。

表3－5　水污染治理技术成熟度评价准则

TRL	等级描述	等级标准
1	发现基本原理	观察到支撑该技术研发的基本原理或看到基本原理的报道
2	形成应用设想	形成技术概念和/或应用设想
3	技术概念初步证实可行	在实验室环境下完成关键功能和/或概念验证
4	小试验证	形成具体的技术方案，并完成小试验证
5	中试验证，形成工艺包或产品、平台整体设计	开展中试试验，验证放大生产后原技术方案的可行性，为工程应用或实际生产提供数据； 并进行数据包(包括工艺流程、工艺参数、工艺设备等)、形成产品、平台具体参数工程化设计
6	工程示范或产品、平台的验证	开展治理技术工程示范、管理技术应用示范，形成产品；或完成系统、平台具体参数构建
7	通过第三方评估或用户验证认可	示范工程、平台、产品等通过第三方专业检测机构评估、测试；或经用户试用，证明可行
8	形成规范化/标准化结果	形成成熟的技术体系、技术标准/规范或软件产品等成果
9	得到推广应用	治理技术或产品得到广泛应用，平台(信息平台、试验平台等)实现业务化运行

3.2.6　高档数控机床与基础制造装备领域评价准则

高档数控机床及基础制造装备领域的技术成熟度评价准则以国家科技重大专项中期评估、2014 年度监督评估提供的技术成熟度评价准则（工业类、美国先进制造等）为基础，总结技术成熟度评价过程中的成果和经验，组织有关人员重新制定了该领域主机类、数控系统类、功能部件及关键部件类三类技术的技术成熟度评价准则，提高了评价方法和标准细则的针对性和可用性，详见表 3－6。

表 3－6　高档数控机床与基础制造装备技术成熟度评价准则

TRL	评价准则		
	主机类技术	数控系统类技术	功能部件和关键部件类技术
1	观察到支撑该技术研发的基本原理或看到基本原理的报道	观察到支撑该技术研发的基本原理或看到基本原理的报道	观察到支撑该技术研发的基本原理或看到基本原理的报道
2	形成技术概念和/或应用设想	形成技术概念和/或应用设想	形成技术概念和/或应用设想
3	证实技术概念初步可行	证实技术概念初步可行	证实技术概念初步可行
4	部件在实验室环境下得到验证	数控系统原型在实验室环境下得到验证	部件原型试样在实验室环境下得到验证
5	主机的原型样机通过实验室测试/验证	数控系统原型通过实验室测试	部件原型试样通过实验室测试
6	主机的中试样机通过使用环境下的测试/验证	数控系统中试试样通过使用环境下验证	部件中试试样通过使用环境下的验证
7	主机的产品样机通过使用环境下的测试/验证	数控系统产品试样通过使用环境下验证	部件产品试样通过使用环境下验证
8	主机产品通过测试和交付试验	数控系统产品通过测试和交付试验	部件产品通过测试和交付试验
9	主机产品得到商业化应用，进入市场，获得规模效益	数控系统产品得到商业化应用，进入市场，获得规模效益	部件产品得到商业化应用，进入市场，获得规模效益

3.2.7　极大规模集成电路制造装备及成套工艺领域评价准则

极大规模集成电路制造装备及成套工艺领域的技术成熟度评价准则以推荐使用的技术成熟度通用评价标准为基础，结合各领域方向的技术特点及成熟规律，组织有关人员研究制定了该领域内装备、材料、部件及工艺四大方向的技术成熟度评价准则，详见表 3－7。

表 3－7　极大规模集成电路制造装备及成套工艺技术成熟度评价准则

TRL	等级描述	等级评价准则
1	发现基本原理	装备、材料、部件、工艺的基本原理清晰，通过研究，证明基本理论是有效的

续表

TRL	等级描述	等级评价准则
2	形成技术方案	提出装备、材料、部件、工艺的技术方案，明确应用领域
3	方案通过验证	装备、材料、部件、工艺技术方案的关键技术、功能通过验证
4	形成单元并验证	形成装备、部件的功能性单元并证明可行，材料完成关键原料制造技术开发并得到验证，工艺完成关键工艺开发并验证
5	形成分系统并验证	形成装备、部件功能性分系统并通过验证，材料完成基本配方的验证，工艺完成主要工艺段技术并通过验证
6	形成原型并验证	装备、材料、部件形成原型样品、样机，并完成内部测试，初步达到技术要求；工艺完成基线工艺开发
7	通过现实环境的应用验证	装备样机、材料产品样机在大生产线完成验证、改进，部件产品样机在整机用户完成考核、改进，工艺技术完成大生产线验证、改进，完成产品定型
8	用户验证认可	集成电路装备、材料产品通过大生产线用户考核验证，部件产品通过整机单位大生产线用户考核验证，芯片制造工艺及封测技术实现批量生产，并通过用户产品验证
9	得到推广应用	集成电路装备、部件、材料、工艺形成批量，并得到广泛应用

3.3 碳捕获技术的技术成熟度评价案例

3.3.1 案例背景

由二氧化碳排放引起的温室效应是全世界关注的大事。它的解决需要研发新的技术，并且这些技术要能够实现商业化使用的目的。二氧化碳排放的重要来源是煤的燃烧。在美国，燃煤发电站的发电量几乎占据美国全部发电量的一半，因此，减少煤电站的二氧化碳排放量是当务之急。

减少煤电站二氧化碳排放量的技术主要有两类。一类是二氧化碳捕获、运输和储存技术(以下简称CCS技术)，一类是提高烧煤发电的效率技术，而前者比后者要有效得多。CCS技术主要包括三类：燃烧后捕获技术、燃烧前捕获技术及氧燃烧捕获技术。当前美国每年投入大量资金(大约总共投入了40亿美元)用于发展可用于商业化的CCS技术。

由于美国国会对这项工作有所担心，因此要求GAO对这些技术开展调查，并对以下三个方面进行深入了解：

1)这些技术的成熟情况；

2)这些技术将来用于商业化的可能性及使用中可能遇到的挑战；

3)采用这些技术可能带来的潜在问题。

其后，GAO开始对美国DoE的CCS项目发展情况进行调查，并于2010年完成了对美国国会的报告(GAO－10－675:《煤电站－能源部应该为减少二氧化碳排放的关键技术提供更加准确的信息》)。

3.3.2 评价准则

在 CSS 技术评估过程中，GAO 需要征求“利益相关者”对于这些技术的意见。为此，GAO 首先对发电站运行商、技术供应商及环境保护署（EPA）和 DoE 的政府官员进行了初步范围的调查，并从此次调查中选择了 19 个“利益相关单位”（这些单位都有 CCS 技术或提高燃煤发电效率技术方面的专家），并让他们回答一系列标准化的问题。这些单位包括：准备采用这些技术的发电企业、这些技术的提供者、为这些技术提供资金的联邦政府官员，以及研究这些技术的学术和工业部门的研究者。

GAO 要求“利益相关单位”采用技术成熟度的方法体系来描述技术的成熟状态。技术成熟度由 NASA 创建，现已被许多行业及相关政府机构接受并采用，是采用 9 级定义来对技术验证及成熟程度进行量化评价的一个工具。为了研究制定针对提高燃煤发电效率技术的 TRL 准则，GAO 咨询了电能研究所（EPRI）。该研究所曾采用类似方法对提高燃煤发电效率技术的成熟度进行了评价，特别是其制订了一个用于描述最终目标是商业化规模燃煤发电站的 TRL 准则（例如，TRL8 级是以大于 25% 商业化的规模进行演示），并将其作为评价提高燃煤发电效率技术的基准。GAO 最终选取了 3 个州（阿拉巴马州、马里兰州、西弗吉尼亚州）的燃煤发电站和研究设施进行实地考察。在这些实地考察中，GAO 向技术供应商进行了 CSS 项目的最终目标及遇到的困难和挑战的调查。GAO 通过研究制定的煤技术成熟度评价准则如表 3－8 所示。

表 3－8　GAO 为煤技术提出的技术成熟度准则

TRL	等级描述
1	观察到基本原理
2	形成应用概念（在纸上）
3	进行以概念证明为目的的测试
4	在实验室中对部件进行测试
5	在相关环境中对部件进行测试（在燃煤发电站）
6	以 0.1% ～5% 的商业化规模对过程开发单元进行演示（至少用于 0.5～20 MW 的燃煤发电站，每年对 0.3×10^4～10×10^4 t 之间的二氧化碳进行捕获、运送和储存）
7	以大于 5% 商业化的规模进行演示（至少用于 20 MW 的燃煤发电站，每年对大约 10×10^4 t 二氧化碳进行捕获、运送和储存）
8	以大于 25% 商业化的规模进行演示（至少用于 125 MW 的燃煤电站，每年对大约 57.5×10^4 t 二氧化碳进行捕获、运送和储存）
9	在相关环境中进行商业化运行（用于 500 MW 或者更大的燃煤发电站，或者每年对大约 300×10^4 t 二氧化碳进行捕获、运送和储存）

注：该准则强调了技术要达到商业化应用的目标必须实现的应用规模。

3.3.3　评价结论及建议

1）DoE没有采用系统化、规范化的方法对这些关键煤技术的成熟程度进行评估，也没有标准化的准则和术语来描述或报告这些技术的成熟度。同时，DOE没有很好地对技术的目标要求进行描述，在对这些技术需达到的目标的要求中采用了一些没有明确定义的术语。这些问题带来的后果如下：

a）DoE不能提供这些技术成熟且清晰的状态，以及达到商业化展示所需要的资源；

b）DoE也不能向决策者提供关键性的信息，以作为他们考虑气候变化政策时的依据。

2）这些CCS技术尚不成熟，距离商业化使用有较大距离。依照GAO制定的煤技术的技术成熟度准则（1级的级别最低，9级最高），对CCS技术进行了初步估计。其结果如下：

a）燃烧后捕获技术：处于技术成熟度7级；

b）燃烧前捕获技术：处于技术成熟度2～9级之间；

c）氧燃烧捕获技术：处于技术成熟度6～7级之间。

根据以上通过审查发现的问题和得出的结论，GAO向DoE提出以下两条建议：

1）为关键性煤技术的成熟程度评估开发一套标准化的度量方法，并向美国国会报告这些技术的成熟情况；

2）在开发这套度量方法时考虑采用“技术成熟评价指南”，并且报告这些煤技术应该满足的要求。

第4章　制造成熟度评价方法

4.1　制造成熟度的起源与应用情况

4.1.1　制造成熟度的起源

制造成熟度(MRL, Manufacturing Readiness Levels)的概念由美国DoD提出。该概念的提出主要有两个背景。一是在美国众多出现严重问题的国防采办项目中，制造问题和制造风险是重要问题。例如，NASA对1960—2000年的50个太空系统的失败原因进行了统计分析，发现在众多导致系统失败的原因中，生产制造及对生产制造的试验验证是仅次于设计的第二大失败要素[32]；此外，根据美国审计署的报告[25]，在国防采办项目的关键决策点，缺乏制造知识是导致项目“涨经费”和“拖进度”的重要原因。二是过去国防采办项目一般采用生产就绪评审和制造能力评审等方法对制造状态和风险进行评估，但是这种评估缺乏统一的标准；而且通常在项目研制的后期开展，在项目研发前期缺少对制造的评估。

在开展制造成熟度评估之前，美国国防部采用了包括生产状态审查、制造管理及生产能力审查等方式，对制造状态和风险进行管理，但未形成统一的度量标准，导致制造成本大幅上升、进度拖延等问题。为提高管理制造风险能力、加强科技项目技术转移有效性，美国国防部建立了与技术成熟度相协调互补的制造成熟度评估体系，其发展里程碑事件如表4-1所示。2001年，美国国防部成立了MRL工作组；2003年，该工作组研究发布了制造成熟度定义并于2005年发布了制造成熟度的详细定义；2007年，美国国防部发布了《制造成熟度手册》草案，经过几次修订，于2010年发布了《制造成熟度手册》正式版[3,10]。

表4-1　制造成熟度发展里程碑事件

时间	里程碑事件
2001年	美国国防部建立MRL工作组
2003年9月	美国国防部发布MRL定义
2005年5月	美国国防部发布MRL详细定义
2007年2月	美国国防部发布《制造成熟度手册》(草案)
2008年3月	美国国防部发布《制造成熟度手册》(草案第二版)
2008年12月	美国国防部颁布最新采办指令，要求加强MRL评估

续表

时间	里程碑事件
2009 年 5 月	美国国防部发布《制造成熟度手册》(草案)
2010 年 1 月	美国国防部发布《制造成熟度手册》(正式版)
2011 年 7 月	美国国防部发布《制造成熟度手册》(2.0 版)
2012 年 9 月	美国国防部发布《制造成熟度手册》(2.2 版)

4.1.2　制造成熟度应用情况

美国国防部提出制造成熟度概念之后，就一直大力推广制造成熟度评价方法的研究与应用。通过在多个机构进行制造成熟度应用试点，形成了一系列评价报告和应用备忘录。2008 年，美国国防部在 DODI5000.02 指令中针对武器装备全寿命周期内的制造问题提出了相关政策，指出要将制造成熟度管理要求贯穿到装备采办流程的各阶段[33]。在装备方案分析阶段，要求进行备选方案分析，以评估制造可行性，制造成熟度达到 MRL4；在技术开发阶段，要求使用样机或原型样机来评估制造工艺，制造成熟度达到 MRL6；在工程与制造研发阶段，要求关键制造工艺的成熟度在关键设计评审后进行评估，且该阶段应该在制造工艺在试生产环境得到有效验证时结束；在生产与部署阶段，要求没有重大的制造风险，且制造过程处于可控状态。

制造成熟度已经成为美国国防采办项目中对制造能力、技术和产品的成熟度及风险进行评估的统一准则，用于解决制造环节中出现的成本和进度等问题，是加强制造管理和降低制造风险的有效方法。2014 年 10 月，为适应非采办项目的制造成熟度评估需求，美国国防部制造成熟度工作组制订了一套新准则，即《能力制造成熟度等级》(CMRL，Capability Manufacturing Readiness Levels)，用于评估开发新能力或商品时的成熟度及其相应风险，其适用于预研等非采办项目。

除美国国防部以外，制造成熟度得到了美国其他军方机构的重视与推广应用。2009—2010 年，美国国会每年用于国防部构建制造成熟度评价能力的拨款超过 300 万美元。美国空军每年用于 MRL/MRA 研究和实施的经费超过 400 万美元，在 F135 发动机叶片先期技术验证项目、F-35 进气道钻孔制造技术项目和 AIM-120C-7 导弹改型、MQ-9“死神”无人机等重大项目中都开展了制造成熟度评价，并取得了显著成效。以某战斗机钻孔新工艺的 MRA 为例，MRL 从 4 级达到 9 级，使每架飞机仅钻孔工艺就节约了 1.7 万美元，总成本降低超过 6 500 万美元[3]。

虽然制造成熟度最早由军方提出并开发、最先在军用领域应用，但是制造成熟度的理念同样适用于民用领域。美国一些大型承包商公司，例如波音、洛克希德·马丁、洛马、通用动力、雷神、GE、普惠等，均接受了制造成熟度理论并将其运用于项目研制中识别和管理制造风险，以期获得更佳的质量、成本和进度效益。2014 年 7 月，美国射频前端组件制造商 TriQuint 半导体公司采用制造成熟度评价标准和方法，对其高频、高功率氮化镓

(GaN)生产线进行了评估，其结果显示 TriQuint 公司是第一个实现 GaN 射频芯片 MRL 达到 9 级的生产商，这意味着该公司的 GaN 制造工艺已满足全部的性能、成本和容量目标要求，并已具备支持全速率生产的能力。2010 年，美国能源部国家再生能源实验室(NREL, National Renewable Energy Lab)在美国国防部的制造成熟度定义的基础上，根据评价对象制订了适用的制造成熟度评价标准，并对拟用于备用电源和材料处理设备新兴市场的燃料电池堆和系统进行了制造成熟度评价。该评价取得了良好的效果，在燃料电池的制造风险管理中发挥了重要作用[19,26]。

4.2　制造成熟度的主要评价要素

评价制造成熟度级别的主要依据是 9 大制造风险要素，包括技术和工业基础、设计、成本与资金、材料、工艺能力与控制、质量管理、制造人员、设施、制造管理，各要素又细分为多个子要素，如表 4－2 所示。美国国防部《制造成熟度手册》中给出的 9 大要素的详细定义，描述了这些制造要素在各个制造成熟度级别的具体要求。9 大要素的详细定义体现了制造成熟度各级别的成熟特征和不同级别的差异，可在评价制造成熟度时采用。

表 4－2　制造成熟度风险要素

要素	子要素
技术和工业基础	A1 工业基础
	A2 制造技术开发
设计	B1 可生产性项目
	B2 设计成熟度
成本与投资	C1 生产成本知识(成本建模)
	C2 成本分析
	C3 制造投资预算
材料	D1 成熟度
	D2 可用性
	D3 供应链管理
	D4 特殊处理
工艺能力与控制	E1 建模与仿真(产品和工艺)
	E2 制造工艺成熟度
	E3 生产产量和速度
质量管理	F1 质量管理(包括供应商质量)
	F2 产品质量
	F3 供应商质量管理
制造人员	G1 制造劳动力(工业和生产)

续表

要素	子要素
设施	H1 工装/专用测试和检测设备
	H2 设施
制造管理	I1 制造计划和时间安排
	I2 物料计划

4.2.1　技术和工业基础

能否成功地研制和生产武器装备，在很大程度上取决于一个国家的国防技术基础和工业基础。在管理研制和生产项目时，管理人员需要了解和评估国家的国防技术基础和工业基础可支持研制和生产项目的能力。技术和工业基础要素的内容被描述为：分析支持设计、研制、使用、系统持续维护保障和最终报废（环境影响因素）的国家技术和工业基础能力。

技术和工业基础具体包括工业基础和制造技术开发两个方面。

制造技术开发，是在确定了新的制造方案和潜在的解决方案后，通过功能样件等的制造和试验确定制造技术方案、明确制造科学和先进制造技术要求，进而根据要求开发制造技术。在制造技术开发和持续改进过程中，需要在相关生产环境、典型生产环境、试生产线环境下验证制造技术方案，最终形成完善的批生产制造工艺。

工业基础要求确定技术需要的潜在资源，了解技术与工业的最先进状态，从而确定首选方案、关键技术、关键单机和关键工艺的差距和风险。通过评估工艺基础确定潜在的制造资源及国内外有资质的承包商，进而对制造资源进行规划。需要评估和监测唯一的/单一的/外国的承包商的稳定性，确定潜在的备份承包商。最终通过工业生产能力风险控制，确保其能够支持小批量、批量生产，可支持武器装备改型和升级，可应对产量的骤增和其他潜在的制造要求。

4.2.2　设计

设计是将要求转换成产品、过程或体系规定的特性或规范的一组过程。设计是产品的原材料、形状和产品公差的详细描述。设计从零部件与装配的草图开始；接着进入计算机辅助设计工作站，在这个工作站里制成组装图和零部件的详细图；然后把这些图交给制造工程师和装配工程师，这些工程师的工作是优化最终产品的生产流程。系统设计包括产品的定义、产品子系统和零部件的分解，以及生产系统的最终装配图。

设计风险要素的作用被描述为：掌握不断演变的系统设计完备度与稳定性，以及其对制造成熟度的任何相关影响。它具体包括设计的可生产性、设计成熟度两个方面。

设计的可生产性要求对关键部组件、单机的设计反复进行可生产性、可制造性的评估。在设计进程中，权衡考虑制造过程和工业基础能力条件，用关键设计特性和相关制造过程能力知识解决已知的可生产性问题，优化制造生产系统，确保生产性问题和风险不对批生产造成显著影响。

设计的成熟度反映了从实验室基础上评估设计方案，到确定首选系统的初步关键性能参数，到建立系统研制基线并定义初步设计的关键特性参数，进而完成产品要求和特征定义、发放组件制造数据，直至产品设计特征和技术状态稳定，系统设计通过小批量试生产使产品关键性能得到确认，产品设计最终稳定的整个过程。

4.2.3　成本与投资

成本、进度、质量是制约武器装备项目研制的三重约束。成本过高、投资不足是美国众多项目落马的首要原因，而进度拖延、质量性能达不到要求则通常是产生超标成本的关键。美国国防部规定，在采办中要把成本作为与质量和进度同等重要的要素来看待，要进行三者的综合权衡与优化，要从设计、研制、生产和使用的全过程来考虑成本问题，要在各个阶段控制成本，通过控制设计来控制全寿命周期成本，按计划和合同的要求使用经费。

成本与资金风险要素的内容被描述为：分析是否有足够的资金以达到目标制造成熟度等级，研究达到制造成本目标相关的风险。它主要包括生产成本建模(或成本知识)、成本分析和制造投资预算三个方面。

成本建模首先确定成本模型方法，在试验基础上开发新工艺、新材料的技术成本模型，成本模型变量一般包括材料、人工、设备、工装等，进而确认制造、材料和特殊要求的成本动因。然后在相关生产环境下，对样机组件的成本模型进行检验，根据设计要求、进度综合计划、系统和分系统仿真结果等对成本模型进行更新。最终根据在相关生产环境、典型生产环境、试生产线中产生的相关制造数据，持续改进成本模型，并在批量生产时确认成本模型。

成本分析，首先需要确定成本构成要素，定义成本动因和生产研制策略，评估可生产性成本风险，确保初始成本模型能够支持备选方案分析和评审。为了保证实现成本目标，需要用样机组件、系统样机和分系统样机对实际成本进行分析，以制定降低成本和避免成本的策略。通过持续分析和优化试生产线、小批量生产成本，实现批产成本目标。

制造投资预算，需要确定潜在的投资，为项目设置合理的阶段性预算估计值；并根据研制进程中的成本模型、成本分析，进行设备投资，识别新的风险源，批准风险降低计划；根据完成不同阶段需要预算的滚动更新，最终确保在批量生产时生产预算充足，并可满足规定的生产速率和生产需要。

4.2.4　材料

武器装备采购项目研制过程中需要大量的新技术、新材料，部分材料、零部件的生产、存放对环境要求十分苛刻，其能否按时供应、运输存储是否恰当，都会对装备产生影响。2013 年，美国国防部调查确定了 181 种处于危机中的材料，其中 131 种来源于美国本土单一供应商或购买国外，4 种被贴以“重度危机”的标签，这些材料的供应短缺将影响炸药、火炮及火箭推进剂的生产。

关于材料在制造成熟度评估过程中的关注内容很多，材料要素的内容描述为：涉及材料的风险分析（包括原材料、元器件、半成品件、分装件），具体包括材料成熟度、可用性、供应链管理、特殊处理等。

材料成熟度囊括了从发现材料，预测性能和特性，通过试验进行评估，在实验室环境、样机制造环境和试生产线生产，形成材料规范，并最终证明和确认可以依据材料规范对材料进行控制，并证明其可完全支持批量生产的全过程。

材料可用性需要评估材料可用性，围绕产品研制、生产的各阶段，估计难得到物资、难加工材料和危险品的供应数量和采购提前期，确保材料供应在各阶段对研制和生产不构成风险。

供应链管理主要是调查供货源，制定供应链计划，签订产品研制和生产的物资供应合同；并在试生产时对一级供应链、二级供应链和更低层级供应链进行评估，确保供应链稳定、能够满足最终批量生产各项要求。

特殊处理主要针对危险品、保存期限和环境敏感品等材料评估潜在规章制度要求和特殊处理事项，确定并在各研制生产阶段更新相应清单，在各种制造和生产环境中应用和验证特殊处理程序，确保特殊处理问题不对批量生产构成显著风险。

4.2.5　工艺能力与控制

为保证产品质量满足使用要求，必须对制造过程进行管理和质量控制。工艺能力是指工艺在稳定状态下的实际生产能力，即在人员、设备、物资、方法、环境、测量、管理等因素都充分规范化并处于稳定可控状态下产品质量的波动性。产品质量的波动性通常以产品形成的概率分布标准差 σ 来表示，工艺能力一般用 6σ 来表示[33]：6σ 越大，工艺质量波动越大，工艺能力越低；6σ 越小，工艺能力越高。工艺过程控制，是指在从原材料进厂到最终成品出厂的整个生产过程中实施质量控制，对影响质量的诸多因素在生产过程中进行有效地控制。

工艺能力与控制风险要素的内容被描述为：分析制造过程（工艺）无法反映关键特性设计意图（可重复性和经济可承受性）的潜在风险。它具体包括建模与仿真、制造过程成熟度和工艺的产量及生产率三个方面。

建模与仿真是根据过程流程图确定制造方案，在方案分析阶段确定过程建模和仿真途径，在技术开发阶段开发出组件级和分系统级初步仿真模型，在工程研制阶段根据系统约束条件进行改进，在小批量生产直至批量生产中不断确认和完善，最终支持批生产管理的过程。

制造过程成熟度是用于在确定材料和工艺路径后编制高层制造过程文件，通过试验确定关键制造过程并确定试生产线、小批量生产和批量生产的过程能力要求，并在各种制造环境中验证过程能力、搜集和估算过程能力数据，最终确保制造过程稳定、完全受控，实现项目批量生产的各项目标。

工艺的产量和生产率是方案分析阶段的重要依据，并在技术开发阶段用于确定生产率和成品率目标。在工程研制、试生产线、小批量生产阶段对照该目标改进计划，促进批量生产成品率和生产率的目标实现，并保持持续改进。

4.2.6 质量管理

质量是对产品固有特性要求的满足程度。这里的要求是指明示的、通常隐含的或必须履行的需求或期望。质量管理是在质量方面指挥和控制所组织的协调活动，通常包括制定质量方针和质量目标以及质量策划、质量控制、质量保证和质量改进。美国国防部十分重视质量管理，从第二次世界大战起至今出台了一系列相关管理规定。2009 年，美国国防部 5000. 2-R 号指令在质量管理规定基础上，继续对承包商质量管理体系提出了新的要求。例如，监督、测量、分析、控制和改进生产过程，减少产品差异，建立反馈机制，实施缺陷原因分析和纠正措施制度，采用六西格玛技术管理等。

美国国防部质量管理风险要素的内容被描述为：分析控制质量和进行持续改进的风险和相应管理计划。实施质量管理，首先应当在方案分析阶段，将质量策略作为技术开发策略和系统计划的组成部分，制定质量计划、建立质量管理体系、确定质量风险和质量度量。在典型生产环境搜集和分析质量数据，确立质量目标，在试生产线、小批量生产线和批量生产线验证和确认质量目标，并确保产品质量持续改进。

4.2.7 制造人员

在加工、装配等武器装备制造生产过程中，包含众多人工操作流程和手工制造环节，因此熟知机械设备的操作人员和经验丰富的高级技师是不可或缺的。制造人员不仅在数量上要得到保证，而且还要满足对其素质和经验的要求。制造人员在数量和质量上的不足会影响产品的技术性能，导致难以按时完成研制生产任务，从而带来技术风险。例如，2013 年 7 月 2 日，俄罗斯质子号火箭发射失败的直接原因是相关人员缺乏合适过硬的技术训练，导致火箭角速率传感器装反。

对制造人员风险要素的内容被描述为：评估支持制造计划所需人员的必备技能和可用性。在制造人员能力成熟的过程中，首先应根据相关制造需求，确定制造人员新的制造技能，进而在备选方案分析中评价生产劳动力技术要求和操作要求，明确技术开发项目的工艺研制劳动力的可用性；其次，编制制造人员的研制和生产要求计划，确定特殊技能资格和培训要求；进而，滚动制定计划，进行需求环境下的制造人员培训，使制造人员满足在相关生产环境、试生产线环境、小批量到批量生产下的数量和技能要求。

4.2.8 设施

军工产品的研制、生产过程，需要满足众多高端制造设备、大型装配和试验设施及相关配套条件，能够显著带动相关技术进步与设备发展。仅 2011 年，国外航天制造工艺和装备技术的发展就推动了包括高效数控、先进成型、先进连接、表面工程、精密与微细加工、复合材料制造、行业特有、数字化工艺等方面的进步，涌现出了一批新工艺和新装备，提高了生产效率[34]。

设施风险要素的内容被描述为：分析关键制造设施（主承包商、子承包商、供应商、销售商和维护/修理商）的能力与潜在能力。它主要包括设备（工装/专用试验设备/专用检验设备）成熟和设施成熟两个方面。

设备成熟方面，要求在方案分析阶段考虑备选方案对工装、专用试验设备和专用检验设备的各项要求，并根据研制进度不断验证和更新设备要求，制定制造设备维护策略，最终实现工装、试验设备和检验设备及时到位，能够支持最大量的批量生产。

设施成熟方面，首先应当在方案分析阶段考虑特殊设施的需要和要求，根据产品研制计划，确定样机、试生产线生产、小批量生产和全速率批量生产要求下的设施需求及其筹备计划，并在各对应阶段进行验证，最终保证在大批量生产时生产设施全部到位。

4.2.9　制造管理

制造管理是研制项目管理策划和实施的重要组成部分，制造计划应在研制项目启动时纳入项目管理计划。在考虑制造管理方法时，应尽早地确定各研制阶段的制造活动，前一个研制阶段的制造活动会影响后一个研制阶段的制造活动。要实现各阶段的制造成熟度目标，把制造风险控制在可接受的水平，就必须在各阶段进行有效的制造管理。

制造管理风险要素的内容被描述为：分析对需要从设计转化为综合作战系统（满足项目的经济可承受性和可用性目标）的全部元素的管理情况。它主要包括制造计划与生产计划、物料计划两个方面。

制造计划与生产计划，基于首选制造方案编制完善制造策略，在技术开发后期确定制造方法，提前形成制造计划、风险缓解计划和生产控制系统，并根据生产环境、批量生产条件变化进行更新，确保批量生产能够有效实现。

物料计划则要求在方案分析阶段编制技术开发组件清单并估计相应的提前期，根据研制进程更新元件清单，确定相关风险并制定应对计划，根据试生产线生产、小批量生产和全速率批量生产要求编制材料清单和购买决策，建立物料计划系统并在批量生产中确认。

4.3　制造成熟度评价检查单

制造成熟度定义是相对宏观的评价标准，为对关键制造的制造成熟度级别进行准确评价，需制定更加具体的准则和依据。美国国防部在9项制造要素详细定义的基础上，制定了制造成熟度各级评价检查单。该评价检查单体现了实现各级别制造成熟目标需完成的基本任务和需满足的基本要求，可在开展制造成熟度评价时使用。表4－3以MRL4为例，展示了该级别的制造成熟度评价检查单。需说明的是，美国国防部发布的制造成熟度评价检查单是相对全面的检查单，关注了制造成熟度所有评价要素和子要素。不同机构在使用制造成熟度时，可结合评价对象特点和评价目的对检查单进行裁剪或修改。

表 4 -3　MRL4 制造成熟度评价检查单示例

要素	子要素	检查项
—	技术成熟度	是否达到技术成熟度 4 级或更高级别
技术和工业基础	A1 工业基础	是否针对首选概念、关键技术、部件和/或关键工艺流程，调查了工业基础能力并确定了已知差距/风险
	A2 制造技术开发	是否确定了制造科学 & 先进制造技术需求
设计	B1 可生产性项目	是否完成了优选系统概念的可生产性和可制造性的初始评估
		选择首选设计方案时是否考虑了可生产性和可制造性评估结论
		可生产性和可制造性评估结论是否写入关键单机和关键技术开发策略
	B2 设计成熟度	系统工程计划和测试评估策略是否认识到了建立/验证产品生命周期的制造能力和制造风险管理的需要
		是否确定了首选系统的初步关键性能参数
		是否确定了支持所需能力的系统特性和措施
		是否确定了优选系统概念的形式、适应性、功能约束以及制造能力
成本与投资	C1 生产成本知识（成本建模）	是否确定了制造、材料和特殊需求成本的驱动因素
		是否建立由过程变量驱动的详细流程图成本模型
		是否量化了成本动因的不确定性
	C2 成本分析	是否评估了可生产性成本分析
		初始成本模型是否支持替代分析方案（AoA）和系统评审方案（ASR）
	C3 制造投资预算	是否确定了降低成本的制造技术措施
		为在里程碑 B 达到制造成熟度 6 级，项目是否做出了合理的预算估计值
		预算估计值是否包括生产相关设备的资本投资
		是否明确了所有突出的制造成熟度 4 级风险领域，且经批准的风险降低计划是否就绪
材料	D1 成熟度	是否在实验室环境中生产出项目规划的材料
	D2 可用性	是否确定了所有难获得、难生产或危险材料的预计交货时间
		是否估计了质量和交货时间
	D3 供应链管理	是否完成了潜在供应链资源的调查
	D4 特殊处理	是否更新了危险材料清单
		是否在实验室中对危险材料采用了特殊处理程序
		是否确定了特殊处理需求
工艺能力与控制	E1 建模与仿真（产品和工艺）	是否确定了工艺或产品的生产建模/仿真方法
	E2 制造工艺成熟度	是否调研并确定了关键工艺的当前状态
	E3 生产产量和速度	生产产量和速度评估是否在被提议的/类似的工艺中完成
		生产产量和速度评估在被提议的/类似的工艺是否在替代分析方案中应用

续表

要素	子要素	检查项
质量管理	F1 质量管理（包括供应商质量）	质量管理策略是否被确定为技术开发战略的一部分
		质量管理策略是否包含在系统工程计划中
	F2 产品质量	产品的检查和接受测试战略是否已经作为技术开发战略的一部分
	F3 供应商质量管理	产品的检查和接受测试战略是否已经包含于系统工程计划中
制造人员	G1 制造劳动力（工业和生产）	是否明确了制造技能
		生产劳动力需求（技术和业务）是否被评为替代分析方案（AoA）的一部分
		是否确定技术开发阶段中工艺开发劳动力的可用性
设施	H1 工装/专用测试和检测设备	工装/专用测试设备（STE）/专用检测设备（SIE）需求是否被考虑成为替代分析方案（AoA）的一部分
	H2 设施	原型开发和生产的制造设施的可用性是否被评估成为替代分析方案（AoA）的一部分
制造管理	I1 制造计划和时间安排	是否制定制造策略，制造策略是否与采办策略集成
		原型进度风险缓解措施是否纳入技术发展战略（TDS）
	I2 物料计划	技术开发组件清单是否随着相关的交货时间估计更新

4.4 美国能源部的制造成熟度评价案例

虽然制造成熟度最早由美国国防部提出，并运用于军工领域的武器装备生产，但是其总结的技术到产品的制造规律同样适用于民口的新技术及其产品。为帮助读者更好地理解和掌握制造成熟度评价方法，本节主要介绍了美国能源部国家再生能源实验室（NREL）对燃料电池堆和系统的制造成熟度评价案例。本案例是制造成熟度评价方法在民用领域的典型应用，其成功经验值得借鉴。

4.4.1 案例背景

美国政府对备用电源和材料处理设备具有大量需求，这为可用于备用电源和材料处理设备的商用聚合物电解质薄膜（PEM）燃料电池创造了很好的市场空间。作为美国能源部"氢燃料电池与基础技术"（HFCIT）计划的重点支持方向，PEM 燃料电池的市场化需要满足以下条件：

1）燃料电池需要从系统原型向具有稳定设计的、做好应用准备的 PEM 燃料电池系统转化；

2）需要开发制造工艺，以满足持久可靠的 PEM 燃料电池的高速率生产要求[19,26]。

为了解 PEM 燃料电池工业的当前制造状态和潜在风险水平，最大限度地降低新制造工艺的内在风险，成功进行市场化投资，美国能源部国家再生能源实验室采用制造成熟度对 PEM 燃料电池（该燃料电池用于起重机、紧急备用电源和辅助电源设备）开展了制造成熟度评价。通过评价及讨论市场情况，使 HFCIT 计划决策者能够识别各种燃料电池市场的最佳进入点和退出点。

4.4.2 制造成熟度评价准则

为对 PEM 燃料电池开展评价，NREL 根据评估需求及 PEM 的制造特点，在美国国防部制订的制造成熟度准则的基础上，制订了一套适用于 PEM 燃料电池的制造成熟度定义，如表 4 –4 所示。

与美国国防部的 MRL 定义稍有区别，NREL 制订的 MRL 定义引入了市场数据，强调了近期的具备预先机动功能的 PEM 燃料电池制造，同时在制订 MRL 定义时使用了 PEM 燃料电池工业的自评价。DoD 的 MRL 方法强调采办过程，而 DoE 的 MRL 方法注重 PEM 燃料电池制造基础和能力的开发，强调从“可行性评估”到“全速率生产验证”，其中小批量试生产的制造成熟度为 MRL7，这是支持 PEM 燃料电池系统或堆栈进入市场的生产等级；大规模生产(FRP)制造成熟度为 MRL10，这是支持成熟市场所需的生产等级。

表 4 –4　DoE 制定的制造成熟度等级定义

MRL	定义
1	Manufacturing feasibility assessed 制造可行性已评估
2	Manufacturing concepts defined 制造概念已定义
3	Manufacturing concepts developed 制造概念已开发
4	Laboratory manufacturing process demonstration 实验室制造工艺演示
5	Manufacturing process development 制造工艺开发
6	Critical Manufacturing Process Prototyped 关键制造工艺原型建立
7	Prototype manufacturing system 原型制造系统建立
8	Manufacturing process maturity demonstration 制造工艺成熟度演示
9	Manufacturing processes proved 制造工艺得到验证
10	Full rate production demonstrated and lean production practices in place 全速率生产得到验证和精益生产实践到位

在定义基础之上，NREL 进一步将 MRL 的每级定义细分为 9 个制造风险要素（技术和工业基础、设计、材料、成本和资金、工艺能力和控制、质量、制造人员、设施、制造计划/进度/控制），每个风险要素又包含若干个子要素。作为各级评价的重点，具体内容如下：

1）技术和工业基础，其子要素包括：技术成熟度、分承包商和生产能力；

2）设计，其子要素包括：工程计划是否支持不断发展的设计制造，可制造设计、制造计划是否对系统和部件的可生产性进行评价，工具设计计划；

3）材料，其子要素包括：物料标准化、物料可用性和处理；

4）成本和资金，其子要素包括：成本设计、成本动因、成本减少计划；

5）工艺能力和控制，其子要素包括：制造工艺、制造过程控制；

6）质量，其子要素包括：质量策略、供应链质量；

7）制造人员，其子要素包括：专门技能和培训；

8）设施，其子要素包括：设施要求；

9）制造计划/进度/控制，其子要素包括：制造策略和计划。

4.4.3　制造成熟度评价过程

NREL 实施 PEM 燃料电池的制造成熟度评价主要包括以下 5 个步骤：

1）NREL 在充分学习和评估美国国防部和其他机构提出的 MRL 体系基础上，开发了满足 HFCIT 项目需求和 PEM 燃料电池工业的 MRL 评估体系；

2）在 MRL 定义基础之上，开发了各风险要素的制造成熟度评价检查单，供制造专家和 NREL 评价各制造商的 MRL 级别时使用；

3）各 PEM 燃料电池制造商首先使用 NREL 提供的评价检查单开展了制造成熟度自评价；

4）NREL 对承担 PEM 燃料电池的 4 家制造厂商进行了现场调研；

5）NREL 与制造专家一起对制造厂商开展了制造成熟度独立评价。

4.4.4　评价结论及建议

为 HFCIT 计划提供对 PEM 燃料电池进入和退出市场的资金支持决策是本次制造成熟度评价的重点之一。满足 MRL7 的低速率生产（LRIP）能力是 PEM 燃料电池进入市场的要求。结合与工业部门的访谈及对最近市场信息的分析，NREL 将年产 1 000 套 PEM 燃料电池作为达到低速率生产能力的定义，在评价中重点关注达到低速率生产能力的制造风险。通过评价发现以下结论：

1）被评价的 4 个厂家当前的制造能力距离达到年产 1 000 套电池的能力要求方面均存在一定的差距，主要问题包括在线质量控制、系统调试和测试的长期性、电厂配套设施测试等。

2）通过评价对被评厂商的 9 大制造风险要素进行排序，结果显示，成本和资金、人员和质量是排名前三的风险要素。

在上述评价结论基础上，评估小组对 HFCIT 计划提出了如下建议：制造成熟度提供了一种客观的、标准化的方法体系，可对制造厂商是否达到特定市场要求的低速率和全速率生产能力进行评估，评估结果可作为市场转化决策者判断技术进入和退出市场的标准。因此，在 HFCIT 计划的市场化活动中，制造成熟度评价活动应该持续进行，并且所有的共同资助的演示项目都应该参加进来，以便制造成熟度评价更加公正、客观。

第 5 章　市场成熟度评价方法

5.1　市场成熟规律的研究与发展

市场成熟度实质上是对一项技术商业化(commercialization)或市场化(market penetration)过程的度量。一般来讲，技术商业化包括与将理念、知识、方法、经验、程序、产品、服务、组织、系统、技术等要素及其组合转化为价值创造机会所必须的所有活动；技术市场化就是将技术转化为经济价值的过程与活动[35]。技术市场化是一个技术由工程研制上可行走向被市场接受的过程，在这个过程中，往往政府资金在先期刺激技术的流动，而只有当非政府部门的资金投入占据主导地位并且技术被广泛传播时，技术市场化才可能成功。研究技术市场化规律可以从两个方面去考虑：一是改变市场的特性，如可改变生活习惯、人均消费量、态度等的新技术产品走向市场，其具有颠覆性的竞争优势；二是能够满足潜在市场特定需求的、基于该技术的产品被创造出来，对其进行潜在市场及其特征的识别。二者的技术市场化发展过程均呈现 S 曲线态势，前者可以看作是技术成熟推动、新产品相对市场作为供给的规律；后者是市场需求牵引，新技术最终需要通过能够满足用户需求的产品来获得市场认可的规律。综合两方面的规律，市场成熟度曲线是一种固有的规律，国内外的学者将这一规律性的发展过程划分成各个阶段，即市场生命周期规律，其中各个阶段特征均是定性描述，并没有联系分析与量化处理。本节提出的市场成熟度，将新技术市场化发展过程中连续的和离散的阶段特征识别出来，提取出可作为量化评价的指标，继而结合成熟度理论并形成一种评估方法。下面就从供给两个角度的市场成熟规律的研究与发展做一简述。

5.1.1　基于供给的视角——技术演进的 S 曲线

新兴技术可能会在未来 5 ~ 10 年为某一产业带来商业价值，并且在该产业的不同技术领域引致大量的创新研发活动。基于科学发现的新兴技术具有创造崭新产业或是改变已有产业的潜力，这些新兴技术既包括由激进创新活动(radical innovation)导致的非连续性变化技术(technology with non-continuity)，也包括通过对不同技术领域集成而产生的演进性技术(evolutionary technology)。在宏观层面，新兴技术可以形成新的增长领域，并推动产业升级；在微观层面，新兴技术将会替代陈旧技术，并占据主要的市场份额[36]。

技术实现商业化的过程可能还会往复迭代，通常在所有的技术创新项目中大约只有 1% ~2% 的项目能够成功地实现商业化。

从企业的视角看，新产品作为一个系统，其开发包括 3 种类型[37]：

1)类型 1：为已存在的系统开发新的组件；

2)类型 2：用已有的组件开发新的系统；

3)类型 3：用新技术组件开发新系统。

类型 1 代表产品性能提升，是一种轻微的创新活动，类型 2 和类型 3 是主要的创新活动，分别强调了市场牵引(market-pull)和技术推动(technology-push)两种创新驱动因素。类型 3 是最激进(radical)的创新活动，最有可能颠覆已有企业的核心竞争能力。

不同类型的企业采取的新产品创新发展之路往往也不同，初创型企业(start-ups)更有可能采取激进的创新活动，也就是类型 3 的新产品开发模式，以便以产品的创新性获得特别的竞争优势；而已有企业(incumbent)由于享有先发优势，更有可能采取基于组件的模块化或渐进式创新，也就是类型 1 和类型 2 的新产品开发模式。企业在开展新产品创新时，必须要考虑两方面的问题，如图 5－1 所示：一是企业所采用相关的技术及其技术路径的影响宽度(替代或互补技术)，从而确定创新对其未来的发展前景，即如何选择不同的技术路径，是选择代表激进创新的新兴技术还是当前的技术路径，要看新技术的发展潜力(竞争力)；二是新技术研究发展所带来的产品性能提升速度，即在所选择的技术路径上，技术成熟并被应用的速度和周期情况。S 型的技术曲线路径将产品性能作为研发投入或时间的函数，在开始阶段新技术的进展缓慢，随着工程技能的不断积累、新技术的进展加快，最终新技术将达到成熟；当越过曲线上的拐点时，由研发投入所获得的生产效率的提升将会下降，这时企业决策者应当寻求新兴技术，而不是继续增加对原有技术的投入。如果寻求的新兴技术具有更为陡峭的 S 曲线，则意味着对这种新性技术的投入将会创造更多的价值。

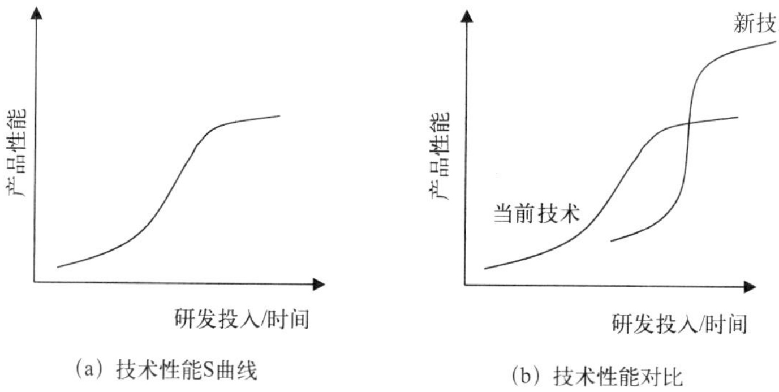

图 5－1　技术演进曲线与产品创新的技术路径选择

5.1.2　基于需求的视角——市场渗透的 S 曲线

新技术最终需要通过能够满足用户需求的产品来获得市场的认可。新技术需要花费时间来获得市场的认可，通常新技术渗透市场的过程也具有 S 型曲线的形态(如图 5－2 所示)，这是由市场买方用户的结构所决定的。通常情况下，买方用户的结构大致呈正态(钟形)分布，如图 5－3 所示[38]。

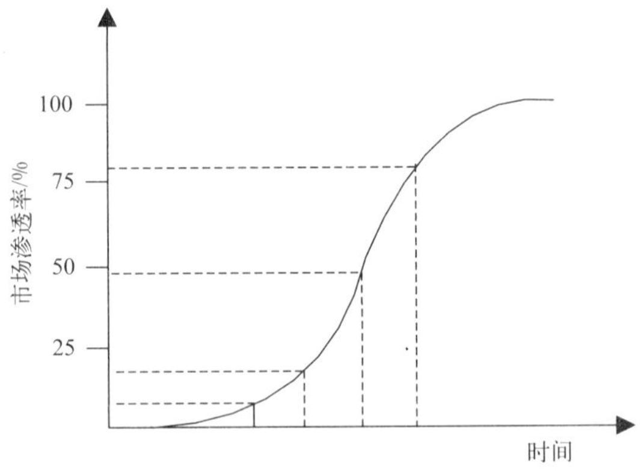

图5－2　市场渗透率的S曲线

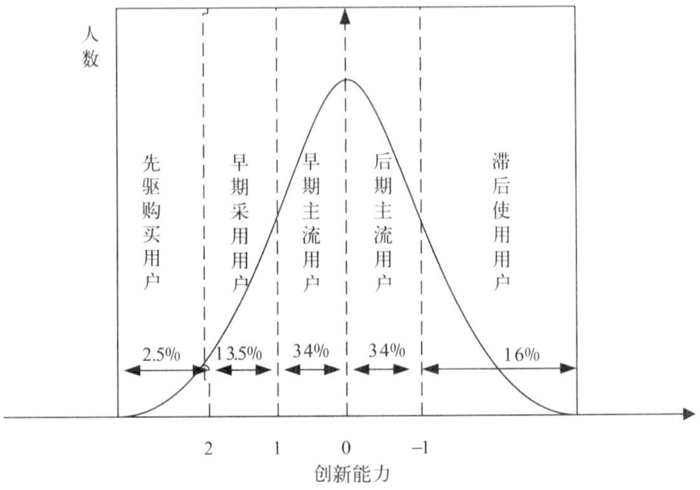

图5－3　市场买方用户的结构与分布

可以根据正态分布标准差将买方用户大致分为5类：

1）具有创新意识的先驱购买用户（earliest buyers），该类用户对技术具有较强的好奇心，乐于购买体现最新技术的产品，但由于该类用户在整个市场所占的比例较小（大约2.5%），因此其产生的购买需求较小；

2）早期采用用户（early adopters），他们并不是技术爱好者，但是一旦他们认为新产品能够提升他们的效率，他们也愿意采用新产品，这类用户所占的比例相对而言也比较小（大约13.5%）；

3）早期主流用户（early mainstream customers）是市场买方用户的主体（大约34%），由于难以理解新技术及其所带来的好处，他们趋向于对新技术、新产品采取保守的态度，直到他们认为新技术趋于稳定并收到了他们所信任的人对新技术的正面评价，他们才愿意接受新技术并购买基于新技术的产品；

4）后期主流用户（late mainstream customers）是市场买方用户的主体（大约34%），由于了解新技术及其所带来的好处，他们热衷于新技术、新产品，当他们认为新技术成熟稳定、信任产品的质量的，他们会正面评价新技术产品，热衷新技术并购买基于新技术的产品；

5）滞后使用用户（lag customers），他们熟悉新技术及其产品的优缺点，此时技术产品已经普及，亦或有更新的技术产品或升级产品出现，他们并不是技术爱好者和追逐新产品的拥趸，仅认为产品具有很高的性价比，这类用户所占的比例相对而言也比较小（大约16%）。

这种市场买方用户结构解释了为什么新技术/新产品的市场渗透率呈S型曲线：新技术的早期用户规模很小，新技术/新产品处于市场辅导阶段；但随着新技术/新产品不断成熟、传播并被广为人知，当其被主流用户接收时，市场渗透率会快速提升。新技术/新产品越新颖、与原有技术/产品的差异越大，越需要买方用户掌握更多的知识、花费更多的时间，甚至改变使用习惯。这就意味着这些新技术/新产品被市场接受所需要的时间就会越长，从而带来更大的市场风险，特别是对那些初创型的新技术企业而言更是如此：这些企业规模小、资源有限，如果不能获得持续的扶持，则新技术/新产品相对于原有技术/产品的优势难以及早得到体现和被认知，很可能会在其新技术/新产品尚未获得市场接受之前遭遇商业失败。

任何新技术要实现对原有技术的替代，至少须完成两种跨越：一是对自身技术的死亡谷跨越，二是对原有技术的技术替代陷阱跨越。新技术的成熟需要一个过程，早期的新技术成熟往往是由研发活动推动的，而晚期的新技术成熟则是由面向市场的项目牵引的。新技术商业化成功的关键就在于由早期的技术推动阶段跨入晚期的项目牵引阶段；而处于两者中间的阶段（TRL 4～7）[39]，由于既缺乏技术研发投入的支持，也缺乏明确的商业化项目前景，容易导致新技术活动停滞甚至被抛弃，因此，这个阶段也被形象地称为TRL死亡谷，如图5－4所示[40]。因此，在这一阶段能否获得强有力的投入支持对于推动技术实现商业化发展至关重要。

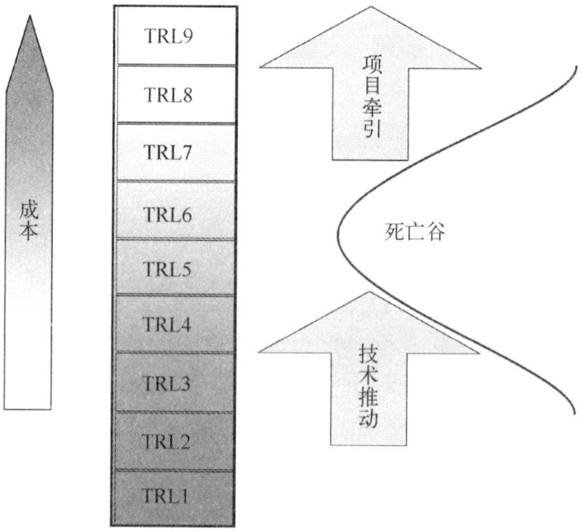

图5－4　技术成熟度（TRL）标示的死亡谷

新技术之所以能够替代原有技术是因为相对于原有技术，新技术能够为用户提供更好的性能。但新技术对原有技术的替代是一个逐步的过程，在新技术的早期阶段，由于原有技术已经处于较为成熟的状态，因此，此时新技术的性能尚不能达到原有技术的成熟水平。但新技术性能的增长较快，而原有技术的性能则很难继续大幅提升，在新技术最终达到并超越原有技术的性能之前的这个阶段被称为技术替代陷阱，如图5－5所示。这是因为很多新技术尽管具有超越原有技术的前景，但由于要经历追赶原有技术性能的过程，而在这个过程中新技术既面临着被占有优势的原有技术的市场挤压的风险，也很容易被重视和追求短期利益的投资者所放弃。

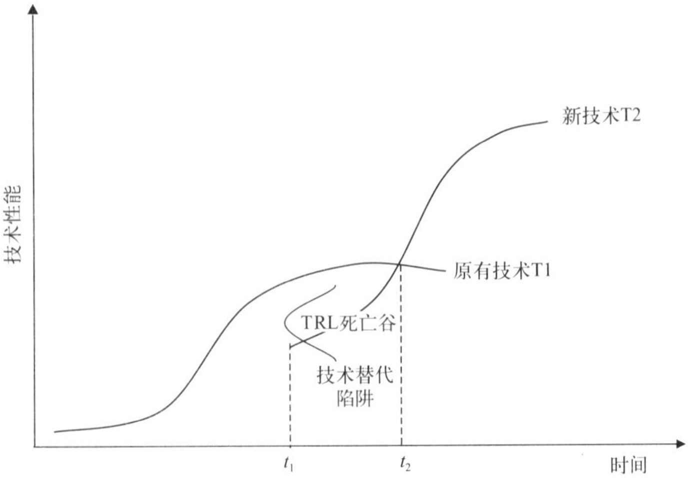

图5－5　技术替代陷阱

在新技术向新产品发展过程中，会遇到如夫里摩尔提出的“峡谷”的障碍，如图5－5、图5－6所示，死亡谷（“峡谷”）是一个临界，它是新技术产品能否成熟、新兴市场能否形成的关键阶段，成功跨越峡谷，其后续的市场化就可成功开始[29]。美国前商务部部长2002年美国高技术计划报告中指出，从科学研究到技术开发会遇到死亡谷，而在增长阶段则可能由于大量企业未能及时采纳主导设计并转向过程创新，而被规模经济效应系统化淘汰，即产业消亡。剑桥大学技术管理中心通过对25个产业形成过程的分析，总结出了一个从科学发现到新兴产业形成的共性过程框架，如图5－6所示[41－42]。

从图5－6可以看出，新技术市场化的过程会遇到两个关键阈：一个是技术到产品的突破阶段，即技术从第一个死亡谷走上市场化发展之路；另外一个是新技术产品经过多方有重点的验证与改进，市场对新技术及其产品的功能客观性的确认，产业被确立而突破发展阶段，即产业从第二个死亡谷走向快速的发展之路，这个阶段与Gartner公司The Hype Cycle曲线的泡沫化谷底期（Trough of Disillusionment）相似。

新兴产业是处于产业生命周期早期形成阶段的产业，而新兴产业在经过产业生命周期的初始阶段和增长阶段，并延伸到成熟阶段后就被称为成熟的产业。战略性新兴产业是以新兴技术为驱动，具有广泛牵引性、带动性的产业形态。在新兴产业初始阶段，即当公共

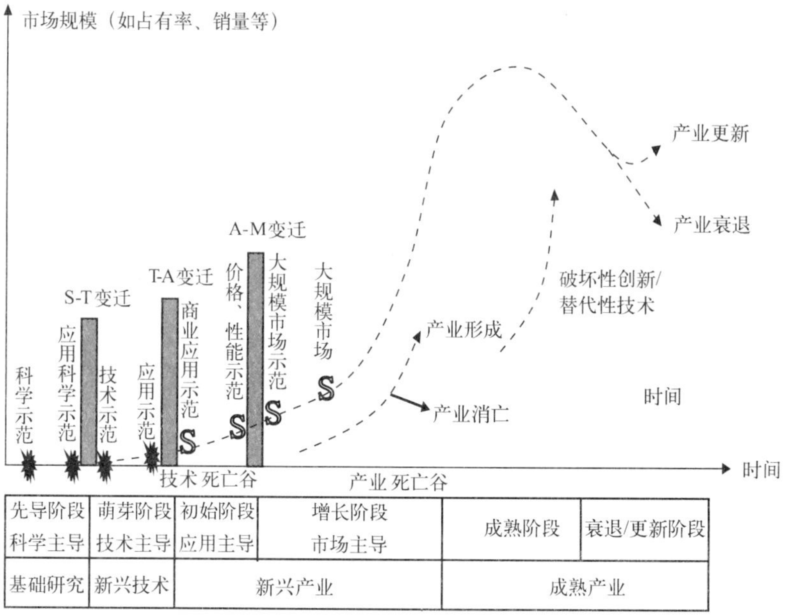

图 5-6　产业形成与发展的阶段、变迁、里程碑与演化轨道[37]

研发投入下降至较低的水平，而新兴技术尚未显出足够的商业潜能以吸引更多企业研发投入之前的阶段，形成了公共与私营投资的空白区，导致技术发展停滞、企业数量减少、产业规模无法增长甚至缩减并最终消亡。因而新兴产业的发展需要政府发挥培育与扶植的作用，创造和利用使能因素，克服障碍因素，帮助新兴产业加速发展，以最短的时间成功跨越初始阶段的技术到产品的技术死亡谷和增长阶段的系统化淘汰（市场死亡谷）。

我国目前正在大力培育和发展战略性新兴产业，这就要求一方面加强对产业技术在初始研发阶段后的政策扶持和资金投入力度，增加技术研发成果的孵化应用，并持续跟进提升产业技术成熟度；另一方面，要从长远和战略高度看待战略性新兴产业，战略性新兴产业的发展壮大、战略性新兴产业对传统产业的升级、改造甚至替代需要一个过程，加强对战略性新兴产业的市场辅导和宣传，落实对战略性新兴产业长期稳定的政策扶持。

5.1.3　供给和需求的整合视角——市场成熟曲线

将供给视角下的技术演进曲线和需求视角下的市场渗透曲线结合在一起，即得到市场成熟曲线，如图 5-7 所示。市场成熟曲线被称为市场生命周期（Market Life Cycle，MLC），是指完成研制以后，从投入市场开始到被市场淘汰为止所经历的时间，有的文献称作产品生命周期①（Product Life Cycle，PLC）或市场产品生命周期（Market Product Life Cycle，MPLC）[1-2,29]。市场生命周期一般由四个阶段组成：导入期、成长期、成熟期和衰退期四

① 前文的产品成熟度及其成熟周期是相对于预期应用目标的，与技术和制造周期一致；本节的相关文献提出的产品生命周期是指产品在市场中的生命过程，与本节定义的市场生命周期一致。

个阶段组成。

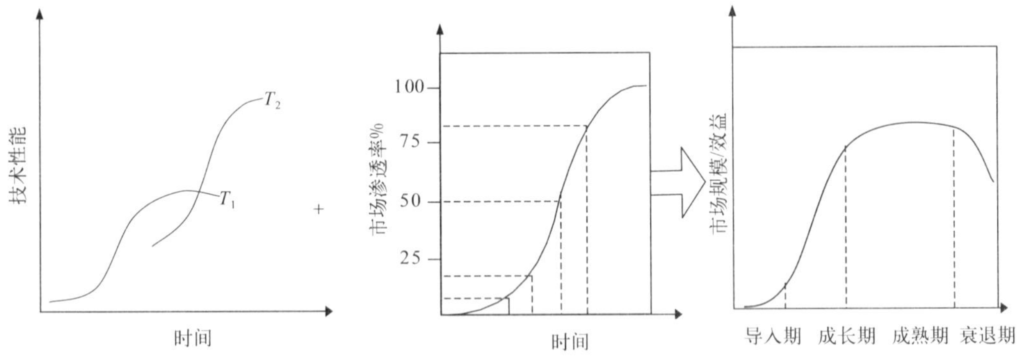

图 5－7　市场成熟曲线

在导入期，主要开展大规模生产设施的采办和建造，产品的生产质量和效率稳定且达到预期目标。该阶段是市场就绪的关键点，进入该阶段意味着技术不确定性已经全部消除，技术具备了导入市场的准备条件；但是基于该技术的产品或服务与市场中的产品或服务相比，性能/成本优势尚不突出。

在成长期，采用新技术的产品相对于原有产品具有显著的性能/成本优势，采用新技术的产品在市场上广为扩散，产品生产线由最初的一家扩散到了其他市场主体[43]，产品的市场规模和效益快速增长。

在成熟期，产品广为市场接受，成为市场主流，市场规模和效益达到最高水平，但增速趋缓；产品的性能/成本达到最佳的稳定状态，但在已有的技术路径下难以继续大幅提升技术性能、降低成本。新兴的替代技术开始出现，并逐步显示出对该产品的性能优势。

在衰退期，该产品仍然占据主要的市场份额，但随着新兴替代技术逐步导入市场并成功跨越技术替代陷阱，该产品的市场份额开始流失，市场规模和效益开始减小。

产品的市场生命周期理论最早是由 Vernon(1966)提出的产品生命周期理论演化而来的[44]，Gort 和 Klepper(1982)在 Vernon 研究的基础上将研究重点转向厂商数目与产品市场生命周期不同阶段的关系，提出了经济学意义上第一个市场生命周期模型[45]。20 世纪 70 年代，阿伯纳西和厄特巴克共同提出并发展了 A-U 模型[46]，依据产业增长率将市场生命周期划分为流动、转换和专业化三个阶段。R·瓦茨(R. Watts)和 J·马蒂诺(J. Martino)指出新兴技术市场化发展会经历五个阶段[47,48]：理论发现、技术设想、实验室可行性分析、试生产和商业化推广。哈佛商学院的 M·波特(M. Porter)从产业发展的角度，研究产业发展各阶段的竞争力特性，结合产业生命周期理论，总结出产业竞争力发展的四阶段理论：要素驱动阶段、投资驱动阶段、创新驱动阶段和财富驱动阶段，四个阶段是依次递进的，但也可能会发生向后折返的情况[49]。

技术、产品和产业作为生命个体，会经历从生到死的生命周期过程。一个产业是以具有代表性的产品为基础的。产品在引进市场后必然要经历一个销售量逐渐扩大且扩大得越来越快，到市场需求量逐渐被满足，产品销售量的增长速度逐渐减小的过程。产业延续生命得益于新产品市场的不断更新与发展，因此，产业的生命周期长于市场的生命周期，市场的生命周期长于产品的生命周期。产品研发是以新技术突破为基础的，但是产品的成熟需要考虑制造成熟性、功能性、服务、环境适应性等因素。由此可见，单一产品的生命周期长于技术的生命周期①。技术生命周期、产品生命周期、市场生命周期和产业生命周期的关系如图 5－8 所示。

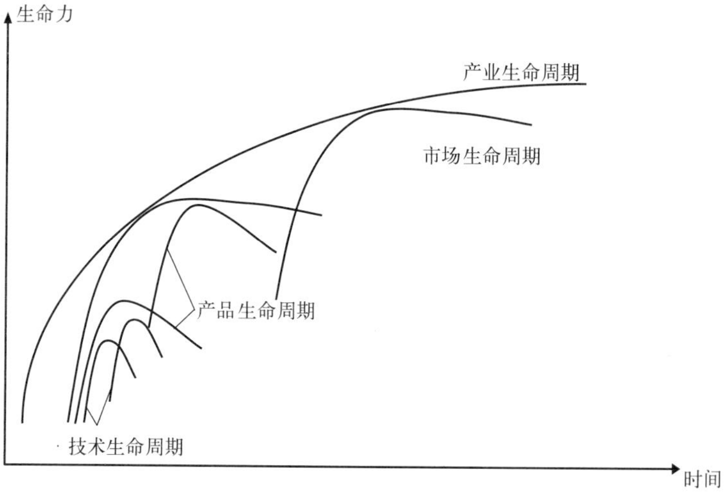

图 5－8　产业生命周期、市场生命周期、产品生命周期和技术生命周期的关系

剑桥大学技术管理中心的罗伯特·哈尔和戴维·普罗伯特提出一种 T-Plan 方法[36]，运用技术路线图（TRMs，technology roadmaps）系统地规划从技术到市场的发展各个阶段，以帮助管理者从事产品和技术规划、协调企业内部沟通。技术路线图提供了一个集成市场、产品、技术演进过程的可视化工具。企业可以利用技术路线图广泛地搜集用于决定其未来短期、中期和远期研发投资计划、新产品开发计划的信息，如图 5－9 所示[50]。虽然技术路线图可以提供理解市场、产品、技术三者之间的线索；但是，技术路线图以时间轴为具体产品的发展过程，没有量化技术、产品、市场发展各个阶段的统一标准。

此外，从技术市场化的整个过程看，在市场导入期之前实际上还存在两个重要的阶段：一是应用研究阶段，包括设计技术概念的研究计划、试验、数据收集和分析：试验室技术可行性验证，为产品开发提供建议、成本估计；不包括基础研究的相关活动，因为基础研究与特定技术的联系并不明显；该阶段主要提升技术成熟度，使技术成熟度达到 TRL6，从而实现对技术成熟度死亡谷的跨越。二是产品开发阶段，通常需要大量的投资，

① 需要说明的是，从一项技术到相应的产品的纵向维度，产品的生命周期长于技术的生命周期，产品的技术成熟的同时，其服务、功能、环境适应性等要素也需要成熟；从技术可以应用于多项产品的横向维度，技术的整个生命周期内往往存在多个产品应用，其中不乏应用失败或成功的例子，此时技术的生命周期长于若干产品的生命周期，而且针对不同的产品应用，技术在特定时间点的成熟度也可能是不同的。

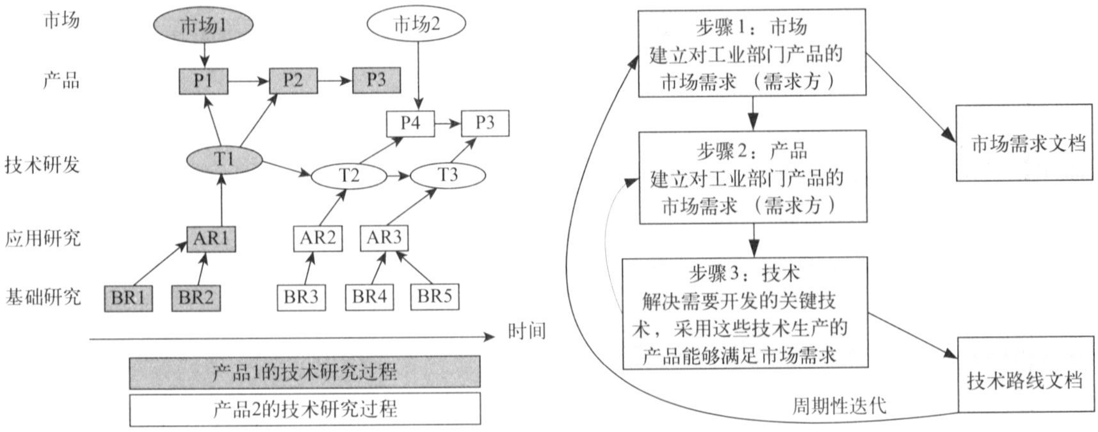

图5－9　技术路线图将市场、产品和技术联系起来

包括产品的详细设计、产品试生产设施的建造和成功试运行；该阶段在市场需求的牵引下，主要提升制造成熟度，同时技术成熟度也将达到TRL9，从而为下一步的产品市场导入奠定基础。

市场生命周期中不同的阶段在市场接受/认知度、市场规模、效益、竞争、企业数量等方面往往呈现出不同的特征，如表5－1所示，这些特征是技术在其商业化进程中自身所体现出来的自然属性，因此可以成为市场生命周期的自然特征。

表5－1　市场生命周期的自然特征

阶段 / 特征	导入期	成长期	成熟期		衰退期
			成熟前期	成熟后期	
市场接受/认知度	较低	增长迅速	趋于饱和	开始减退	由正面转为负面
性能/成本优势	不明显	快速提升	达到极值	逐步减低	加速下降
市场规模	低	快速增大	继续增长	有降低趋势	下降
效益	微小或负	大	趋于高峰	逐渐下降	低或负
竞争	甚微	兴起	增加	甚多	减少
企业数量	稀少	增多	整合或增多	稳定	减少

5.2　技术市场化的影响因素

5.2.1　技术市场化的规划步骤

技术由研发状态到被大规模的使用和部署的过程被称为技术转变(technology transition)，商业化公司大量的技术转变都是在其组织内部完成的。技术转变与技术转移(technology transfer)相近，但内涵却有所不同。技术转移，又叫作科技成果转化，是指技术(知识产权）从开发方以某种形式转移到技术应用方，包括国家之间的技术转移，也包括从技术生成部门（研究机构）向使用部门（企业和商业经营部门）的转移，还包括使用部门之间的转移。

政府资助的实验室允许商业公司或其他政府研究机构使用它的技术创新成果。例如，最早的分组交换技术（packet switching）是由兰德公司发明的，并被先后转移到了美国国防部的预先研究计划局和国际标准组织的开放系统互联委员会，并希望藉由虚拟电路技术加以转变，但是随着更为便宜和易于使用的 TCP/IP 技术的出现，虚拟电路技术没有实现转变。同样由政府资助产生的卫星导航技术最早被转移到了美国国防部的实验室，并据此开发了全球定位系统（GPS）。美国国防部在 GPS 接入选择性可用的条件下于 2000 年将 GPS 转移到了公众领域，随后 GPS 转变成为了面向公众的、免费的、随时可用的卫星导航技术；并且产生了无数以 GPS 导航数据为基础的创新性产品与服务，从而使卫星导航技术转变成为了一个卓越的、为大众带来便利、同时又利润丰厚的产业[51]。

技术转变分为两类：一类是政府主导的，如政府出资采办的技术产品由研发阶段到大规模地装备军队；一类是私人部门主导的，实质上就是技术的商业化过程。在现实中，技术转变并不是一个易于顺利发生的过程，其中的市场化也不是一个一蹴而就的自然过程，这是一个需要投入大量精力、具有充足资金支持并持续数年的过程。如通常情况下，美国新的材料技术和加工技术从研发到投入应用至少需要 10 年甚至更长的时间[52]。加德纳（Gardner）等（2004）[53]提出了成功的技术市场化所需的 14 个步骤：

1）提出创新性的概念和思想；

2）对创新性概念的技术特点和潜在应用进行评估；

3）确定实施知识产权保护的适当形式；

4）开展初始的市场评估；

5）开展进一步的技术分析；

6）开展市场与竞争力分析；

7）对新技术开展价值分析；

8）评估开发需求和进入市场的时机；

9）确认商业价值；

10）为项目商业化启动建立一个强有力的案例；

11）确认进入市场的策略；

12）建立规范的商业计划；

13）识别和评估合适的融资渠道；

14）开展融资活动，实现商业成功。

NASA 的首席技术官办公室负责 NASA 的技术转移和商业化工作，致力于将技术转移过程与技术开发各阶段联系起来，以确保技术转移在技术开发的早期阶段就被纳入考虑范围。NASA 的约翰逊飞行中心设有技术转移与商业化办公室，专门接收公开的新技术，其新技术评估委员会将对这些新技术的公共价值和商业价值潜力进行评估，该评估活动将会补发以下活动：将新技术作为美国政府的专利，将新技术授权给商业化公司使用，将新技术公开发表到 NASA 的技术简报中等。NASA 约翰逊飞行中心的技术市场化过程包括以下 8 个步骤：

1）提出新的技术发明或创造；

2）公开新的技术发明或创造；

3）开展对新技术的评估；

4）实施新技术专利保护和市场评估；

5）开展商务谈判；

6）将新技术专利授权给商业化公司应用；

7）对专利授权进行维护和审计；

8）商业化公司将新技术投放市场。

其中新技术评估是整个技术转移和商业化过程的关键环节，新技术评估的一项重要内容就是确定技术创新商业评估的等级，具体框架如图 5－10 所示[54]。

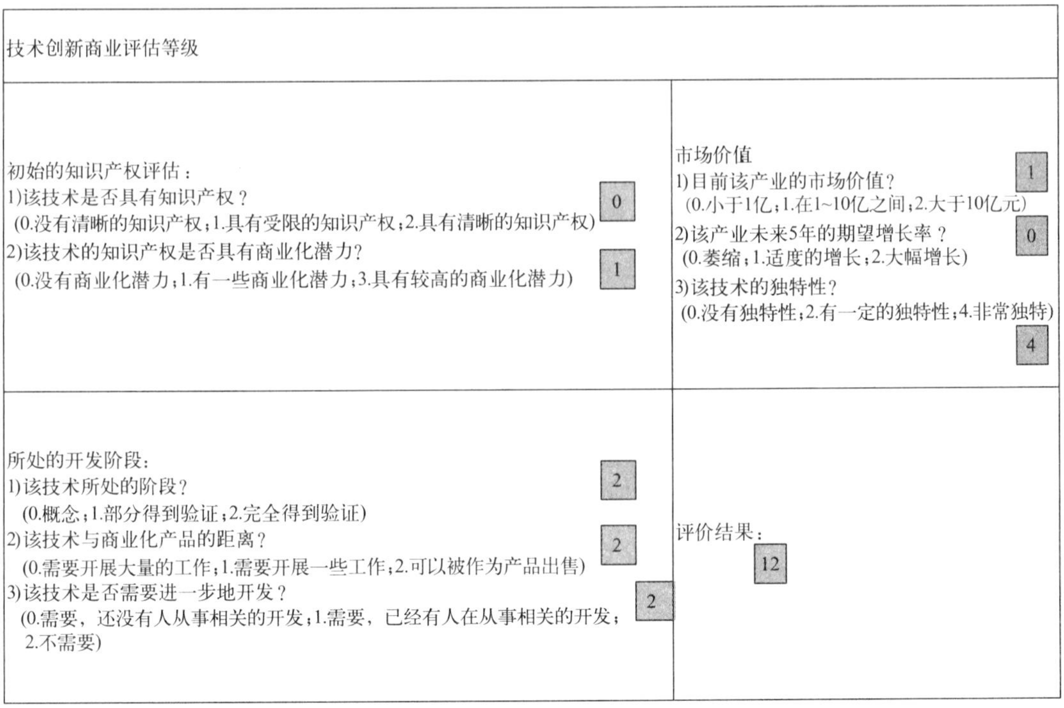

图 5－10　NASA 约翰逊飞行中心的技术创新商业评估等级框架

对于政府资助的技术项目而言，技术转变滞后且时间过长的主要原因在于以下两点：一是研究、开发和转变的过程本身很复杂；二是技术转变在不同阶段涉及内外部不同类型的利益相关方。通常情况下，学术界、政府和工业界的实验室（研发方）一同领导技术概念的论证和技术开发工作；工业界领导系统开发、演示验证和生产制造等工作；用户负责领导产品的部署、运行和保障等工作。研究、开发和转变过程中的各利益相关方在目标、时间、资金等方面存在差异，在研发方、工业界、用户之间难以形成有效协同。

对于市场化的技术项目而言，不同的市场主体可能会采用不同的技术转变路径。大型公司可以通过内部研发活动、获取外部技术授权或并购等多种方式获取新技术，随后可以其自身的产品组合和销售渠道实现新技术的商业化过程；而类似初创公司的小型企业通常需要从政府部门、天使投资、风险投资等投资机构获得技术研发资金。对学术机构和研发机构而言，既可以通过向外部公司授予技术使用权的方式，也可以通过投资创立公司的方式实现技术转变和市场化应用[55]。

5.2.2 技术市场化的影响因素

从技术市场化的过程和程序看，技术市场化受多种因素的影响。Amadi-Echendu 等通过德尔菲调查法得到了技术市场化的影响因素，并按重要性得到如下排序：

1）市场化环境因素，主要包括政府扶持政策、具备必要技能和经验的雇员和经理人员、技术转移所需的资产和基础设施等因素；

2）知识产权因素，主要包括知识产权保护、商业公司与政府的战略合作、商业公司间的合作等因素；

3）技术管理因素，主要包括对多功能团队的管理、重大战略决策的里程碑节点管理、利益相关者管理、技术市场化的系统程序等因素；

4）市场策略因素，主要包括市场营销活动、对竞争和需求的细致研究、潜在用户在产品开发各阶段的介入程度等因素；

5）创新开发因素，主要包括持续的研发活动、聚焦于提升核心技术/市场需求驱动/系统的技术创新程序和方法等因素；

6）财务金融因素，主要包括风险资本渠道、政府资金支持等因素。

澳大利亚可再生能源署（ARENA，Australian Renewable Energy Agency）研究了新技术成熟并导入市场以后的过程，将技术成熟度 TRL1 ~9 级标准拓展到了新技术产品导入市场后的市场化过程，提出了新技术商业化成熟指数（CRI，Commercial Readiness Index），定义了从新技术开始商业化应用到成为有价值合格资产的过程。CRI 定义 6 个等级，通过 7 个指标要素评价商业化程度：

1）监管环境，主要包括规划、许可和与技术有关的标准的成熟度；

2）接受程度，是指已有市场供需双方接受新技术产品的程度；

3）技术性能，指新技术的性能成熟情况；

4）成本与收益，新技术产品在不断被市场接受的同时，投资的成本与预期回报优势吸引更多的投资者进入市场的程度；

5）工业供应链，指产品工业化生产能力和工艺成熟的程度；

6）市场机遇，指从一个假设的商业计划发展到一个具有竞争性的市场渠道或可持续发展的商业模式的事件；

7)公司成熟度，指随着产品市场化的发展，主要生产企业的规范程度及其经营收益的能力。

概括而言，可以将技术市场化的影响因素划分为以下类别。

(1)技术性能

新技术成功推向市场，首先是技术性能具有竞争优势。新技术研发取得突破、随着市场化推广，产品结构化创新推动新技术进一步应用，这是新技术市场化的源动力。

(2)工业链环境

新技术除应具有新性能本身具有的竞争优势外，其能否得到推广应用还受到已有工业基础的制约。新产品不仅能够被研发出来，还能够被已有企业制造出来，这是新技术市场化的首要前提。因此，已有工业链上的基础、布局、工艺、材料设备供给等，都是影响新技术市场化的重要因素。

(3)人员结构

技术转变难以顺利发生的原因并不是研发人员不愿支持这个活动，而是推动技术转变需要的是与研发不同的技能和行业行为，如与用户交互的能力和企业家精神等。在技术市场化过程中，从技术人员到市场推广人员，再到企业家、政府监管人员，其出现的时机、角色和作用呈现一定的规律性，在特定阶段人员结构会影响和反映市场的现状。

(4)监管机制

在新技术市场化过程的不同阶段，监管与扶持机制是不同的，主要有规划、激励、政策、规范等。例如，市场化初级阶段缺乏有效的激励机制(如版税、特许权使用费、初创公司的股权等)，研发人员的绩效只能通过发表的论文和学术荣誉体现，这就导致他们缺乏投入大量时间和精力用于技术转变的动力。即便存在这样的激励机制，研发人员也可能更愿意从事复杂的研究工作，而不是应对与技术商业化有关的各种挑战。到市场逐渐发展成熟的阶段，行业协会和各级政府职能部门对市场规范进行监管，这时候监管越规范市场就越成熟。

(5)知识产权与标准

另外，对知识产权和技术标准的规范管理也是重要的影响因素。政府提供的知识产权(government furnished IP)是推动产业创新的强有力的催化剂。最佳的实践是将政府提供的知识产权“开源”，并作为政府提供资产(government furnished equipment)能够为工业界广泛地加以利用。标准也是技术转变的催化剂，技术转变所需的标准并不存在，其是所采用的技术最终演变的结果。实践证明，为了技术转变制定自上而下强制性的标准并不成功。最佳的实践是采用成熟的、开放的商业化标准，如果一项技术被广泛采用，那么针对该技术的标准也就会水到渠成[56]。

(6)融资模式

新技术市场化不同时期所表现出的融资需求特征是不同的，包括从最初的自有资金、政策性资金、风险投资基金为主，到成熟阶段以资本市场和银行信贷为主的过程。金融机构和政府机构在不同阶段给予具有针对性的融资服务和政策手段，以满足新兴产业的发展需求，促进新兴产业的健康发展，最终实现宏观经济结构和产业结构的转型升级。

(7)市场机遇

市场机遇也可以说是市场潜力与发展路径。随着市场推广应用，产品具有的技术优势逐渐转变成企业产出效益优势，该过程也是获得利益相关者逐渐肯定的过程；市场的进出壁垒从技术壁垒转变到投融资规模壁垒上，该过程是市场潜力兑现的过程。

综上所述，技术市场化成功与否既取决于技术本身的内在属性(只有那些潜在应用能够嵌入到公众事业中的技术才更容易取得商业成功)，又取决于制约技术商业化进程的社会环境因素，如工业链环境、监管机制、知识产权与标准、融资模式和市场机遇。这些因素可以被称为市场生命周期的社会特征，其与市场生命周期的自然特征的区别是：自然特征反映了市场生命周期各阶段内在的主体表现，而社会特征反映了市场生命周期各阶段外在的客体表现，即体现了对市场成熟程度进行“干预”的渠道或手段。从这个意义上说，市场生命周期的社会特征是市场成熟度方法与市场生命周期理论的最大分野，代表了持续提升市场成熟度的主要方面，应当是市场成熟度方法关注的重点。此外，尽管市场成熟度方法源于市场生命周期理论，但相比于市场生命周期理论，市场成熟度方法具有更加明确的评价目标、等级划分和评价程序。

5.3　市场成熟度评价指标体系

市场成熟度是量化评价新商品市场的发展过程，这个过程包括新技术取得突破、新技术产品完成工程研制后投放市场，以及新兴市场发展至完全成熟。其分为3个阶段，即导入阶段、发展阶段、成熟阶段，不考虑商品的更新与衰退阶段。如前文所述，市场在其成熟过程中有一定的规律可以探索，其中制约市场发展的主要因素，有的是特定阶段特有、不连续的，有的要素却是随市场发展的各个阶段连续地变化着的。研究梳理这些要素，并通过量化处理将其作为发展阶段的判别特征，并结合成熟度方法与系统工程的思想，便形成了评价市场成熟评价方法的一种量化标准和尺度。

根据前文阐述的新技术市场化的重要因素，可以构建出完整的市场评价指标体系，但本文在此基础上简化指标要素，主要抓住影响市场成熟的主要问题。一方面，市场需求作为外因，是拉动牵引技术进步的重要因素；另一方面，技术进步在满足市场需求的同时，也会促进市场的发展与革新。因此，本节通过简化处理，以市场收入(效益)、从业人数、产业集中度、市场占有率、产品竞争力和进出壁垒作为简要指标，构建指标并运用于战略性新兴产业相关课题中。这6个简要指标又分量在3个二级指标中，即市场规模、市场结构和市场潜力，由此构建出的市场成熟度评价指标体系如图5－11所示。

市场规模、市场结构和市场潜力包含相应的子评价指标如下：市场规模主要由市场收入和从业人数组成；市场结构由产业集中度和市场占有率组成；市场潜力由产品竞争力和进出壁垒组成。二级指标及其子指标(三级)定义如下。

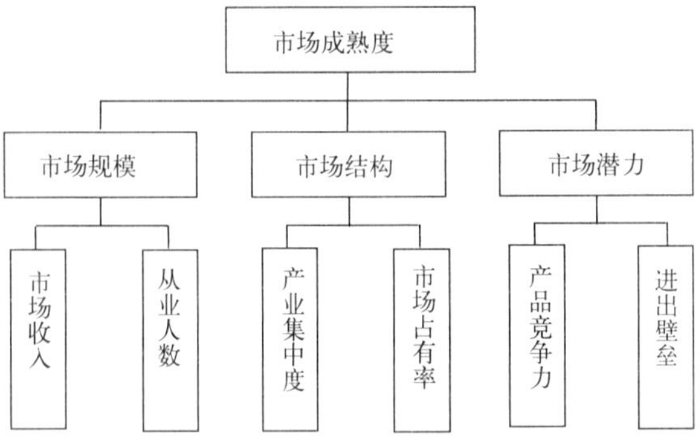

图5-11　市场成熟度指标体系示意图

(1)市场规模

市场规模是指商品市场的量，其包括市场收入、从业人数。

1)市场收入：由产品或服务销售带来的收益。

2)从业人数：新兴技术研发、生产与销售等环节的人员数量。

(2)市场结构

市场结构是指市场内现有的卖方之间、买方之间、买卖双方，以及正在进入或可能进入该市场的买卖双方之间的关系，其包括产业集中度、市场占有率。

1)产业集中度：针对特定产业而言的集中度，是指销售产品(或服务)的企业垄断程度，是衡量产业竞争性和垄断性的重要指标。

2)市场占有率：新产品在市场同类产品中所占的比重。

(3)市场潜力

市场潜力是指市场发展的潜在生命力，主要体现在产品本身符合市场需求、产品具有竞争力，产品可逐渐促进市场的形成过程，以及在这一过程中进出壁垒的高低程度。

1)产品竞争力：突破性的技术使得产品本身符合市场需求，且从技术到其产品性能方面具有竞争优势。

2)进出壁垒：市场进入或退出市场的障碍。

市场规模、市场结构和市场潜力涵盖的6项子指标，随着市场发展的各个阶段呈现出连续的变化特征，具体属性表述如表5-2所示。

表5-2　市场成熟度的属性表

市场成熟属性		1级(导入阶段)	2级(发展阶段)	3级(成熟阶段)
市场规模	市场收入	前期投入大，市场收入规模小	收入规模扩大，实现盈利	收入和利润规模稳定
	从业人数	以研发人员为主，但生产和销售人员开始增加	以生产和销售人员为主，生产销售人员大幅增加	从业人员数量和结构趋于稳定

续表

市场成熟属性		1 级（导入阶段）	2 级（发展阶段）	3 级（成熟阶段）
市场结构	产业集中度	产品处于导入阶段，产品生产销售只集中在少数企业	从事产品生产销售的企业数量大幅增加，产业集中度较低	产业经过并购整合调整，形成了以少数规模大实力强的企业为龙头的、完整的产业链
	市场占有率	产品商业应用示范，占有率较低	大规模商业化应用，占有率快速增长	市场供需平衡，占有率高且趋于平稳
市场潜力	产品竞争力	产品预期具有较强的竞争力	产品竞争力优势显现	产品竞争力优势明显
	进入壁垒	少数企业掌握核心技术，技术壁垒高	核心技术得到大规模应用，技术壁垒降低	产业规模经济效应显现，进入壁垒高

如前所述，产业成熟度评价结果是由产品成熟度评价结果和市场成熟度评价结果综合集成的，而产品成熟度评价结果又是由技术成熟度评价结果和制造成熟度评价结果综合集成的。技术成熟度评价的具体指标是技术状态、集成状态和验证环境；制造成熟度评价的具体指标是制造对象、制造环境和制造能力，因此，需综合集成各个指标和要素，具体的产业成熟度评价指标体系如图 5－12 所示。

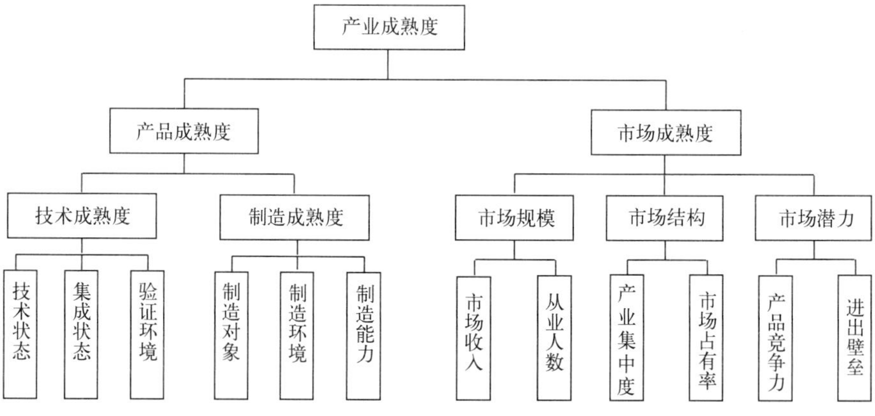

图 5－12　产业成熟度评价指标体系示意图

5.4　市场成熟度评价案例

本节以高性能金属零件激光 3D 打印为例，说明市场成熟度评价的过程。市场成熟度案例仍然被分为两个阶段：自评价阶段和第三方专家综合评审阶段。通过两个阶段的评价工作，结合预测未来发展的趋势信息及市场现状与潜在问题和风险，提出了相应的发展策略，并最终输出具体的市场培育与发展政策建议。

5.4.1　案例背景

金属零件激光精密 3D 打印的重大产业发展方向，是面向航空航天、生物医疗、模具制造、汽车制造等若干重点行业，针对复杂精密关键金属构件高精度、高效率、高柔性化、高可靠性制造的需求，为实现高性能复杂精密金属构件的低成本、短周期、净成型绿色制造提供激光 3D 打印关键技术、装备、软件、耗材及服务。

金属零件激光精密 3D 打印产业发展的内涵较为丰富，相关重大突破性技术包括：

1）精度控制技术。实现 3D 打印增材制造层厚减小至原有的 1/10，从现有的 0.1 ~ 0.2 mm向 0.01 ~ 0.02 mm 发展，表面粗糙度达到或小于 *Ra* 6.3，成型精度达 0.05 ~ 0.1 mm，实现复杂结构金属零件直接净成型，无需后续机加工，直接满足工业使用尺寸、精度及性能要求。

2）高效制造技术。在保证 3D 打印精度基础上，提高成型腔体尺寸及成型件尺寸，通过高功率激光器的多工位高效组合加工，实现大尺寸复杂精密金属构件的高效增材制造。

3）专用粉末耗材及工艺数据库研发技术。

目前，针对产业整体的制造和生产能力而言，2 kW 及其以下功率的光纤激光器及相应的扫描振镜方面，其全速率生产能力已得到验证，并转向精益化生产及更高功率激光器生产；激光精密 3D 打印整体装备方面，目前其试生产线能力已得到验证，并已开始低速率生产；激光 3D 打印控制软件和专用金属粉末耗材方面，其低速率生产能力已得到验证，准备开始全速率生产。金属激光精密 3D 打印技术已形成的核心产品包括：

1）高功率激光器、高速扫描振镜等核心器件；

2）激光精密 3D 打印整体装备；

3）激光 3D 打印控制软件；

4）激光 3D 打印专用金属粉末耗材及核心工艺数据库，可实现激光 3D 打印专用金属粉末耗材的系列化及商品化，并配套研发及积累激光 3D 打印核心工艺数据库。

同时，在产业成熟度自评价阶段和专家评审阶段后，领域专家反映了未来发展存在如下若干问题及趋势。

1）我国面向高性能金属零件激光精密 3D 打印的整体装备及核心器件还依赖国外产品和技术，专业从事金属 3D 打印的企业偏少，关键核心技术还需培育发展，尚难以与国外厂商形成有效的市场竞争。

2）国家、部委及省市各级层面对金属零件激光精密 3D 打印的市场前期投入较大，但因其属新兴产业，目前市场规模较小且收入仍较低；从业人员以研发人员为主，随着产业升级发展，生产和销售人员开始显著增加。

3）从事金属激光 3D 打印产品生产销售的企业数量大幅增加，但目前产业集中度较低，产品主要处于商业应用示范阶段，市场占有率较低但增长迅速。

4）金属零件激光精密 3D 打印是 3D 打印行业的高端产业，目前仅有少数企业掌握其核心技术，因此技术壁垒高、相关产品竞争力优势明显。

5.4.2 市场成熟度评价

(1)领域专家自评价信息采集(第一阶段)，在该阶段中采用的信息表见表5－3。

表5－3 领域专家的市场成熟度自评价信息表

<table>
<tr><td rowspan="6">市场成熟度评价</td><td rowspan="2">市场规模</td><td>市场收入</td><td>■ 前期投入大，市场规模收入较小且较低(MML1)
□ 收入规模增大，实现盈利(MML2)
□ 收入利润规模稳定(MML3)</td></tr>
<tr><td>从业人员</td><td>■ 以研发人员为主，但生产和销售人员开始增加(MML1)
□ 以生产和销售人员为主，生产销售人员大幅增加(MML2)
□ 从业人员数量和结构趋于稳定(MML3)</td></tr>
<tr><td rowspan="2">市场结构</td><td>产业集中度</td><td>□ 产品处于导入阶段，产品生产销售只集中在少数企业中(MML1)
■ 从事产品生产销售的企业数量大幅增加，产业集中度较低(MML2)
□ 产业经过并购整合调整，形成以少数规模大实力强的企业为龙头的、完整的产业链(MML3)</td></tr>
<tr><td>市场占有率</td><td>■ 产品商业应用示范，占有率较低(MML1)
□ 大规模商业化应用，占有率快速增长(MML2)
□ 市场供需平衡，占有率高且趋于平稳(MML3)</td></tr>
<tr><td rowspan="2">市场潜力</td><td>产品竞争力</td><td>□ 产品预期具有较强的竞争力(MML1)
□ 产品竞争力优势显现(MML2)
■ 产品竞争力优势明显(MML3)</td></tr>
<tr><td>进入壁垒</td><td>■ 少数企业掌握核心技术，技术壁垒高(MML1)
□ 核心技术被大规模应用，技术壁垒降低(MML2)
□ 产业规模经济效应显现，进入壁垒高(MML3)</td></tr>
<tr><td colspan="2">培育与发展建议</td><td colspan="2">从国家层面制定3D打印装备发展的、具有高起点、前瞻性规划，及时设立3D打印科技专项，引领社会资源共同推动技术创新；加大对金属零件激光精密3D打印装备核心技术的研发力度；鼓励建立高端3D打印产业联盟，建立3D打印相关的国家标准和规范；完善财税和金融支持政策，促进相关产业健康可持续发展；广泛开展对外合作，引进国外先进技术；加强3D打印专业人才队伍建设及培育</td></tr>
</table>

(2)第三方专家评审结果汇总(第二阶段)

邀请领域内的专家对领域自评价内容进行评审。表5－4是7位综合评审会专家依据自评信息表，通过研讨与论证之后作出的评审结果汇总。在研讨的过程中，领域自评价专家与评审研讨专家就技术、制造、市场层面进行了论证，挖掘出各个层面潜在的问题及攻关着力点；并在此基础上，针对反映出来的宏观和微观问题，提出了该产业的培育与发展建议。

表5－4　综合评审会专家对市场成熟度评价信息汇总表

市场成熟度 MML1～3	市场收入	专家1	专家2	专家3	专家4	专家5	专家6	专家7
		MML1	MML1	MML1	MML1	MML2	MML1	MML1
	从业人员	专家1	专家2	专家3	专家4	专家5	专家6	专家7
		MML1	MML1	MML1	MML1	MML1	MML1	MML1
	产业集中度	专家1	专家2	专家3	专家4	专家5	专家6	专家7
		MML1	MML1	MML1	MML1	MML1	MML2	MML2
	市场占有率	专家1	专家2	专家3	专家4	专家5	专家6	专家7
		MML1	MML1	MML1	MML1	MML1	MML1	MML1
	产品竞争力	专家1	专家2	专家3	专家4	专家5	专家6	专家7
		MML1	MML1	MML1	MML1	MML2	MML2	MML1
	进入壁垒	专家1	专家2	专家3	专家4	专家5	专家6	专家7
		MML1	MML1	MML1	MML1	MML1	MML1	MML1

金属3D打印产业培育与发展建议：

1）建议重点培育和支持3D打印产业链之间协同发展，即材料、3D打印设备等的协调发展，以满足市场需求；

2）建立培育和支持方式检验标准、规范，尤其是我国自主知识产业的保护措施要跟上；

3）关于3D打印（金属材料、精密），应该把技术方法范围确定为激光选区熔化成型技术（SLM）；

4）完善财税、金融支持政策，设立专项发展基金；

5）建立有限目标，即针对我国战略中一些关键零件加工的装备进行攻关；

6）针对特殊具体行业需求，定位在常规复杂产品加工方法不易制造的，建议国家以应用需求牵引，加大投入研发力度、取得应用示范成果、培育3D打印产业

5.4.3　评价结论及建议

除通过自评价和专家评审获得的数据以外，产业成熟度评价工作支撑人员也通过与产业相关的信息收集与统计分析，以得到作为评价依据的补充数据。通过数据化的评价与决策，获得的市场成熟度评价结果为MML1。也就是说，目前金属3D打印的市场处于导入阶段，市面上有产品在销售与应用；但在技术、制造和市场层面均有不成熟的因素，尤其是新技术应用的范围应该界定明确，这是打印精度问题所决定的。在市场初始阶段，从国家层面制定3D打印装备发展的高起点、前瞻性规划；及时设立3D打印科技专项，加大对金属激光精密3D打印装备核心技术的研发力度；鼓励建立高端3D打印产业联盟，建立3D打印相关的国家标准和规范；完善财税和金融支持政策，促进产业健康可持续发展；广泛开展对外合作，引进国外先进技术；加强3D打印专业人才队伍建设及培育。

第 6 章　产业成熟度检查单及其应用操作

产业成熟度的级别评价主要通过产业成熟度评价检查单完成，它是通过分析技术、制造、市场等相关指标的统计信息，进而对产业的成熟状态给予整体性评价的过程。它以产业成熟度评价检查单作为信息采集工具，通过同行评议的方式，实现技术成熟度、制造成熟度、市场成熟度的等级评价，并采用定性、定量相结合的综合评价方法，集成出产业成熟度的等级。本章介绍了产业成熟度评价检查单的应用背景，其是中国工程院的“‘十三五’战略性新兴产业发展规划咨询研究”重大咨询课题，针对战略性新兴产业的七大领域中的若干重点方向开展评价，本着可操作、问题为导向的原则，设计了适用于本课题的产业成熟度评价检查单，以及相应的综合集成方法。另外，本章还列出了部分常用的其他评价方法和集成方法。

6.1　产业成熟度检查单

产业成熟度是通过分析技术、制造、市场等相关指标的统计信息，进而对产业的成熟状态给予整体性评价的过程。在具体的评价方法确定之后，关键是收集开展产业成熟度评价的指标输入数据，而评价表单即开展评价调查、收集评价数据的载体。评价表单既要满足开展评价工作的数据需求，也要务求直观明了，易于操作。产业成熟度的评价表单见表 6－1。

表 6－1　产业成熟度评价表单

<table>
<tr><td colspan="2">重点产业方向名称</td><td colspan="2"></td></tr>
<tr><td colspan="2">重大突破性技术名称</td><td colspan="2"></td></tr>
<tr><td colspan="2">所属产业领域</td><td colspan="2">□ 节能环保　□ 新一代信息技术　□ 生物　□ 高端装备制造
□ 新能源　□ 新材料　□ 节能与新能源汽车</td></tr>
<tr><td colspan="2">重点产业发展方向简介</td><td colspan="2">简要说明该重点产业发展方向的内涵和发展现状。其中，内涵重点说明该产业发展方向的核心产品，及其相关的重大突破性技术；发展现状重点说明该产业发展方向目前的整体发展水平（400 字左右）</td></tr>
<tr><td rowspan="4">技术成熟度评价</td><td>重大突破性技术的研究现状</td><td colspan="2">作为技术成熟度评价依据，简要说明该重大突破性技术的技术现状，包括该项技术研制的技术产品、达到的功能和性能指标及试验验证的环境等（200 字左右）</td></tr>
<tr><td rowspan="3">自评价当前 TRL 级别</td><td colspan="2">根据技术成熟度定义，从技术产品逼真度、试验环境逼真度两个特征出发，采用“就低不就高”的原则，综合评价该项关键核心技术的 TRL 级别（1～9）
TRL ________</td></tr>
<tr><td>TRL</td><td>技术成熟度评价准则</td></tr>
<tr><td>1</td><td>观察到支撑该技术的基本原理或看到基本原理的报道</td></tr>
</table>

续表

<table>
<tr><td rowspan="8">技术成熟度评价</td><td rowspan="8">自评价当前 TRL 级别</td><td>2</td><td>提出将基本原理应用于系统中的设想</td></tr>
<tr><td>3</td><td>关键功能和特性初步通过实验室可行性验证</td></tr>
<tr><td>4</td><td>以部件级实验室产品为载体通过实验室环境验证</td></tr>
<tr><td>5</td><td>以单机级初级演示验证产品为载体通过模拟使用环境验证</td></tr>
<tr><td>6</td><td>以分系统或系统级高级演示验证产品为载体通过模拟使用环境验证</td></tr>
<tr><td>7</td><td>以系统级工程原型产品为载体通过典型使用环境验证</td></tr>
<tr><td>8</td><td>以系统级试用产品为载体通过测试和交付试验</td></tr>
<tr><td>9</td><td>系统级的成熟产品通过广泛应用和考验</td></tr>
<tr><td rowspan="13">制造成熟度评价</td><td>重大突破性技术的制造现状</td><td colspan="2">作为制造成熟度评价依据，简要说明该重大突破性技术的制造现状，包括已经形成的产品状况、实现制造能力、制造环境等(200 字左右)</td></tr>
<tr><td rowspan="12">自评价当前 MRL 级别</td><td colspan="2">根据制造成熟度定义，从制造对象的逼真度、制造环境的逼真度两个特征出发，采用“就低不就高”的原则，综合评价该项制造技术的 MRL 级别(1 ~ 10)
MRL ______</td></tr>
<tr><td>MRL</td><td>制造成熟度评价准则</td></tr>
<tr><td>1</td><td>确定制造内涵</td></tr>
<tr><td>2</td><td>确定制造方案</td></tr>
<tr><td>3</td><td>制造方案的可行性得到初步验证</td></tr>
<tr><td>4</td><td>具备在实验室环境下制造技术原理样件的能力</td></tr>
<tr><td>5</td><td>具备在相关生产环境下制造原型部件的能力</td></tr>
<tr><td>6</td><td>具备在相关生产环境下制造原型系统或分系统的能力</td></tr>
<tr><td>7</td><td>具备在典型生产环境下制造系统、分系统或部件的能力</td></tr>
<tr><td>8</td><td>试生产线能力得到验证，准备开始低速率生产</td></tr>
<tr><td>9</td><td>低速率生产能力得到验证，准备开始全速率生产</td></tr>
<tr><td>10</td><td>全速率生产能力得到验证，转向精益化生产</td></tr>
<tr><td rowspan="5">市场成熟度评价</td><td>市场现状</td><td colspan="2">作为评价依据，简要说明国内市场现状，重点介绍市场规模、市场结构、市场潜力等情况，以及对比国外市场的优劣情况(200 字左右)</td></tr>
<tr><td rowspan="2">市场规模</td><td>市场收入</td><td>☐ 前期投入大，市场收入规模低(MML1)
☐ 收入规模增加，实现盈利(MML2)
☐ 收入利润规模稳定(MML3)</td></tr>
<tr><td>从业人员</td><td>☐ 以研发人员为主，但生产和销售人员开始增加(MML1)
☐ 以生产和销售人员为主，生产销售人员大幅增加(MML2)
☐ 从业人员数量和结构趋于稳定(MML3)</td></tr>
<tr><td rowspan="2">市场结构</td><td>产业集中度</td><td>☐ 产品处于导入阶段，产品生产销售只集中在少数企业(MML1)
☐ 从事产品生产销售的企业数量大幅增加，产业集中度较低(MML2)
☐ 产业经过并购整合调整，形成了以少数规模大、实力强的企业为龙头完整的产业链(MML3)</td></tr>
<tr><td>市场占有率</td><td>☐ 产品商业应用示范，占有率较低(MML1)
☐ 大规模商业化应用，占有率快速增长(MML2)
☐ 市场供需平衡，占有率高且趋于平稳(MML3)</td></tr>
</table>

续表

市场成熟度评价	市场潜力	产品竞争力	□ 产品预期具有较强的竞争力(MML1) □ 产品竞争力优势显现(MML2) □ 产品竞争力优势明显(MML3)
		进入壁垒	□ 少数企业掌握核心技术，技术壁垒高(MML1) □ 核心技术大规模应用，技术壁垒降低(MML2) □ 产业规模经济效应显现，进入壁垒高(MML3)
	当前 MML 级别	根据市场成熟度定义和模糊评价结果，综合评价该项技术产品市场的 MML 级别(1～3)MML ______（工作组完成计算）	
		MML	市场成熟度
		1	工程化产品投放市场，形成新的市场
		2	市场需求增长带动市场规模不断扩大
		3	市场占有率达到饱和市场规模稳定
产业成熟度级别		根据技术成熟度、制造成熟度、市场成熟度评价结果，综合集成评价该项新兴产业的 IML 级别(1～4)____(工作组完成计算) □ 萌芽阶段 IML 1 □ 培育阶段 IML 2 □ 发展阶段 IML 3 □ 成熟阶段 IML 4	

	成熟度＼等级	1	2	3	4	5	6	7	8	9	10
时序预测年	技术成熟度 TRL										—
	制造成熟度 MRL										
	市场成熟度 MML				—	—	—	—	—	—	—
	说明：请专家在表中填写技术到产业各个等级对应的发展时间，单位：年。技术成熟度是 1～9 等级，制造成熟度是 1～10 等级，市场成熟度是 1～3 等级，"—"表示没有相应等级										

培育与发展建议	针对技术到产业发展的各个层面，提出有益于自身发展的培育与发展建议(200 字，可附页)		
联系人		联系电话	

6.2　常用的评价方法

基于检查单的产业成熟度评价，是一种基于群体判断的多指标综合评价问题。为减少主观因素的影响，在保证信息采集客观有效的同时，如何科学、规范地组织专家开展评价，并采用各种科学方法，将不同专家的评价结果综合集成变得至关重要。从评价流程上看，这些评价方法的使用，重点是开展指标体系中指标权重的确定和指标评价结果的综合集成。因此，这里主要介绍一些常用的评价指标权重确定方法和评价指标结果的综合集成方法，从而通过客观地确定指标权重、科学地开展综合集成，提高基于检查单的产业成熟度评价结果的准确性。下文就可能采用的评价方法，进行简要介绍。

6.2.1　常用的指标权重确定方法

由于各评价指标对被评价对象的影响大小和作用不同，因此，在多指标综合评价过程中，为使综合评价结果更准确地反映被评价对象的真实情况，必须对指标赋予不同的权重。

在基于检查单的产业成熟度评价过程中，需根据不同技术的自身特点，对影响其市场成熟度的评价指标给予不同的权重；同时，由于采用群体决策的模式，各专家对技术和市场的熟悉程度不同，因此，这里也需对各专家的评估结果给予不同的权重。以下就专家评价法、层次分析法、模糊互补判断矩阵求权法、熵值法、坎蒂雷赋权法等常用的指标权重确定方法做简要介绍。

(1)专家评价法

专家评价法是指通过收集整理专家学者对于备选的各个指标和因素的重要程度给出主观判断信息来确定权重的赋权方法，因此又称为专家评判赋权法。该方法的关键是选择好专家。要选择出真正具有该领域专业知识和技能的专家、学者作为专家参与人。

专家评价法的基本思路是[57]：邀请一批对所研究问题有深入了解的专家，让他们独自地对每个评价指标赋予权重。然后将专家意见集中起来，求出每个指标数的平均值和方差。由于每位专家对各评价指标重要程度的认识不一致所赋权数会有差异，通过均值和方差分析，就可以观察到专家意见的离散程度。如果第一次专家意见过于分散，可以进行第二次直至第 n 次，目的是要使专家意见一致，并以最后一次各专家权数的平均值为评价指标的权数。比如，假定邀请了 n 位专家，其中 i 位专家最后给 p 个评价指标赋予的权重数为 w_{i1}，w_{i2}，…，w_{ip}，则以

$$\overline{w} = \frac{1}{n}\sum_{i=1}^{n} w_{ij} \quad (j = 1,2,\cdots,p)$$

作为第 j 个指标的权数，这种方法简单实用，便于推广，是确定权数的主要方法之一。

该方法的基本步骤为：首先，构造专家评价分值的数据结构，见表6-2。

表6-2　专家评分数据结构表

指标＼专家	Z_1	Z_2	…	Z_n
X_1	w_{11}	w_{12}	…	w_{1n}
X_2	w_{21}	w_{22}	…	w_{2n}
…	…	…	…	…
X_p	w_{p1}	w_{p2}	…	w_{pn}

其次，根据上述数据结构计算各个指标的算术平均数 $\overline{w}_i$

$$\overline{w}_i = \frac{1}{n}\sum_{j=1}^{n} w_{ij} \quad (i = 1,2,\cdots,p)$$

然后，进行归一化处理，生成各指标的权数

$$W_i = \frac{\overline{w}_i}{\sum_{i=1}^{p} \overline{w}_i} \quad (i = 1,2,\cdots,p)$$

(2)层次分析法

层次分析法(AHP)是产业贡献度评估的重要方法之一，着重对需求的量化分析，这里对该方法进行简单介绍。美国著名的管理决策与运筹学家T·扎特伊(T. Saaty)于20世纪70年代末提出的层次分析法[58]，它是一种多层次权重解析法，常用于处理多指标综合评价问题。层次分析法是把复杂问题分解成各个组成因素，又将这些因素按支配关系分成递阶层次结构。层次可分为三类：目标层，准则层，决策层。通过两两比较的方式确定各个因素相对重要性，然后综合决策者的判断，确定决策方案相对重要性的总排序。运用层次分析法进行系统分析、设计、决策时，可分为4个步骤进行：

1)分析系统中各因素之间的关系，建立系统的递阶层次结构；

2)构造两两比较的判断矩阵，对同一层次的各元素关于上一层中某一准则的重要性进行两两比较；

3)由判断矩阵计算被比较元素对于该准则的相对权重；

4)计算各层元素对系统目标的合成权重，并进行排序。

递阶层次结构中的层次数与问题的复杂程度及需要分析的详尽程度有关，可不受限制。层次结构的好坏对于解决问题极为重要，当然，层次结构建立得好坏与决策者对问题的认识是否全面、深刻有很大关系。对于准则C中n个元素之间相对重要性的比较，得到一个两两比较判断矩阵$\boldsymbol{A}=(a_{ij})_{n\times n}$，其中$a_{ij}$就是元素$u_i$和$u_j$相对于C的重要性的比例标度。判断矩阵$\boldsymbol{A}$(正互反矩阵)具有下列性质：$a_{ij}>0$，$a_{ji}=1/a_{ij}$，$a_{ii}=1$ 。由判断矩阵所具有的性质可知，一个n个元素的判断矩阵只需要给出其上(或下)三角的$n(n-1)/2$个元素就可以了，即只需做$n(n-1)/2$个比较判断即可。在工程上通常用特征根法(EM)计算权重。

另外，若判断矩阵$\boldsymbol{A}$的所有元素满足$a_{ij}\cdot a_{jk}=a_{ik}$，则称$\boldsymbol{A}$为一致性矩阵。在判断矩阵的构造中，并不要求判断具有传递性和一致性，但在计算单准则下权重矢量时，还必须进行一致性检验。不是所有的判断矩阵都满足一致性条件，也没有必要这样要求，只是在特殊情况下才有可能满足一致性条件。这是由客观事物的复杂性与人的认识的多样性所决定的。根据计算一致性比例CR(Consistency Ratio)来判断是否满足一致性：当$CR<0.1$时，认为判断矩阵的一致性是可以接受的；当$CR\geqslant 0.1$时，应该对判断矩阵做适当修正。CR的计算公式为

$$CR = \frac{CI}{RI}$$

其中

$$CI = \frac{\lambda_{\max} - n}{n - 1}$$

式中　CI——一致性指标；

λ_{max}——判断矩阵的最大特征值；

RI(Random Index)——平均随机一致性指标，通过表6－3就可以确定具体的数值。

表6－3　平均随机一致性指标 R. I.

矩阵阶数	1	2	3	4	5	6	7	8
RI	0	0	0.52	0.89	1.12	1.26	1.36	1.41
矩阵阶数	9	10	11	12	13	14	15	
RI	1.46	1.49	1.52	1.54	1.56	1.58	1.59	

(3)模糊互补判断矩阵求权法

在评价过程中，不同的指标反映的是评价对象不同方面的特性，这些特性对于评价对象所发挥的作用是不同的，因此，它们在评价过程中的重要性也是有差异的，这种差异性就体现为它们各自权重的不同。确定评价指标权重是开展评价的一项重要内容，确定指标的权重通常有主观设权法、层次分析法等定性方法和主成分法、熵权法等定量方法，定量方法要求有比较充分的指标数据，在指标数据匮乏的情况下，只能采用定性的方法确定权重。由于在产业成熟度评价过程中，很多指标数据难以获得，特别是对战略性新兴产业而言更是如此，因此我们考虑使用定性方法确定指标权重。下面说明如何使用模糊互补判断矩阵法确定指标权重[59]。

模糊互补判断矩阵法与层次分析法的思路基本相同，即都是通过两两比较不同指标的相对重要性来构造偏好信息矩阵(判断矩阵)，同时应用一定的算法计算得到指标权重。二者的差别是在构造判断矩阵时，层次分析法通常使用1～9及其倒数来表示不同指标的相对重要性，而模糊互补判断矩阵法则使用[0，1]中的实数表示指标的相对重要性，由于指标间的相对重要性本身就是一个模糊的概念，因此使用模糊互补判断矩阵法更为适当。

设有 n 个指标 x_1，x_2，…，x_n，对其进行两两比较得到判断矩阵 $\boldsymbol{P}=(p_{ij})_{n\times n}$，$p_{ij}$表示 x_i 相对于 x_j 的重要性，$p_{ij}\in[0, 1]$，若：

$p_{ij}=0.5$，表示 x_i 和 x_j 的重要性相当；

$0.5<p_{ij}\leqslant 1$，表示 x_i 相对于 x_j 更重要；

$0\leqslant p_{ij}<0.5$，表示 x_i 相对于 x_j 不重要。

如果满足下列条件

$$p_{ij} = 0.5,\quad i = 1,2,\cdots,n$$

$$p_{ij} + p_{ji} = 1,\quad i,j = 1,2,\cdots,n$$

则矩阵

$$\boldsymbol{P} = (p_{ij})_{n\times n}\quad (p_{ij} \in [0,1])$$

被称为模糊互补判断矩阵。

通过一定的算法可以将模糊互补判断矩阵 $\boldsymbol{P}$ 映射为一个 n 维正矢量 $\boldsymbol{\Omega}=(\omega_1,\ \omega_2,\ \cdots,\ \omega_n)$，$\omega_i>0$，$i=1,\ 2,\ \cdots,\ n$，$\sum\limits_{i=1}^{n}\omega_i=1$，我们把 $\boldsymbol{\Omega}$ 称为 $\boldsymbol{p}$ 的排序矢量。下面说明求 $\boldsymbol{\Omega}$ 的

特征矢量法。

求解模糊互补判断矩阵排序矢量的特征矢量法的基本思路是先将模糊互补判断矩阵转化为互反判断矩阵（指满足以下条件的矩阵 $\boldsymbol{A}=(a_{ij})_{n\times n}$：$a_{ii}=1$，$a_{ij}\times a_{ji}=1$，$(i, j=1, 2, \cdots, n)$，然后用迭代方法求解转换后矩阵最大特征根对应的特征矢量，以此作为排序矢量。具体算法如下。

步骤1：对于模糊互补判断矩阵 $\boldsymbol{P}=(p_{ij})_{n\times n}$，通过下式转换为矩阵

$$\boldsymbol{H} = (h_{ij})_{n\times n}$$

$$h_{ij} = \frac{p_{ij}}{p_{ji}}, \quad i,j = 1,2,\cdots,n$$

步骤2：任取初始排序矢量 $\boldsymbol{\Omega}(0)=[\omega_1(0), \omega_2(0), \cdots, \omega_n(0)]$，给定迭代精度 ε，令 $k=0$；

步骤3：计算

$$q_0 = \max\{\omega_1(0),\omega_2(0),\cdots,\omega_n(0)\}$$

$$\overline{\boldsymbol{\Omega}}(0) = \frac{\boldsymbol{\Omega}(0)}{q_0}$$

步骤4：迭代计算

$$\boldsymbol{\Omega}(k+1)^{\mathrm{T}} = \boldsymbol{H}\overline{\boldsymbol{\Omega}}(k)^{\mathrm{T}}$$

$$q_{k+1} = \max\{\omega_1(k+1),\omega_2(k+1),\cdots,\omega_n(k+1)\}$$

$$\overline{\boldsymbol{\Omega}}(k+1) = \frac{\boldsymbol{\Omega}(k+1)}{q_{k+1}}$$

步骤5：若 $|q_{k+1}-q_k|<\varepsilon$，则进入下一步，否则，令 $k=k+1$，转入步骤4；

步骤6：将 $\overline{\boldsymbol{\Omega}}(k+1)$ 归一化即得排序矢量，即

$$\boldsymbol{\Omega} = \frac{\overline{\boldsymbol{\Omega}}(k+1)}{\sum_{j=1}^{n}\overline{\omega}_j(k+1)}$$

为了确保排序矢量的可信度和准确性，需要对判断矩阵进行一致性检验，可使用如下公式

$$CR = \frac{CI}{RI}$$

其中

$$CI = \frac{1}{n(n-1)}\sum_{1\leqslant i<f\leqslant n}\left(\frac{p_{ij}\omega_j}{p_{ji}\omega_i} + \frac{p_{ji}\omega_i}{p_{ij}\omega_j} - 2\right)$$

RI 为平均随机一致性指标，其取值见表6-4。

表6-4　平均随机一致性指标值

n	1	2	3	4	5	6	7	8	9
RI	0	0	0.58	0.90	1.12	1.24	1.32	1.41	1.45

若 $CR<0.1$，则称相应的模糊互补判断矩阵式一致性是可接受的，否则，需要对模糊

互补判断矩阵进行调整。

(4)变异系数法

变异系数方法是指根据各个评价指标数值的变异程度来确定评价指标的权数值的方法[60]。综合评价是通过多项指标来进行的。如果某项指标的数值能明确区分开各个被评对象的差异，说明该指标在这项评价上的分辨信息丰富，因而应给该指标以较大的权数；反之，若各个被评价对象在某指标上的数值差异较小，那么这项指标区分开各被评价对象的能力较弱，因而应给该指标以较小的权数。极端地，如果某项指标在各被评价对象之间根本没有差异，那么在这项评价中就无法排列出各被评价对象的优劣，因而理应给出这项指标赋予零权或者从确定的评价指标体系中剔除。基于上述认识，可根据各指标的变异信息量的大小来确定权数。在统计学中描述评价指标的变异信息量的指标较多，比如极差、平均差、方差、变异系数等，最为常用的是方差，但由于各指标量纲和数量级是不同的，使得各指标的方差不具有可比性，因此，应选用可比的各指标的变异系数，将各指标的变异系数作归一化处理就可得到各指标的权数。

该方法的基本步骤如下。

设有 n 个被评对象，且被评对象由 p 个指标 x_1，x_2，…，x_p 来描述。先求出各指标的均值$\overline{x_i}$和方差 S_i^2

$$x_i = \frac{1}{n}\sum_{j-1}^{n} \overline{x_{ji}}$$

$$S_i^2 = \frac{1}{n-1}\sum_{j-1}^{n} (x_{ij} - \overline{x_i})^2$$

式中 x_{ji}——第 j 个被评价对象在第 i 项指标上的取值。

则各指标的变异系数 v_i 为

$$v_i = S_i / \overline{x_i} \quad (i = 1,2,\cdots,p)$$

对 v_i 作归一化处理，便可得各指标的权数

$$v_i = \frac{v_i}{\sum_{j=1}^{p} v_i} \quad (i = 1,2,\cdots,p)$$

(5)熵值法

①熵值法的概念[61]

熵值法是指根据熵值的原理和计算公式来确定指标的重要性权数的方法。熵最初是根据热力学第二定律引出的一个反映自发过程不可逆性的物理状态参量。物理学上指热能除以温度所得的商，标志热量转化为功的程度；科学技术上泛指某些物质系统状态的一种量度，某些物质系统状态可能出现的程度；社会科学中用以借喻人类社会某些状态的程度；在信息论中，熵表示不确定性的量度。信息量越大，不确定性越小，熵也就越小；信息量越小，不确定性越大，熵也就越大。在克劳修斯看来，在一个系统中，如果听任它自然发展，那么，能量差总是倾向于消除的。让一个热物体与一个冷物体接触，热就会以下面所

说的方式流动：热物体将冷却，冷物体将变热，直到两个物体达到相同的温度为止。如果把两个水库连接起来，并且其中一个水库的水平面高于另一个水库，那么，万有引力就会使一个水库的水面降低，而使另一个水面升高，直到两个水库的水面均等，而势能也取平为止。

因此，克劳修斯说，自然界中存在一个普遍规律：能量密度的差异倾向于变成均等。换句话说，熵将随着时间而增大。

根据熵的特性，我们可以通过计算熵值来判断一个事件的随机性及无序程度，也可以用熵值来判断某个指标的离散程度，指标的离散程度越大，对综合评价的影响越大。

我们已经介绍，用变异系数法给指标赋权时，是根据各指标包含的分辨被评价对象信息量的大小来确定的。如果某指标值在各被评价对象之间的差异较大，其分辨能力就较强，包含的信息量也就较多，它在综合评价中所起的作用也就越大，其权数也应较大。反之，其权数就应较小。根据上述熵值的定义我们也可以使用其来进行权数的确定。

②熵值法确定指标权数的步骤

用熵值法确定指标权数的步骤是：

1）指标的"同趋势化"。当正向、逆向和适度指标并存时，应先将逆向指标、适度指标正向化。

2）对指标实际值按比重法转换成评价值，公式为

$$b_{ij} = \frac{X_{ij}}{\sum_{i=1}^{n} X_{ij}}$$

式中　X_{ij}——第 i 个评价对象的第 j 项指标；

　　n——被评价对象的个数。

3）计算第 j 项指标的熵值 e_j

$$e_j = -K\sum_{i=1}^{n} b_{ij} I_n b_{ij}$$

其中　$K>0$，$e_j>0$。

4）判断及差异系数的计算。计算指标 X_j 的差异系数 $d_j = 1 - e_j$。如果指标 X_j 在各被评价对象间的数值 X_{ij} 的差异越小，则 e_j 越大。极端地，当指标 X_j 在各被评价对象之间根本没有差异，即 X_{ij} 全相等时，则 e_j 最大为 1，相应地，差异系数 $d_j=0$，这说明 X_j 此时指标在综合评价中毫无作用。反之，如果 X_{ij} 的差异越大，则 e_j 越小，差异系数 d_j 越大，X_j 对综合评价的贡献也就越大。基于上述分析，可以对差异系数 d_j 作归一化处理，从而获得指标的权数。

5）指标 X_j 的全数 W_j，按如下公式获得

$$w_j = \frac{d_j}{\sum_{i=1}^{p} d_i} \quad (j = 1,2,\cdots,p)$$

式中　p——评价指标个数。

(6)坎蒂雷赋权法

坎蒂雷赋权法假设指标 x_i 的权数 W_i 与 X_i 与综合指标 $y(y=\sum w_i x_i)$ 之间的相关系数 $\mathrm{cor}(x_i, y)$ 是成比例的，即 $W_i \propto \mathrm{cor}(x_i, y)$[62]。因此对一个与综合指标 y 高度相关的指标应赋予一个较大的权数，反之赋予较小的权数。根据这一假设，坎蒂雷提出：指标(x_1，x_2，…，x_p)的权数是矩阵 $\boldsymbol{RS}$ 的最大特征根所对应的特征矢量 $\boldsymbol{W}$(其中 $\boldsymbol{R}$ 为 p 个指标的相关系数矩阵，$\boldsymbol{S}$ 为由指标标准差所组成的对角矩阵)。将 $\boldsymbol{W}$ 做归一化处理，即可求得各指标的归一化权数。

坎蒂雷赋权法是充分根据原始数据所提供的信息来确定各指标权数的。原始数据包含的信息有两种：一种是各指标变异程度上的差异信息，这种信息通过各指标的标准差或者变异系数的大小反映出来；另一种是各指标间相互影响程度上的差异，这部分信息包含着各指标所构成的相关系矩阵。前面介绍的变异系数法和熵值法只利用了第一种信息，而坎蒂雷赋权法是通过求矩阵 $\boldsymbol{RS}$ 的最大特征根所对应特征矢量来确定指标权数的，指标 $\boldsymbol{R}$ 包含了各指标间的相互影响，$\boldsymbol{S}$ 反映的是各指标的变异程度。因此 $\boldsymbol{RS}$ 包含了原始数据提供的两种信息。所以坎蒂雷赋权法是一种比变异系数法、熵值法更合理的赋权方法。

除以上介绍的权重确定方法以外，还有主成分分析法等大量的其他方法，但由于在产业成熟度中的适用性不高，这里不再赘述。

6.2.2 常用的综合评价方法

如上文所述，基于检查单的产业成熟度评价，实际上是一种基于群体判断的多指标综合评价问题。综合评价的目的，是对被评价事物做出整体性评价，即要将多个描述被评价事物不同侧面的指标评价值加以综合而形成一个新的综合指标。进行多指标综合的数学方法有多种，可分为线性综合法、几何综合法、混合综合法、模型综合法，其中前三类又称常规综合法，模型综合法又称数学综合法。这里选取了线性综合法、几何综合法等常规综合方法和基于 GIOWA 算子的多属性群体评价方法、模糊综合评价方法等模型综合方法，做简要介绍。

(1)线性综合法

线性综合法指将各指标评价值代数求和，进而得出综合结果。如上文所述，由于不同指标对被评对象的影响水平不同，因此，通常以加权求和计算综合评价值。故线性综合方法的基本公式为[63]

$$z = \sum_{i=1}^{p} w_i x_i$$

式中 z——被评对象的综合评价值；

w_i——第 i 个指标的权重；

x_i——第 i 个指标的评价值；

p——指标个数。

此外，当各指标的权数相同，即都为 $1/p$ 时，线性综合方法的公式为

$$z = \frac{1}{p}\sum_{i=1}^{p} x_i$$

线性综合法实际上是采用算术平均数的方法进行指标数据的汇总，由于简单、易操作，因此其是最常用的综合方法之一。

(2)几何综合法

几何综合法是指采用几何评价数的方法，对各指标的值进行综合评价[38]。

几何评价数的基本公式为

$$z = \prod_{i=1}^{p} x_i^{wi}$$

式中 z——被评对象的综合评价值；

w_i——第 i 个指标的权重；

x_i——第 i 个指标的评价值；

p——指标个数。

此外，当各评价指标权数相同，且都为$\frac{1}{p}$时，几何平均数的公式为

$$z = \left(\prod_{i=1}^{p} x_i\right)^{\frac{1}{p}}$$

上式中的综合评价值 z 其实就是各评价指标值 x_i的几何平均数。

根据上述几何平均数的基本公式和特殊情况，几何综合法的类型相应地可以分为加权几何综合法和简单几何综合法两种形式。

(3)基于 GIOWA 算子的多属性群体评价方法

产业成熟度评价需要集成领域专家的智慧，从多个方面(属性)对产业发展的成熟状况进行判断，是典型的多属性群体评价问题。为减少主观因素的影响，在能够获取定量指标的前提下，应尽可能采用定量指标，同时由于产业发展成熟与否本身就是一个模糊的概念，因此，我们考虑使用基于模糊集的多属性群体评价方法。同时由于产业成熟度评价往往面临数据匮乏，需要以定性方法为主的问题，我们选择使用属性值为语言值的多属性评价方法，下面将说明基于 GIOWA 算子(广义导出有序加权平均算子)的多属性群体评价方法[64]。

称如下算子为 GIOWA 算子

$$\mathrm{GIOWA}_{\boldsymbol{\Omega}}(\langle \xi_1,\pi_1,\alpha_1\rangle,\langle \xi_2,\pi_2,\alpha_2\rangle,\cdots,\langle \xi_n,\pi_n,\alpha_n\rangle) = \sum_{j=1}^{n}\omega_j b_j$$

式中，$\boldsymbol{\Omega}=(\omega_1, \omega_2, \cdots, \omega_n)$是与 $\mathrm{GIOWA}_{\boldsymbol{\Omega}}$ 相关联的加权矢量，$\omega_j \in [0, 1]$，$j=1, 2, \cdots, n$，$\sum_{j=1}^{n}\omega_j = 1$。$\langle \xi_i, \pi_i, \alpha_i\rangle$——一个三元数据，可以分别理解为语言属性值、属性、对属性值的一种数值表示(如实数、区间数、三角模糊数等)。b_j 是 ξ_i $(i=1, 2, \cdots, n)$中第 j 大的元素所对应的三元数据中的第 3 个分量，即 b_j 可以通过下述方法获得：首先对数据组中所有的三元数据按其第 1 个分量 ξ_i 的大小进行排序，然后取 b_j 为排在第 j 个位置上的三元数据中的第 3 个分量。

GIOWA 算子中数据$\langle \xi_i, \pi_i, \alpha_i \rangle$与$\omega_i$没有任何联系，$\omega_i$只与集结过程中顺序的第$i$个位置有关，可以考虑通过如下方法确定加权矢量$\boldsymbol{\Omega}=(\boldsymbol{\omega}_1, \boldsymbol{\omega}_2, \cdots, \boldsymbol{\omega}_n)$
定义

$$\omega'_i = \frac{1}{\sqrt{2\pi\sigma_n}} e^{-(i-\mu_n)^2/2\sigma_n^2}, \quad i = 1,2,\cdots,n$$

其中

$$\mu_n = \frac{(1+n)}{2}$$

$$\sigma_n = \sqrt{\frac{1}{n}\sum_{i=1}^{n}(i-\mu_n)^2}$$

则

$$\omega_i = \frac{\omega'_i}{\sum_{j=i}^{n}\omega_j'} = \frac{e^{-(i-\mu_n)^2/2\sigma_n^2}}{\sum_{j=1}^{n} e^{-(j-\mu_n)^2/2\sigma_n^2}}, \quad i = 1,2,\cdots,n$$

加权矢量$\boldsymbol{\Omega}$的设置没有统一的约定，其本身反映的是面向特定问题的决策规则，有时为了简便，也可将$\boldsymbol{\Omega}$设为$\boldsymbol{\Omega}=\left(\frac{1}{n}, \frac{1}{n}, \cdots, \frac{1}{n}\right)$。

设$\hat{\boldsymbol{a}}=[a^L, a^M, a^U]$，其中$0<a^L \leqslant a^M \leqslant a^U$，称$a$为一个三角模糊数，其隶属函数可表示为

$$\mu_{\hat{a}}(x) = \begin{cases} (x-a^L)/(a^M-a^L) & a^L \leqslant x \leqslant a^M \\ (x-a^U)/(a^M-a^U) & a^M \leqslant x \leqslant a^U \\ 0 & \text{其他} \end{cases}$$

有关三角模糊数的两种运算为

$$\hat{\boldsymbol{a}} + \hat{\boldsymbol{a}} = [a^L, a^M, a^U] + [b^L, b^M, b^U] = [a^L + b^L, a^M + b^M, a^U + b^U]$$
$$\beta\hat{\boldsymbol{a}} = [\beta a^L, \beta a^M, \beta a^U], \beta \geqslant 0$$

如果有

$$a^L < a^L, a^M < b^M, a^U < b^U$$

则有

$$\hat{\boldsymbol{a}} < \hat{\boldsymbol{b}}$$

对一个多属性群体决策问题，设$\boldsymbol{X}$，$\boldsymbol{U}$，$\boldsymbol{D}$分别为评价对象集、属性集（指标集）和评价者集。则基于 GIOWA 算子的多属性群体决策方法的步骤如下。

步骤 1：评价者$d_k \in \boldsymbol{D}(K=1, 2, \cdots, t)$给出评价对象$x_i \in \boldsymbol{X}(i=1, 2, \cdots, n)$在属性$u_j \in \boldsymbol{U}(j=1, 2, \cdots, m)$下的语言评价值$r_{ij}^{(k)}$，并得到评价矩阵$\boldsymbol{R}^{(k)}=[r_{ij}^{(k)}]_{n\times m}$且$r_{ij}^{(k)} \in \boldsymbol{S}=$｛极差，很差，差，较差，一般，较好，好，很好，极好｝（称为语言标度）。与该语言标度相对应的三角模糊数表达式为

极差 = [0, 0.1, 0.2]
很差 = [0.1, 0.2, 0.3]
差 = [0.2, 0.3, 0.4]
较差 = [0.3, 0.4, 0.5]
一般 = [0.4, 0.5, 0.6]
较好 = [0.5, 0.6, 0.7]
好 = [0.6, 0.7, 0.8]
很好 = [0.7, 0.8, 0.9]
极好 = [0.8, 0.9, 1]

根据三角模糊数的运算规则，显然有

极差 < 很差 < 差 < 较差 < 一般 < 较好 < 好 < 很好 < 极好

步骤 2：利用 GIOWA 算子对评价矩阵 $\boldsymbol{R}^{(K)}$ 第 i 行的语言评价信息进行集结，得到评价者 d_k 对评价对象 x_i 的综合评价值 $z_i^{(k)}(\boldsymbol{\Omega})$（$i=1, 2, \cdots, n, k=1, 2, \cdots, t$）

$$
\begin{aligned}
z_i^{(k)}(\boldsymbol{\Omega}) &= \mathrm{GIOWA}_{\boldsymbol{\Omega}}(\langle r_i^{(k)}1, u_1, \alpha_i^{(k)}1\rangle, \langle r_i^{(k)}2, u_2, \alpha_i^{(k)}2\rangle, \cdots, \langle r_i^{(k)}m, u_m, \alpha_i^{(k)}m\rangle) \\
&= \sum_{j=1}^{m} \omega_j b_{ij}^{(k)}
\end{aligned}
$$

式中，$r_{ij}^{(k)} \in \boldsymbol{S}$，$u_j \in \boldsymbol{U}$，$\alpha_{ij}^{(k)}$ 是 $r_{ij}^{(k)}$ 对应的三角模糊数，ω_j 是加权矢量，$b_{ij}^{(k)}$ 是 $r_{il}^{(k)}$（$l=1, 2, \cdots, m$）中第 j 大的元素所对应的三元数据中的第 3 个分量。

步骤 3：利用 GIOWA 算子对 t 位评价者给出的评价对象 x_i 的综合评价值 $z_i^{(k)}(\boldsymbol{\Omega})$ 进行集结，从而得到评价对象 x_i 的群体综合评价值 $z_i(\boldsymbol{\Omega}')$。

$$
\begin{aligned}
z_i(\boldsymbol{\Omega}') &= \mathrm{GIOWA}_{\boldsymbol{\Omega}}(\langle z_i^{(1)}(\boldsymbol{\Omega}), d_2, \alpha_i^{(1)}\rangle, \langle z_i^{(2)}(\boldsymbol{\Omega}), d_2, \alpha_i^{(2)}\rangle, \cdots, \langle z_i^{(t)}(\boldsymbol{\Omega}), d_t, \alpha_i^{(t)}\rangle) \\
&= \sum_{k=1}^{t} \omega'_k b_i^{(k)}
\end{aligned}
$$

式中 $z_i^{(k)}(\boldsymbol{\Omega}) \in \boldsymbol{S}$，$d_k \in \boldsymbol{D}$，$\alpha_i^{(k)}$ 是与 $z_i^{(k)}(\boldsymbol{\Omega})$ 对应的三角模糊数，$\Omega' = (\omega'_1, \omega'_2, \cdots, \omega'_n)$ 是加权矢量，$b_i^{(k)}$ 是 $z_i^{(l)}(\boldsymbol{\Omega})$（$l=1, 2, \cdots, t$）中第 k 大元素所对应的三元数据中的第 3 个分量。

步骤 4：利用 $z_i(\boldsymbol{\Omega}')$（$i=1, 2, \cdots, n$）可以对所有评价对象的评价结果进行排序和择优。此时，若假设评价对象 x_i 是某个大系统 E 的一部分或分系统，则可以进一步地应用 GIOWA 算子对子系统 x_i 的综合评价值 $z_i(\boldsymbol{\Omega}')$ 进行集结，从而得到大系统 E 的综合评价值 $z(\boldsymbol{\Omega}'')$

$$
\begin{aligned}
z(\boldsymbol{\Omega}'') &= \mathrm{GIOWA}_{\boldsymbol{\Omega}'}(\langle z_1(\boldsymbol{\Omega}'), x_1, \alpha_1\rangle, \langle z_2(\boldsymbol{\Omega}'), x_2, \alpha_2\rangle, \cdots, \langle z_n(\boldsymbol{\Omega}'), x_n, \alpha_n\rangle) \\
&= \sum_{v=1}^{m} \omega''_v b_v
\end{aligned}
$$

式中，$z_i(\boldsymbol{\Omega}') \in \boldsymbol{S}$，$x_i \in \boldsymbol{X}$，$a_i$ 是与 $z_i(\boldsymbol{\Omega}')$ 对应的三角模糊数，$\boldsymbol{\Omega}'' = (\omega''_1, \omega''_2, \cdots, \omega''_n)$ 是加权矢量，b_i 是 $z_v(\boldsymbol{\Omega}')$（$v=1, 2, \cdots, n$）中第 i 大元素所对应的三元数据中的第 3 个分量。至此，整个评价过程全部完成，在上述各步的集结过程中，应当也可以按照正常的加

权和的过程进行集结。

(4)模糊综合评价方法

综合评价是指综合考虑受多种因素影响的事物或系统，对其进行整体性评价，当评价因素具有模糊性时就称为模糊综合评价。模糊综合评价法类似于常见的综合评价方法，区别在于常见的综合评价方法使用的是指标值矩阵，而模糊综合评价法使用的是模糊判断矩阵。设 $\boldsymbol{X}$，$\boldsymbol{U}$，$\boldsymbol{D}$ 分别为评价对象、属性集(指标集)和评价者集。则模糊综合评价法的步骤如下[65]。

首先考虑单层因素综合评价。

步骤1：设评价语言标度集 $\boldsymbol{S}=\{s_1, s_2, \cdots, s_n\}$，对 X 的第 i 个属性 $u_i \in \boldsymbol{U}$ $(i=1, 2, \cdots, m)$进行评价，确定评价对象 X 在属性 u_i上对评价 s_j的隶属度 r_{ij}，从而得到 X 在 u_i 上的评价集 $\boldsymbol{r}_i=(r_{i1}, r_{i2}, \cdots, r_{in})$，它是 $\boldsymbol{S}$ 上的模糊集。设评价者 $d_k \in \boldsymbol{D}$ 对应的权重为 $\varphi_k \in \boldsymbol{\Phi}$，$\varphi_k>0$，$k=1, 2, \cdots, t$，$\sum_{k=1}^{t}\varphi_k=1$，引入变量 $p_{ij}^{(k)}$，令

$$p_{ij}^{(k)} = \begin{cases} 1 & d_k \text{ 对 } x \text{ 在属性 } u_i \text{ 上的评价为 } s_j \\ 0 & d_k \text{ 对 } x \text{ 在属性 } u_i \text{ 上的评价为 } s_j \end{cases}$$

显然有

$$\sum_{j=1}^{n} p_{ij}^{(k)} = 1$$

令

$$\underline{\varphi} = \min\{\varphi_1, \varphi_2, \cdots, \varphi_k\}$$

$$\boldsymbol{\Phi} = \frac{\boldsymbol{\Phi}}{\underline{\boldsymbol{\Phi}}}$$

则 r_{ij}可以表示为

$$r_{ij} = \frac{\sum_{k=1}^{t} p_{ij}^{(k)} \varphi'_k}{\sum_{k=1}^{t} \varphi'_k}$$

步骤2：构造评价矩阵 $\boldsymbol{R}=(r_{ij})_{m\times n}$，并确定属性集 $\boldsymbol{U}$ 中各元素的权重，得到属性集的权重矢量 $\boldsymbol{\Omega}=(\omega_1, \omega_2, \cdots, \omega_m)$。

步骤3：根据评价矩阵 $\boldsymbol{R}$ 和权重矢量 $\boldsymbol{\Omega}$，得到模糊综合评价集

$$\boldsymbol{B} = \boldsymbol{\Omega}'\boldsymbol{R} = (b_1, b_2, \cdots, b_n)$$

步骤4：根据最大隶属度原则，选择模糊综合评价集 $\boldsymbol{B}=(b_1, b_2, \cdots, b_n)$中最大的分量所对应的评价作为综合评价的结果。

下面考虑多层因素的综合评价。

假定属性共分 V 层，设第 K 层共有 n_k个属性$\{u_1^k, u_2^k, \cdots, u_{n_k}^k\}$，$u_i^k$ 下共有 n_i 个属性$\{u_{i1}^{k+2}, u_{i2}^{k+1}, \cdots, u_{in_i}^{k+1}\}$，可据之构造评价矩阵 $\boldsymbol{R}_1^{k+1}$，其相应的权重为 $\boldsymbol{\Omega}_1^{k+1}=\{\boldsymbol{\omega}_{i1}^{k+1}, \boldsymbol{\omega}_{i2}^{k+2}, \cdots, w_{in_i}^{k+1}\}$，则 u_i^k 的综合评价集可以表示为

$$B_i^k = \boldsymbol{\Omega}_i^{k+1} R_i^{k+1}, \quad i = 1, 2, \cdots, n_k$$

据此，可以得到第 K 层属性的评价矩阵 $\boldsymbol{R}_i^k$，这样依序计算即可得到多层因素的综合评价结果。

基于 GIOWA 算子的评价方法的优势是为集结不同专家对复杂系统的评价意见提供了一个完善的理论框架，其缺陷是加权矢量的确定没有统一适用的方法，且不同的加权矢量可能会产生不同的评价结果；模糊综合评价的优势是易于理解，简单易行，但缺陷是对一些复杂的群体评价问题缺乏如何集结群体意见的方法。

6.3　基于 GIOWA 算子综合评价方法的产业成熟度评价案例

本节主要通过我国卫星通信和广播产业的成熟度评价案例，简要说明采用 GIOWA 算法的产业成熟度的评价方法。首先，提供了在开展产业成熟度评价过程中，主要承研单位实际完成的产业成熟度评价检查单案例；根据评价检查单采用 GIOWA 算子得出了技术成熟度、制造成熟度的等级，并综合得出了产品成熟度的评价等级；采用模糊互补判断矩阵方法得出了市场成熟度的指标权重，进而计算得出了市场成熟度等级。最后，根据技术成熟度、制造成熟度、产品成熟度、市场成熟度的等级，综合得出我国卫星通信和广播产业成熟度等级。

6.3.1　卫星通信和广播产业成熟度的评价检查单

在领域自评价阶段，主要承研单位的专家对我国卫星通信和广播产业进行产业成熟度评价，表 6－5 为其中某专家的自评情况；在综合评价阶段，8 位研究人员分别填写了评价表单对我国卫星通信和广播产业进行产业成熟度评价。通过 GIOWA 算子获得评审专家的模糊综合评价结果，作为对自评价结果的评审和校对，最后输出成熟度结果和产业发展建议。

表 6－5　卫星通讯和广播产业成熟度评价检查单①

重点产业方向名称	卫星通信广播产业
重大突破性技术名称	宽带多媒体卫星通信及新一代卫星移动通信技术
所属产业领域	□ 节能环保　新一代信息技术　□ 生物　■ 高端装备制造 □ 新能源　□ 新材料　□ 节能与新能源汽车
重点产业发展方向简介	卫星通信是指地球上（地面和低层大气）利用卫星作为中继而进行的无线电通信。卫星通信具有通信范围大、可靠性高、开通电路迅速、多址通信的特点，可作为陆地移动通信的扩展、延伸、补充和备用，尤其适用于应急通信、特殊区域覆盖、军事等方面。经过 40 多年的发展，我国通信卫星广播产业已经具备独立研制大容量通信卫星的能力，形成了卫星资源较充足的卫星固定通信业务空间段，建成了一定规模的、能够满足各种业务需求的卫星通信网和卫星广播电视传输网。目前，我国已经形成的业务涉及固定、中继和直播，覆盖 S、C、Ku、Ka 的通信卫星系列，成为国际上少数几个能够独立研制大容量通信卫星的国家。从研发、制造、系统维护到服务提供，卫星

① 本案例作为产业成熟度评价示范，相关数据供参考。

续表

重点产业发展方向简介		通信产业链聚集了一批高科技公司和高素质人才，在通信卫星平台和固定通信载荷、VSAT系统设备、卫星核心元器件等方面已经有相当的技术积累和产业化经验。 卫星通信系统由卫星端、地面端和用户端组成。宽带多媒体卫星通信及新一代卫星移动通信技术和空间光通信组网技术，是我国卫星通信产业的关键核心技术。我国自主发展了三代东方红系列通信卫星平台，研制了20多颗固定业务通信广播卫星系统。东方红-4卫星平台的研制成功，不仅一举扭转了我国通信卫星长期依赖进口的状况，更是开启了国际商业通信卫星市场大门。截至2012年底，我国持有VSAT卫星通信业务经营许可证的单位共计41家，包括3大运营商和38家增值业务运营商，其中，民营控股企业占52%，包括3大运营商在内真正开展业务的有33家企业，半数能够实现盈利。卫星广播主要包括卫星直播电视、卫星音频广播等方面，主要设备有电视机顶盒、卫星天线等。根据络达咨询发布的《中国直播卫星产业发展现状及投资分析报告》数据显示，预计2015年，我国卫星数字电视平台市场规模将达到16 590万户。卫星数字机顶盒市场规模可达7 290万台。产业规模突破百亿元，为国民经济建设发挥了重要的支撑和保障作用
技术成熟度评价	重大突破性技术的技术现状	目前，我国已经具备了独立研制大容量通信卫星的能力，我国通信卫星领域从国内走向国际。在卫星通信领域，通过东方红-4卫星平台的成功研制，我国自主创新掌握了多项关键技术，形成了一批具有自主知识产权的智力成果，促进了中国航天技术的跨越发展，同时带动了相关部件、元器件、原材料等基础行业的技术进步和产品升级。我国尚无宽带、移动、多媒体广播通信卫星在轨运行；而空间光通信实现激光终端与地面光通信终端互联，形成星地激光链路，以生产样机为载体通过了使用环境的验证和试用。同时，各种面向移动和宽带等个人业务的先进通信卫星，以及更高性能的卫星平台正在开展研制，这将在未来把我国通信卫星的研制水平提升到一个新的高度。 我国卫星广播技术已达到一定的技术水平，但在卫星通信广播的产品类型、性能和应用水平等方面均与世界先进水平有较大差距，如宽带通信卫星、移动通信/广播卫星、低轨移动通信卫星系统等的研制和技术水平，星上关键器件仍需大量依赖国外进口，地面应用技术的开发水平和规模一直未得到应有的重视等
	当前TRL级别	根据技术成熟度评价参考准则，评价该项重大突破性技术的TRL级别(1~9) TRL __8__
制造成熟度评价	重大突破性技术的制造现状	目前，我国在研制通信卫星在Ku和C频段转发器方面的承载技术已经具有向空间规模化投放转发器的能力，具备了年出产5颗大型通信卫星、10星并行研制的常态研制能力。我国卫星广播产业现阶段已经达到一定的技术水平，但在卫星通信广播的产品类型、性能和应用水平等方面均与世界先进水平有较大差距，如宽带通信卫星、移动通信/广播卫星、低轨移动通信卫星系统等的研制和技术水平，星上关键器件仍需大量依赖国外进口，地面应用技术的开发水平和规模一直未得到应有的重视等。另外，我国目前尚无宽带、移动、多媒体广播通信卫星在轨运行；空间光通信卫星制造将进入LRIP状态。 制造环节也存在若干问题。已成熟产品的制造周期过长，研制产品转化为成熟产品的周期也过长，卫星产业的制造应该含卫星部分和地面应用部分，对地面应用部分的长期不重视是已发射卫星产品应用效能不高及发展后劲不足的重要原因之一
	当前MRL级别	根据制造成熟度评价参考准则，评价该项重大突破性技术的MRL级别(1~10) MRL __8__

续表

<table>
<tr><td rowspan="9">市场成熟度评价</td><td>市场现状</td><td colspan="2">2010—2013 年间，我国有 5 颗采用东方红 -4 卫星平台的民/商用通信卫星成功发射，且全部功能正常，在轨性能稳定。截至 2012 年底，我国持有 VSAT 卫星通信业务经营许可证的单位共计 41 家，包括 3 大运营商和 38 家增值业务运营商截。至 2013 年底，共有 7 颗采用东方红 -4 卫星平台的民/商用通信卫星在轨，覆盖亚洲、非洲中西部及南部、南美洲、覆盖全球约 58% 的陆地面积和 80% 的人口，提供电视转播、通信广播服务。截至 2013 年，中国卫星通信产业市场规模突破 500 亿，2015 年全球覆盖面积提高至 80%，人口提高至 92%，增长势头良好，同时随着国家实力的增强和经济活动遍布全球，国际需求亦迅猛增加，未来我国卫星制造业市场前景良好，市场潜力巨大</td></tr>
<tr><td rowspan="2">市场规模</td><td>市场收入</td><td>□ 前期投入大，市场收入规模低(MML1)
■ 收入规模增加，实现盈利(MML2)
□ 收入利润规模稳定(MML3)</td></tr>
<tr><td>从业人员</td><td>■ 以研发人员为主，但生产和销售人员开始增加(MML1)
□ 以生产和销售人员为主，生产销售人员大幅增加(MML2)
□ 从业人员数量和结构趋于稳定(MML3)</td></tr>
<tr><td rowspan="2">市场结构</td><td>产业集中度</td><td>□ 产品处于导入阶段，产品生产销售只集中在少数企业(MML1)
■ 从事产品生产销售的企业数量大幅增加，产业集中度较低(MML2)
□ 产业经过并购整合调整，形成了以少数规模大实力强的企业为龙头完整的产业链(MML3)</td></tr>
<tr><td>市场占有率</td><td>□ 产品商业应用示范，占有率较低(MML1)
■ 大规模商业化应用，占有率快速增长(MML2)
□ 市场供需平衡，占有率高且趋于平稳(MML3)</td></tr>
<tr><td rowspan="2">市场潜力</td><td>产品竞争力</td><td>□ 产品预期具有较强的竞争力(MML1)
□ 产品竞争力优势显现(MML2)
■ 产品竞争力优势明显(MML3)</td></tr>
<tr><td>进入壁垒</td><td>■ 少数企业掌握核心技术，技术壁垒高(MML1)
□ 核心技术大规模应用，技术壁垒降低(MML2)
□ 产业规模经济效应显现，进入壁垒高(MML3)</td></tr>
<tr><td>时序预测年</td><td colspan="3">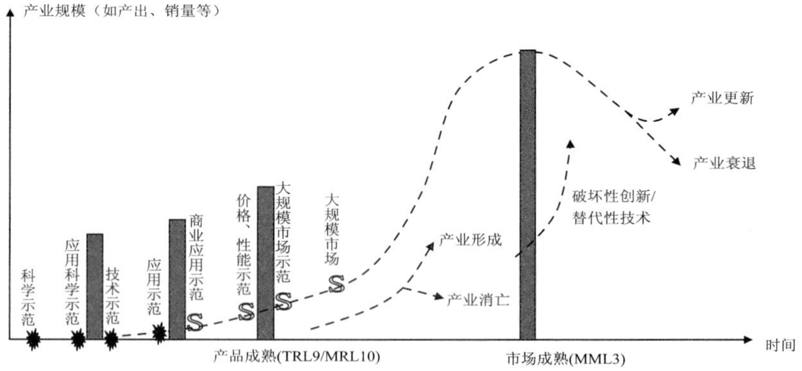

1)预测“十三五”时期末(2020 年)技术、制造、市场的成熟等级
技术成熟度(TRL1 ~9)：<u>9</u>
制造成熟度(MRL1 ~10)：<u>10</u>
市场成熟度(MML1 ~3)：<u>3</u></td></tr>
</table>

续表

时序预测年	2)预测技术、制造、市场完全成熟的时间点 技术完全成熟(TRL9)：__2019__年 制造完全成熟(MRL10)：__2020__年 市场完全成熟(MML3)：__2024__年
培育与发展建议	1)从国家公益和商业应用两个方向加强应用的顶层规划和设计，规划要以应用部分的实际需求为主线。 2)根据顶层规划和新技术的发展趋势，安排前瞻性关键技术和器件预研。 3)支持基础性技术和关键部件的自主研发，迅速提高原创技术在产品中的比重；整星类型的科研应以目标用户为主体组织实施，以保证试验效果和后续星的应用推广。 4)强化以客户为中心的业务服务体系。 5)有效减少制约卫星通信服务市场的政策法规因素，降低市场准入和用户使用限制条件；吸引民间资本，利用民营企业在高端制造领域可以比较自由通畅地与国际同行交流的便利性和灵活性，提高民营资本对卫星通信产业的投资兴趣

6.3.2　基于GIOWA算子的卫星通信广播产业的技术成熟度评价

技术成熟度有技术产品已达到的逼真度和试验环境已达到的逼真度两个指标属性，故根据上文给出权重的相关算法，可以得到这两个指标属性的集结权重为(0.5，0.5)，由此可以得到每个专家对卫星通信广播产业技术成熟度的评价结果，同时可以求出对这些不同专家的评价结果进行再次集结时的权重为(0.07，0.10，0.15，0.18，0.18，0.15，0.10，0.07)，据此，可以得到锂离子电池及材料产业技术成熟度的评价结果，见表6－6。

表6－6　技术成熟度评价结果

专家集结权重	专家评价结果
0.07	(0.75，0.85，0.95)
0.10	(0.75，0.85，0.95)
0.15	(0.75，0.85，0.95)
0.18	(0.7，0.8，0.9)
0.18	(0.7，0.8，0.9)
0.15	(0.7，0.8，0.9)
0.10	(0.6，0.7，0.8)
0.07	(0.55，0.65，0.75)
集结后的技术成熟度评价结果	(0.7，0.8，0.9)

由表6－6可知，卫星通信和广播产业的技术成熟度的评价结果可以采用三角模糊数(0.7，0.8，0.9)，根据上文中给出的三角模糊数与技术成熟度等级的对应关系，可知卫星通信和广播产业的技术成熟度等级为8级。

6.3.3 基于 GIOWA 算子的卫星通信广播产业的制造成熟度评价

制造成熟度有制造对象已达到的逼真度和制造环境已达到的逼真度两个指标属性，因此制造成熟度的评价过程与技术成熟度类似，其区别在于制造成熟度为 10 级，而技术成熟度为 9 级，因此，可建立制造成熟度等级与三角模糊数的对应关系

1 级 =[0.00，0.09，0.18]

2 级 =[0.09，0.18，0.27]

3 级 =[0.18，0.27，0.36]

4 级 =[0.27，0.36，0.45]

5 级 =[0.36，0.45，0.55]

6 级 =[0.45，0.55，0.64]

7 级 =[0.55，0.64，0.73]

8 级 =[0.64，0.73，0.82]

9 级 =[0.73，0.82，0.91]

10 级 =[0.82，0.91，1.00]

相同的计算过程可以得到制造成熟度的评价结果，见表 6 – 7。

表 6 – 7 制造成熟度评价结果

专家集结权重	专家评价结果
0.07	(0.77，0.86，0.95)
0.10	(0.77，0.86，0.95)
0.15	(0.77，0.86，0.95)
0.18	(0.68，0.77，0.86)
0.18	(0.64，0.73，0.82)
0.15	(0.59，0.68，0.77)
0.10	(0.59，0.68，0.77)
0.07	(0.55，0.59，0.68)
集结后的制造成熟度评价结果	(0.67，0.76，0.85)

由表 6 – 7 可知，卫星通信广播产业制造成熟度的评价结果可以采用三角模糊数 (0.67，0.76，0.85)，根据上面给出的三角模糊数与制造成熟度等级的对应关系，可知卫星通信和广播产业的制造成熟度等级为 8 级。

根据技术成熟度、制造成熟度与产品成熟度的对应关系，可知卫星通信广播产业的产品成熟度等级为强于 3 级，达到 4 级。

6.3.4 卫星通信广播产业的市场成熟度的模糊综合指标权重评价

根据参与综合评价的 8 位专家的意见，得到了用来描述市场成熟度各指标相对重要性

的模糊互补判断矩阵和评价矩阵，见表 6 – 8 ~ 表 6 – 11。

表 6 – 8　市场规模和市场结构的模糊互补判断矩阵

	市场规模	市场结构	市场潜力
市场规模	0.5	0.7	0.3
市场结构	0.3	0.5	0.2
市场潜力	0.7	0.8	0.5

表 6 – 9　市场规模下级指标间的模糊互补判断矩阵

	市场收入	从业人数
市场收入	0.5	0.7
从业人数	0.3	0.5

表 6 – 10　市场结构下级指标间的模糊互补判断矩阵

	产业集中度	市场占有率
产业集中度	0.5	0.3
市场占有率	0.7	0.5

表 6 – 11　市场潜力下级指标间的模糊互补判断矩阵

	产品竞争力	进出壁垒
产品竞争力	0.5	0.7
进出壁垒	0.3	0.5

根据表 6 – 8 ~ 表 6 – 11 和 6.2 节的算法，可以求得市场成熟度各指标间的权重，见表 6 – 12。

表 6 – 12　市场成熟度各指标间的权重

二级指标	权重	三级指标	权重
市场规模	0.28	市场收入	0.7
		从业人数	0.3
市场结构	0.13	产业集中度	0.3
		市场占有率	0.7
市场潜力	0.59	产品竞争力	0.7
		进出壁垒	0.3

6.3.5　基于 GIOWA 算子的卫星通信广播产业的市场成熟度评价

市场成熟度共有 6 个指标属性，可以求得这 6 个指标属性的集结权重为(0.09，0.17，0.24，0.24，0.17，0.09)，每个指标属性又有 3 个不同的语言标度，可建立市场成熟度

等级与三角模糊数的对应关系

$$1\text{级} = [0, 0.25, 0.5]$$
$$2\text{级} = [0.25, 0.5, 0.75]$$
$$3\text{级} = [0.5, 0.75, 1]$$

同理，可以得到市场成熟度的评价结果，见表 6 - 13。

表 6 - 13　市场成熟度评价结果

专家集结权重	专家评价结果
0.07	(0.44, 0.69, 0.94)
0.10	(0.38, 0.63, 0.88)
0.15	(0.07, 0.32, 0.57)
0.18	(0.02, 0.27, 0.52)
0.18	(0, 0.25, 0.5)
0.15	(0, 0.25, 0.5)
0.10	(0, 0.25, 0.5)
0.07	(0, 0.25, 0.5)
集结后的市场成熟度评价结果	(0.08, 0.33, 0.58)

由表 6 - 13 可知，卫星通信和广播产业的市场成熟度的评价结果可以采用三角模糊数（0.08，0.33，0.58），根据上面给出的三角模糊数与市场成熟度等级的对应关系，可知卫星通信和广播产业的市场成熟度等级为 1 级。

6.3.6　基于 GIOWA 算子的卫星通信广播产业的产业成熟度评价

依据综合评审结果，判定当前卫星通信和广播产业的技术（TRL8）、制造（MRL8）、产品（PRL4）、市场（MML1）和产业（IML2）的成熟度等级。从评价结果来看，目前卫星通信广播的关键技术、关键制造的成熟度等级较高，产品也处于较为成熟的状态；市场完成第一阶段，进入快速发展阶段，因此，产业也完成培育阶段的状态，并进入快速发展阶段。

卫星通信广播产业主要包括卫星运行维护和地面设备制造两大部分，产业链呈现上游集中、下游分散的格局，经济来源主要集中于卫星运营维护企业，而地面设备制造企业的经济规模相对较小。从卫星运行维护领域细分的行业结构来看，我国卫星通信产业主要包括应急服务、卫星广播服务等领域。其中，卫星广播服务的市场规模最大，占卫星通信市场整体份额的一半以上，2015 年卫星数字电视用户规模估计可以达到 16 590 万户，卫星数字机顶盒市场规模达到 7 290 万台。而应急服务领域也在快速增长，2016 年估计整体规模达到 51 亿元，未来 5 年的年均增长率在 20% 左右。在这样产业开始快速发展的势头下，领域专家在评审会中，一致呼吁以政策推动市场、以市场需求为导向，夯实国内自主知识产权的关键技术、关键制造优势，提高设备制造和生产水平；健全管理政策、体制，增多与其他行业的结合，推进产业向集约化发展，即从宏观层面推广服务应用，带动关键技术和生产能力的提高，并进一步推动横向产业的联合，扩大市场份额，促进我国经济社会的进一步发展。

第 7 章　产业成熟度评价组织与流程

本章主要介绍适用于重大咨询项目、重大科技项目的产业成熟度评价的工作流程。首先，简要介绍评价组织保障、职责分工、操作流程；然后，就进几年来的评价经验而言，简要介绍几个典型的应用模式。

7.1　组织保障

在国家重大咨询项目、重大科技项目中开展技术成熟度评价工作，一般涉及评价的管理需求方、被评价项目的承研单位，综合评审专家组合评价支撑单位。建立合理的评价组织机构是顺利实施产业成熟度评价工作的基础性保障，也就是常说的一件事情先确定目标，再明确顶层设计、实施途径与操作方法，配合组织架构和工作纪律，才能保障项目实施的最终效果。

实施产业成熟度评价工作，首先是评价的管理或者需求方提出具体要求，针对评价对方和评价，启动开展评价工作。具体的评价实施过程中，评价的组织架构一般包括：管理层、实施层和支撑层，而评价工作的行为主体有：评价方、领域自评专家组(或称被评价方)、综合评审专家组和评价支撑单位，这三者是评价工作的实施主体，之间的关系见表 7－1 所示。

表 7－1　重大项目产业成熟度评价工作组织结构

管理层	评价管理或需求方
实施层	领域自评专家组和综合评审专家组
支撑层	评价支撑组

(1)评价管理或需求方

评价工作的管理部门，或因项目需求而授权评价支撑组开展工作的组织，是评价工作的责任主体。例如，在重大咨询课题中，这里就是课题的综合管理和组织协调的部门；在技术项目转化、军民融合等商业项目中，提出评价需求的可能是投融资的组织或部门，也可能是技术项目受让一方提出的评价需求。

(2)领域自评专家组

承担研制工作的单位或个人，是实施层中自评价工作的责任主体。例如，在重大咨询项目中，对被评价的重大产业方向熟悉的专家，可能是具体参与技术突破的领域专家，也可能是熟悉对本产业方向发展状况的专家或管理者。

(3)综合评审专家组

由十分熟悉被评重点产业方向的第三方专家组成，涵盖技术、制造、产品、市场产业、政策等方方面面，专家可能来自研究机构、企事业单位、行业协会或政府管理部门。

(4)评价支撑组

产业成熟度评价方法研究与应用人员，能够提供评价工作的支撑、培训、服务、协调的组织，是支撑工作的主体，面向评价管理或需求方负责。支撑领域专家和评审专家开展工作。

7.2　职责分工

管理层方主要负责提出评价工作的具体需求和要求，对评价过程进行监督，并对评价结果进行审查和应用。实施层主要负责承担评价工作开始与实施；支撑层为评价工作提供评价方法和评价过程支持。评价管理或需求方、领域自评专家方、综合评审专家方、支撑组的主要职责如下：

(1)评价管理或需求方的职责

1)提出评价任务的目标和要求；

2)确定领域自评专家、综合评审专家组和评价支撑组；

3)确定评审方案和安排；

4)监督评价过程；

5)审核并确定评价结果。

(2)领域自评专家方的职责

1)依据任务要求和工作计划，落实工作人员；

2)完成自评价及其形成自评价报告；

3)参与综合评审会的研讨与论证；

4)配合评价管理或需求方、综合评审专家组和评价支撑组开展评价相关工作；

5)根据综合评审结果完成最终报告。

(3)综合评审专家方的职责

1)审查领域自评专家评价结果；

2)审查被评方的产业成熟度等级自评价结果；

3)参与综合评审会的研讨与论证；

4)审查后期评估报告及其相关咨询建议。

(4)支撑组的职责

1)制定产业成熟度评价方法和工作方案；

2)开展产业成熟度评价方法培训和交流；

3)协助评价管理或需求方组织评价工作；

4)配合自评价方完成产业成熟度评价工作；

5）提交评价结果报送评价管理或需求方。

7.3　产业成熟度评价工作流程

从管理层或需求方的具体要求开始开展产业成熟度评价，其过程分为两个阶段：第一阶段，领域自评价阶段；第二阶段，综合评价阶段。如图7－1所示。

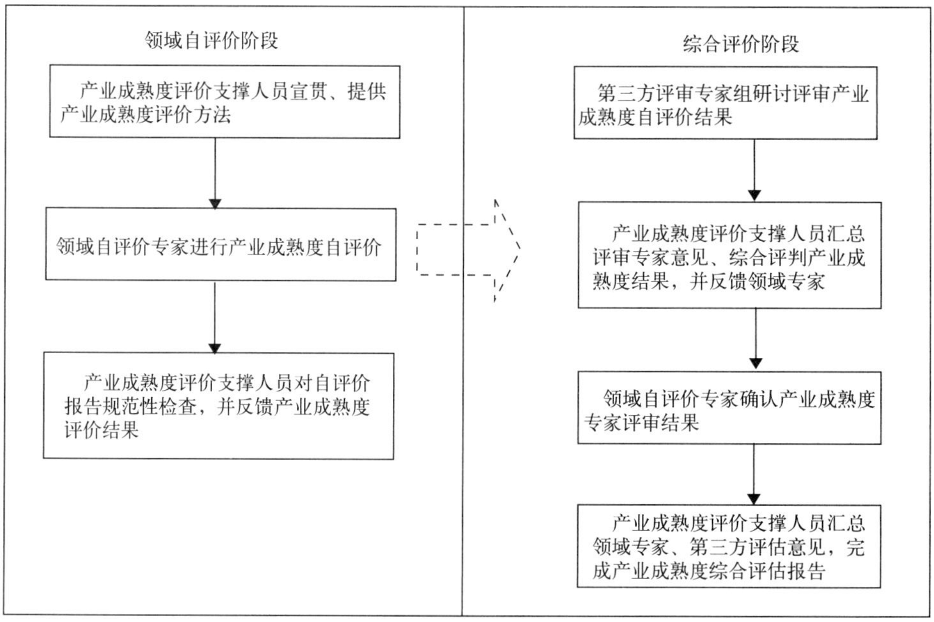

图7－1　产业成熟度评价实施流程图

7.3.1　产业成熟度自评价阶段

领域自评价阶段，领域专家和产业成熟度评价支撑人员协同工作与分工如下：

1）领域组专家确定待评价的重点产业方向。

2）领域专家和产业成熟度评价支撑人员召开产业成熟度评价方法交流会，产业成熟度评价支撑人员宣贯产业成熟度评价方法。

3）领域专家按照《产业成熟度自评价表》分析技术、制造和市场现状信息，以及在“时序预测表”中填写发展的里程碑事件节点，完成填报或选择项内容。产业成熟度评价支撑人员协助完成自评价初报告。

4）产业成熟度评价支撑人员对自评价报告进行规范性检查，并反馈产业成熟度自评价结果。

5）领域专家确认产业成熟度自评价反馈意见，完善自评价报告。

7.3.2　产业成熟度综合评价阶段

产业成熟度的综合评价阶段，第三方专家评审组、领域专家和产业成熟度评价支撑人员协同工作步骤与分工如下：

1）领域专家提出第三方评审专家组成员候选名单并由评价方确定第三方评审专家组人员构成；

2）产业成熟度自评价报告送审第三方评估专家组成员；

3）评价方召开第三方评审会，评审产业成熟度自评价结果；

4）产业成熟度评价支撑人员汇总评审专家意见、支撑完成综合评判产业成熟度结果并反馈领域专家；

5）领域专家确认第三方专家产业成熟度评审意见和产业成熟度评价结果，修改、完善自评价报告；

6）产业成熟度评价支撑人员根据产业成熟度评审意见和领域专家进一步提出的意见，最终完成该项重大突破性技术的产业成熟度评价咨询报告。

7.4　产业成熟度评价的应用模式

（1）战略性新兴产业培育与发展咨询支撑

产业成熟度评价方法可以作为一种宏观的战略咨询方法，通过集合自评价专家、综合评审专家和评价支撑人员的数据，以事实数据为依据，不以个人主观意志为转移，能够达到客观评价的目的。开展产业成熟度评价不仅仅是确定成熟的等级，更重要的分析发展瓶颈、定位制约要素、挖掘潜在问题、估计发展趋势和规模以及投产时机，进而做出评价结论及其相关具体的、有针对性地提出培育与发展建议，起到咨询支撑作用。

（2）作为项目监督和阶段评审的辅助工具

成熟度方法是一种量化技术、产品、市场发展各个阶段的统一标准，正是基于同一尺度的衡量，可以在领域内和领域间进行对比分析。比如，模样、初样、正样和试样是国内的工程师的称谓，而技术成熟度有国际标准和国内军用标准和民用标准，因此不论是国内还是国外的工程师看见技术成熟度评价结果，就可以知晓被评关键技术的研发状态，可以说是一种工程师通用的语言。因此，正是有了这样的一种尺度，成熟度评价方法可以作为对重大工程的项目评审和风险把控的工具，通过评价可以明确项目的研发状态，分析发展的瓶颈和制约要素，进一步对比分析领域内和领域之间的技术发展状态，为项目管理机构提供项目管理依据支撑。

（3）为项目投融资决策提供依据

产业成熟度评价方法能够有理有据地界定产业所处的发展阶段，以技术成熟度、制造成熟度和市场成熟度评价结果作为新角度，结合各个阶段适宜的投融资模式和途径，进一步为投资决策提供支撑依据。

第8章 产业成熟度评价案例

本章在前文讲述的产业成熟度理论及其评价方法的基础上，进一步通过对案例的分析与统计，说明方法评价形式和咨询过程。本章案例选材于中国工程院重大咨询课题“‘十三五’战略性新兴产业发展规划咨询研究(综合组)”，选取4个案例说明产业成熟度评价表单形式和评价过程。对于一项具体的重点产业方向，通过领域专家自评价和第三方专家独立评估，深入分析产业方向的技术瓶颈、关键制造、产品功能和市场发展的潜在问题，预测市场的预期规模、制约发展的要素等关键信息，综合集成得出针对一项具体产业方向的培育与发展建议。本案例得到4个课题组的自评价专家和评审专家的支持与帮助，十分感谢，同时也特此说明，4个案例作为产业成熟度评价范例，评价数据仅作参考。

这里4个案例分别代表了国内战略性新兴产业发展成熟的4种情况：1)国内(国际)从无到有发展起来的产业：能源互联网；2)国际上成熟，国内正在发展的新技术产业：柴油机尾气净化；3)新技术产品升级引起的产业革新：高性能金属零件激光增材制造(3D打印)；4)国内外技术和市场都相对较成熟的产业：工业机器人。4个案例也具有一定的代表性，4个案例的技术和市场成熟对比情况见表8-1。

表8-1 4个案例技术和市场的成熟情况

	市场成熟	市场不成熟
技术成熟	工业机器人	高性能金属零件激光增材制造
技术不成熟	柴油机尾气净化	能源互联网

8.1 能源互联网产业成熟度评价案例

(1)领域专家自评价

领域自评价专家提供的评价数据见表8-2。

表8-2 能源互联网产业方向的领域专家自评价数据表

重点产业方向名称	能源互联网
重大突破性技术名称	能源路由器
所属产业领域	□节能环保 □新一代信息技术 □生物 □高端装备制造 ■新能源 □新材料 □节能与新能源汽车
重点产业发展方向简介	能源互联网重点产业方向是以互联网的互通共享为理念，以信息-能源基础设施融合发展为基础，以化石能源消耗殆尽且污染严重为推动，以分布式能源高速发展为成熟条件和迫切需求的能源供应解决方案，代表能源解决方案的发展趋势

续表

重点产业发展方向简介			能源互联网重点产业方向的核心产品为能源路由器；其相关的重大突破性技术——能源路由器关键技术，将柔性直流输电技术、储能技术、电力电子控制技术及数据中心智能信息处理技术相结合，以期在能源互联网中形成分散协同的能量路由与交换机制。 能源互联网是一个全新的概念，需要现有技术的发展和融合。国外 2008 年开始提出能源互联网理念，以美国 FREEDM、德国的 E-Energy 及日本数字电网电力路由器为主要代表，目前均处于关键技术研发和应用示范阶段，距离真正投入运行还有一定的距离。从 2012 年开始，中国科学院相继组织了能源互联网发展战略论坛，国家能源局和北京市科委相继开展了能源互联网战略研究，国家电网也针对能源互联网技术架构进行了科技立项，产业发展处于起步阶段
技术成熟度评价	重大突破性技术的技术现状		能源互联网的核心装置——能源路由器主要用于微网等能量自治单元之间的互联和能量交换分享，集成逆变转换、能量存储、通信与数据交换、能源智能调度、监测与管理等功能于一体，是一个智能能量变换与路由调度中心，在未来分布式新能源区域化大规模应用方面市场前景广阔。相关的大规模储能技术、柔性直流输电技术、电力电子控制技术、数据中心与信息通信技术都有相应成熟的解决方案，但作为能源路由器整体还处于研发阶段，尚无真正意义产品，北卡来纳大学、东京大学等技术领先，已开发出实验室样机和小型示范系统，国内清华大学在开展样机研制
	当前 TRL 级别		根据技术成熟度评价参考准则，评价该项重大突破性技术的 TRL 级别(1~9) TRL __6__
制造成熟度评价	重大突破性技术的制造现状		能源路由器的相关制造能力主要取决于分系统和相关技术实现的制造能力，如大规模储能、数据中心、高压大容量电力电子控制等，这些目前电网公司都有相应的科技示范工程在开展，证明基本的制造工艺、能力和环境是具备的。能源路由器的实现对能量交换控制的实时性等提出了更高的要求，主要取决于通信和信息处理能力支撑下的相关软件的实现，这些方面的新一代信息技术的发展足够为其提供相应的支撑
	当前 MRL 级别		根据制造成熟度评价参考准则，评价该项重大突破性技术的 MRL 级别(1~10) MRL __7__
市场成熟度评价	市场现状		目前，分布式能源的发展处于较为分散的状态，分布式能源之间没有形成以能源优化为目标的组网，基本处于独立运行状态。虽然部分区域的分布式能源可以实现并网，但这与未来分布式主导、能源互通的能源产生、消耗模式的发展趋势并不相符。 能源互联网的应用面向现有的分布式能源与大电网相结合的新型能源电力供应体系，并逐步增大分布式能源比例。因此，现有的分布式可再生能源(光伏，风电等)都属于能源互联网的潜在应用对象，市场规模极大。并且目前国家的能源政策处于变革之中，从能源战略发展需求角度看，能源互联网的发展潜力是巨大的
	市场规模	市场收入	□ 前期投入大，市场收入规模低(MML1) ■ 收入规模增加，实现盈利(MML2) □ 收入利润规模稳定(MML3)
		从业人员	■ 以研发人员为主，但生产和销售人员开始增加(MML1) □ 以生产和销售人员为主，生产销售人员大幅增加(MML2) □ 从业人员数量和结构趋于稳定(MML3)

续表

<table>
<tr><td rowspan="4">市场成熟度评价</td><td rowspan="2">市场结构</td><td>产业集中度</td><td>■ 产品处于导入阶段，产品生产销售只集中在少数企业(MML1)
□ 从事产品生产销售的企业数量大幅增加，产业集中度较低(MML2)
□ 产业经过并购整合调整，形成了以少数规模大实力强的企业为龙头的完整的产业链(MML3)</td></tr>
<tr><td>市场占有率</td><td>■ 产品商业应用示范，占有率较低(MML1)
□ 大规模商业化应用，占有率快速增长(MML2)
□ 市场供需平衡，占有率高且趋于平稳(MML3)</td></tr>
<tr><td rowspan="2">市场潜力</td><td>产品竞争力</td><td>□ 产品预期具有较强的竞争力(MML1)
■ 产品竞争力优势显现(MML2)
□ 产品竞争力优势明显(MML3)</td></tr>
<tr><td>进入
壁垒</td><td>■ 少数企业掌握核心技术，技术壁垒高(MML1)
□ 核心技术大规模应用，技术壁垒降低(MML2)
□ 产业规模经济效应显现，进入壁垒高(MML3)</td></tr>
<tr><td>时序预测年</td><td colspan="3">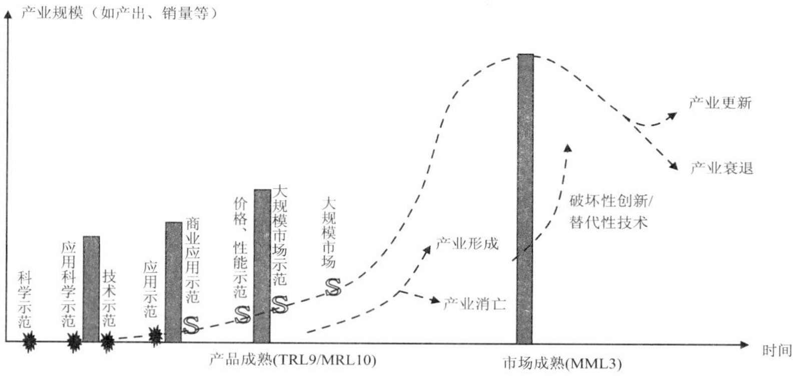
1)预测“十三五”时期末(2020年)技术、制造、市场的成熟等级
技术成熟度(TRL1～9)：<u>9</u>
制造成熟度(MRL1～10)：<u>10</u>
市场成熟度(MML1～3)：<u>2</u>
2)预测技术、制造、市场完全成熟的时间点
技术完全成熟(TRL9)：<u>6</u>年
制造完全成熟(MRL10)：<u>3</u>年
市场完全成熟(MML3)：<u>10</u>年</td></tr>
<tr><td colspan="4">①战略性新兴产业培育与发展建议
在全球应对气候变化、各发达国家竞相抢占新能源和可再生能源发展先机的大背景下，大力开发利用新能源和可再生能源，提高能源利用率，建设能源互联网是优化能源结构、抢占新一轮国际竞争战略制高点的重大举措。
②技术发展
能源互联网技术的发展需要新能源技术和新一代信息技术的结合。在技术层面涉及到网络、通信、电力、储能、电力电子、新能源等多个领域技术的交叉融合，需要加大科技投入，开展关键技术研究和工程应用示范。
③产业发展
能源互联网的出现将给能源供给关系、能源市场运行、能源体制改革和产业拉动产生深远影响，应将能源互联网纳入经济社会发展总体布局，坚持战略引领、重点突破，明确能源互联网发展的战略地位。</td></tr>
</table>

注：本表制于2014年。

(2)第三方专家评审意见

能源互联网产业方向的综合评审专家数据表见表 8－3。

表 8－3　能源互联网产业方向的综合评审专家数据表

所属领域：新能源产业							
产业方向：能源互联网							
技术成熟度 TRL(1～9 级)		专家 1	专家 2	专家 3	专家 4	专家 5	专家 6
		6	8	6	6	8	6
制造成熟度 MRL(1～10 级)		专家 1	专家 2	专家 3	专家 4	专家 5	专家 6
		7	9	7	7	9	7
市场成熟度 MML(1～3 级)	市场收入	专家 1	专家 2	专家 3	专家 4	专家 5	专家 6
		2	2	2	2	2	1
	从业人员	专家 1	专家 2	专家 3	专家 4	专家 5	专家 6
		1	1	1	1	1	1
	产业集中度	专家 1	专家 2	专家 3	专家 4	专家 5	专家 6
		1	1	1	1	1	1
	市场占有率	专家 1	专家 2	专家 3	专家 4	专家 5	专家 6
		1	1	1	1	1	1
	产品竞争力	专家 1	专家 2	专家 3	专家 4	专家 5	专家 6
		2	2	1	1	1	1
	进入壁垒	专家 1	专家 2	专家 3	专家 4	专家 5	专家 6
		1	1	1	1	1	2
未来成熟等级和时序表预测	1)预测“十三五”时期末(2020 年)技术、制造、市场的成熟等级						
	技术成熟度(TRL1～9)	专家 1	专家 2	专家 3	专家 4	专家 5	专家 6
		8	9	8	8	8	6
	制造成熟度(MRL1～10)	专家 1	专家 2	专家 3	专家 4	专家 5	专家 6
		9	9	10	10	9	7
	市场成熟度(MML1～3)	专家 1	专家 2	专家 3	专家 4	专家 5	专家 6
		2	2	2	2	1	1
	2)预测技术、制造、市场完全成熟的时间点						
	技术完全成熟(TRL9)	专家 1	专家 2	专家 3	专家 4	专家 5	专家 6
		2025	2021	2025	2025	2020	2023
	制造完全成熟(MRL10)	专家 1	专家 2	专家 3	专家 4	专家 5	专家 6
		2020	2018	—	2020	2018	2020
	市场完全成熟(MML3)	专家 1	专家 2	专家 3	专家 4	专家 5	专家 6
		2025	2025	2020	2025	2025	2025
战略性新兴产业培育与发展的建议： 1)本产业方向属于交叉产业，涉及发电、电网体制问题，建议重点考虑发展模式的问题，另外，电网安全问题需							

续表

要做出评估。 2)重点冲破能源路由器、高业模式、市场承受度、政策方面的技术与体制障碍，在保证能源安全、电网安全和信息安全的条件下加快发展。 3)建议国家政策放开，这是一项关键问题，鼓励多种资本加入，鼓励新技术的推广和市场竞争，形成市场推广与应用的前期示范。 4)能源互联网技术是一种新兴的技术，建议在一定范围内进行技术示范应用与验证

(3)产业成熟度评定结果

第三次新工业革命正在到来，或者可以说正在进行中，其中，以美国华盛顿特区经济趋势基金会总裁杰里米·里夫金认为的那样，未来的经济社会可持续发展的根本和重点方向就是新能源的产生、传输、存储和利用的战略性新兴技术和产品，以及以此为辐射的战略性新兴产业。通过自评价专家数据、综合评审专家数据，以及评价支撑组调研数据，获得的评价结果与目前主流观点是一致的，见表8－4：关键技术和关键制造都处于尚待突破的关键时期，TRL6 和 MRL7 现实处于工程阶段的攻关期；而 MML1 和 IML1 的结果显示市场和产业都处于萌芽阶段。因此，目前的科研人员和管理部门，亦或投资机构对本产业方向的关注点，应该集中在技术和制造能力的提高上，相关政策应该围绕技术突破而制定。

能源互联网就像人们日常使用的有线或无线网络一样，通过互联网或物联网，将新能源或可再生能源(风能、太阳能、地热能等)进行有机结合，从而实现区域能源共享，亦或再大胆设想一下，成为国内或国际能源的智能网络，例如，当地球的一半处于黑夜时，其富余的能源可以通过互联网智能地转移到处于白昼的另一个半球。2016 年 7 月 26 日国家能源局发布国能科技[2016]200 号文件《关于组织实施“互联网＋”智慧能源(能源互联网)示范项目的通知》，这会促进我国新能源互联网项目的落地实施。虽然我国新能源项目，如太阳能、风能等取得了一定的规模和进展，但是，要到达预期的智能互联，根据专家的评价结果显示，关键核心技术和制造能力取得突破尚需 5～10 年左右的时间。因此，如果课题组向政府部门和管理机关申报发展建议，首先集中力量研发技术，争取在一定范围内示范性实验获得成功；其次，研发的着力点，领域专家认为能源路由器技术要加强资助和支持；最后，在宏观层面，要有相应的政策扶持，从整体的能源安全、网络安全和产业发展模式和机制等角度构建顶层设计，并引进和鼓励多种资本进入这个未来经济社会发展的制高点领域。

表 8－4　能源互联网重点方向评价结果

产业方向	评价结果	“十三五”预测	完全成熟时间/年
能源互联网	技术成熟度　TRL6	TRL 8	2025
	制造成熟度 MRL7	MRL9	2025
	市场成熟度 MML1	MML 2	2025
	产业成熟度　IML1	IML 2	2025

8.2　柴油机尾气净化产业成熟度评价案例

(1)领域专家自评价

领域自评价专家提供的评价数据见表 8 - 5。

表 8 - 5　柴油机尾气净化产业方向的领域专家自评价数据表

重点产业方向名称		柴油机尾气净化产业
重大突破性技术名称		尿素选择性催化还原 NO_x 技术(尿素-SCR 技术)
所属产业领域		■ 节能环保　□ 新一代信息技术　□ 生物　□ 高端装备制造 □ 新能源　□ 新材料　□ 节能与新能源汽车
重点产业发展方向简介		尿素选择性催化还原 NO_x 技术，即以尿素水溶液作为还原剂的选择性催化还原(SCR)系统，在催化剂的作用下，以尿素水溶液为还原剂，“有选择性”地与柴油车尾气中的 NO_x 反应生成无毒无污染的 N_2 和 H_2O，SCR 技术又通过强化发动机机内燃烧来降低 PM 的生成。 国内主流柴油机生产企业已经基本达成共识，SCR 将是未来国内柴油机排放升级的主要技术方向。目前，玉柴、康明斯、潍柴等都采用了 SCR 技术。SCR 系统更适合中国市场的原因归结于以下几方面：第一，SCR 系统能有效节省燃油消耗。SCR 系统的燃油消耗相对于 EGR + DPF 系统稍低一些，它的尿素水溶液消耗量也可在燃油消耗上得到补偿。第二，如果现在采用此技术，在很长时间内都可以满足排放法规的要求，直到欧Ⅴ乃至更高排放标准的引进。第三，在 EGR + DPF 系统中，需要增加冷却器的体积，SCR 系统只需一个附加的贮藏罐，这对于车辆驾驶室的设计影响不大。第四，发动机复杂性低，且 SCR 系统可以满足国Ⅳ标准
技术成熟度评价	重大突破性技术的技术现状	目前，国内外的实践已证实，采用 SCR 系统的柴油车发动机缸内燃烧温度和压力更高，致使 PM 排放大幅度降低，满足国Ⅳ排放标准；高温高压下 NO_x 大幅度增加，柴油车尾气处理液可使尾气中至少 80% 的 NO_x 转化为无害的 N_2，满足国Ⅳ(NO_x 小于 3.5 克/千瓦小时)、甚至国Ⅴ排放(小于 2.0 克/千瓦小时)标准要求。同时，机内高温燃烧，提高了发动机的热效率，与国Ⅲ柴油发动机相比，可以减少 5% ~7% 的油耗，动力提高约 10% 。 由于采用 SCR 技术的国Ⅳ发动机燃油经济性比 EGR 技术好、对发动机改动小、对燃油和机油要求较低、在技术升级连续性上具有优势、SCR 催化器耐久性好且不存在催化器堵塞的风险，因此 SCR 技术是最适合我国国情的重型柴油车减排技术路线
	当前 TRL 级别	根据技术成熟度评价参考准则，评价该项重大突破性技术的 TRL 级别(1 ~9) TRL __9__
制造成熟度评价	重大突破性技术的制造现状	SCR 系统早已在诸如电厂、船舶等大型柴油机上实用化。对于柴油废气后处理的尿素-SCR 系统，国内已经有小部分企业自主研发且能满足相应的排放法规，比如苏州派格力有限公司、安徽艾可兰科技股份有限公司和无锡凯龙等至少十多家企业具备了批量生产尿素-SCR 系统设备的能力。尿素-SCR 系统，车用尿素是柴油车达到国Ⅳ排放标准的必备产品，且尿素需要定时填充来维持正常工作，中国石化等已具备柴油车尾气处理液 5 L、10 L 和 20 L 三种小包装规格产品的生产能力
	当前 MRL 级别	根据制造成熟度评价参考准则，评价该项重大突破性技术的 MRL 级别(1 ~10) MRL __9__

续表

市场成熟度评价	市场现状	重型柴油车国Ⅳ排放标准从 2015 年 1 月 1 日开始实施，随着国Ⅳ排放标准的实施，柴油车尾气后处理系统将迎来飞跃发展。目前，欧洲汽车排放后处理产业约有 800 亿元的产值。以中国汽车保有量来推算，实施国Ⅳ标准限值后，排放的后处理产业将产生上千亿元的市场份额。中国汽车工业协会有关人士说，“柴油发动机排放后处理的利润十分丰厚，受到跨国公司的重视。” 国内 SCR 后处理系统企业间竞争加剧，目前来说，国内已经有小部分企业自主研发的 SCR 系统已经能满足相应的排放法规，比如苏州派格力有限公司、安徽艾可兰科技股份有限公司和无锡凯龙等。当然，涉足 SCR 行业的企业较多，不可避免存在一些鱼目混珠的情况，部分企业确实实力不错，但其产品的耐久性还需要时间的考验，稳定性有待加强	
	市场规模	市场收入	□ 前期投入大，市场收入规模低(MML1) ■ 收入规模增加，实现盈利(MML2) □ 收入利润规模稳定(MML3)
		从业人员	□ 以研发人员为主，但生产和销售人员开始增加(MML1) ■ 以生产和销售人员为主，生产销售人员大幅增加(MML2) □ 从业人员数量和结构趋于稳定(MML3)
	市场结构	产业集中度	□ 产品处于导入阶段，产品生产销售只集中在少数企业(MML1) ■ 从事产品生产销售的企业数量大幅增加，产业集中度较低(MML2) □ 产业经过并购整合调整，形成了以少数规模大实力强的企业为龙头的完整的产业链(MML3)
		市场占有率	□ 产品商业应用示范，占有率较低(MML1) ■ 大规模商业化应用，占有率快速增长(MML2) □ 市场供需平衡，占有率高且趋于平稳(MML3)
	市场潜力	产品竞争力	□ 产品预期具有较强的竞争力(MML1) ■ 产品竞争力优势显现(MML2) □ 产品竞争力优势明显(MML3)
		进入壁垒	□ 少数企业掌握核心技术，技术壁垒高(MML1) ■ 核心技术大规模应用，技术壁垒降低(MML2) □ 产业规模经济效应显现，进入壁垒高(MML3)
时序预测年	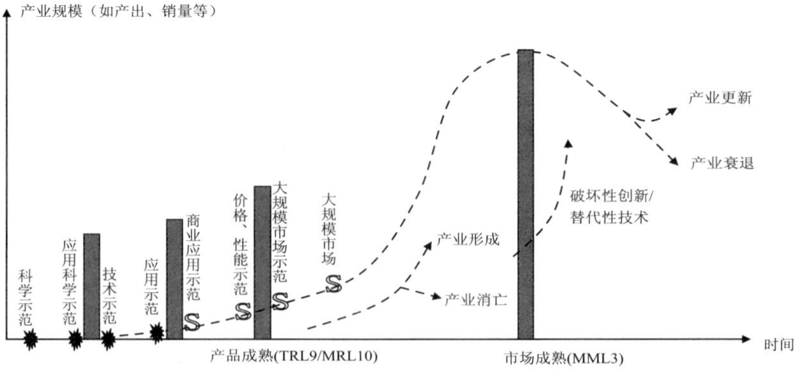 		

续表

时序预测年	1）预测"十三五"时期末（2020 年）技术、制造、市场的成熟等级 技术成熟度（TRL1 ~9）：9 制造成熟度（MRL1 ~10）：9 市场成熟度（MML1 ~3）：2 2）预测技术、制造、市场完全成熟的时间点 技术完全成熟（TRL9）：2015 年 制造完全成熟（MRL10）：2020 年 市场完全成熟（MML3）：2030 年

战略性新兴产业培育与发展建议：

1）加大投入支持。结合中国工程院关于战略性新兴产业培育与发展咨询项目，重点支持国内技术前沿单位，不断推进技术发展，推动这项技术产业化，确保技术系统满足标准要求，同时继续深化，为国Ⅴ标准推广做准备。

2）尽快完善相应的市场机制。全面遵循优胜劣汰的市场调节法则，能够激发企业的活力和发展的动力，培育拥有自主知识产权、核心能力强的优势企业，积极引导中小型环保企业向专、精、特、新的方向发展。

3）加强监管。特别是国Ⅳ标准及未来的国Ⅴ标准实施后，加强对销售和注册的车辆监管及现有车辆的核准申报，确保各处理设施的落实，确保使用的车辆满足标准

注：本表制于 2014 年。

（2）第三方专家评审意见

柴油机尾气净化重点产业方向的综合评审专家数据表见表 8 –6。

表 8 –6　柴油机尾气净化重点产业方向的综合评审专家数据表

所属领域：节能环保产业						
产业方向：柴油机尾气净化产业						
技术成熟度 TRL（1 ~9 级）		专家 1	专家 2	专家 3	专家 4	专家 5
		7	7	5	6	2
制造成熟度 MRL（1 ~10 级）		专家 1	专家 2	专家 3	专家 4	专家 5
		7	8	5	7	6
市场成熟度 MML（1 ~3 级）	市场收入	专家 1	专家 2	专家 3	专家 4	专家 5
		1	2	—	2	2
	从业人员	专家 1	专家 2	专家 3	专家 4	专家 5
		1	2	—	2	2
	产业集中度	专家 1	专家 2	专家 3	专家 4	专家 5
		1	2	—	2	2
	市场占有率	专家 1	专家 2	专家 3	专家 4	专家 5
		1	2	—	2	2
	产品竞争力	专家 1	专家 2	专家 3	专家 4	专家 5
		2	2	—	2	1
	进入壁垒	专家 1	专家 2	专家 3	专家 4	专家 5
		2	2	—	2	1

续表

未来成熟等级和时序表预测	1)预测“十三五”时期末(2020年)技术、制造、市场的成熟等级					
	技术成熟度(TRL1~9)	专家1	专家2	专家3	专家4	专家5
		8	9	7	7	6
	制造成熟度(MRL1~10)	专家1	专家2	专家3	专家4	专家5
		8	9	7	8	8
	市场成熟度(MML1~3)	专家1	专家2	专家3	专家4	专家5
		2	2	3	2	2
	2)预测技术、制造、市场完全成熟的时间点					
	技术完全成熟(TRL9)	专家1	专家2	专家3	专家4	专家5
		2025	2016	2020	2025	2018
	制造完全成熟(MRL10)	专家1	专家2	专家3	专家4	专家5
		2025	2020	2025	2025	2020
	市场完全成熟(MML3)	专家1	专家2	专家3	专家4	专家5
		2025	2030	2025	2030	2025
战略性新兴产业培育与发展的建议: 1)柴油机尾气净化 NO_x 的SCR技术中的催化剂是核心技术，该技术的知识产权由国外掌握，因此，应侧重培育国内的自主技术的研发与制造。 2)关注产品的使用过程(如填加尿素实施的可行性)，怎么才能把产品的使用和实用性充分结合起来，对市场进行充分的论证。 3)建议培育SCR催化剂国产化生产能力提高，开展小型化配套技术研究；重点关注包括催化剂等成套技术的发展情况，并进行总体评估与管理。 4)明确国内油品实际情况对SCR技术应用的影响，如使用寿命、经济成本、便捷程度。 5)建议加强该技术的自主研发和基础研究，培育拥有自主知识产权的单位和企业。 6)加强催化剂的研制，尽快掌握该产业的核心技术。重点产业方向名称建议调整，体现产业链加长。培育该技术的同时，加强从整车生产环节解决尾气净化的措施						

注：本表制于2014年。

(3)产业成熟度评定结果

目前，国内外的内燃机行业从欧Ⅲ发展到欧Ⅳ，主要有两种基本的技术体系：SCR(选择性催化还原)技术体系和EGR(废气再循环)技术体系。从国内技术和市场角度，国内主要柴油机生产企业选择SCR技术净化 NO_x，主要原因有：

1)SCR技术系统具有更好的燃油经济效益性，能耗相对较低；

2)技术成本低且可以满足市场需求；

3)技术设备相对较小，易于安装；

4)目前国内是市场份额稳定，自主产品成熟后直接可以替代进口产品，市场需求拉动力强。

通过产业成熟度评价，在技术层面，国外产品的技术成熟度较高，达到TRL9级；而国内的技术成熟度相对较低，TRL6级，意味着，在接下来的国内科研人员需求最后攻关技术瓶颈，突破TRL7，实现国内自主研发的产品上市。国内市场层面较好，已经有一定的规模和基础，预期自主产品导入市场后，凭借价格和质量优势，会快速地替代进口技术产品。关键技术和关键制造能力达到成熟所需的时间预计在 9 年以内，预期的市场比较乐观，最长到 2030 年也可实现发展成熟，评价结果见表 8－7。

通过自评价专家和综合评审专家的研讨，形成了一致的培育与发展建议，主要有：

1）集中人力和物力突破 SCR 技术中的催化剂技术的研发，力争尽快掌握这项核心技术的知识产权；

2）关注自主产品的质量和成型装置产品的实用性，侧重培育国内的自主技术的研发与制造，开展小型化配套技术研究；

3）对市场环境提出培育与发展措施，培育自主产品快速推广的土壤；

4）培育该技术研发的同时，加强从整车生产环节解决尾气净化的措施，并鼓励有实力和条件的企业投入研发和生产。

表 8－7　能源互联网重点方向评价结果

产业方向	成熟度评价结果	“十三五”预测	完全成熟时间/年
柴油机尾气净化产业	技术成熟度　TRL6	TRL7	2025
	制造成熟度　MRL7	MRL8	2025
	市场成熟度　MML2	MML2	2030
	产业成熟度　IML1	IML3	2030

8.3　高性能金属零件激光增材制造（3D 打印）产业成熟度评价案例

（1）领域专家自评价

领域自评价专家提供的评价数据见表 8－8。

表 8－8　高性能金属零件激光增材制造产业方向的领域专家自评价数据表

重点产业方向名称	高端装备制造产业
重大突破性技术名称	高性能金属零件激光增材制造（3D 打印）
所属产业领域	□ 节能环保　□ 新一代信息技术　□ 生物　■ 高端装备制造 □ 新能源　□ 新材料　□ 节能与新能源汽车
重点产业发展方向简介	金属零件激光精密 3D 打印重大产业发展方向是面向航空航天、生物医疗、模具制造、汽车制造等若干重点行业对复杂精密关键金属构件高精度、高效率、高柔性化、高可靠性制造的需求，为实现高性能复杂精密金属构件的低成本、短周期、净成形绿色制造提供激光 3D 打印关键技术、装备、软件、耗材及服务。激光精密 3D 打印产业发展的内涵较为丰富，涉及的核心产品包括：1）高功率激光器、高速扫描振镜等核心器件；2）激光 3D 打印控制软件；3）激光 3D 打印专用金属粉末耗材及核心工艺数据库。金属激光精密 3D 打印技术涉及的相关重大突破性技术包括：1）精度控制技术。实现 3D 打印增材制造层厚减小 10 倍，从现有的 0.1～0.2 mm 向 0.01～0.02 mm 发展，表面粗糙度达到或小于 *Ra* 6.3、成形精度达 0.05～0.1 mm，实现复杂结构金属零件直接净形，无需后续机加工，直接满足工业使用尺寸、精度及性能要求。2）高效制造技术。在保证 3D 打印精度基础上，提高成形腔体尺寸及成形件尺寸，通过高功率激光器的多工位高效组合加工，实现大尺寸复杂精密金属构件高效增材制造。3）专用粉末耗材及工艺数据库研发技术。实现激光 3D 打印专用金属粉末耗材的系列化及商品化，配套激光 3D 打印工艺

续表

重点产业发展方向简介			数据库研发及积累。目前我国面向高性能金属零件激光精密 3D 打印的整体装备及核心器件还依赖国外产品和技术，专业从事金属 3D 打印的企业偏少，关键核心技术还需培育发展，尚难以与国外厂商形成有效市场竞争
技术成熟度评价	重大突破性技术的技术现状		目前，金属激光精密 3D 打印技术主要面向航空航天、生物医疗、模具制造等行业的复杂异形金属构件研制及小批量试制中的快速响应制造，研制的技术产品包括 3D 打印整体装备、控制软件、专用粉末耗材等，打印材料涉及钛合金、铝合金、工具钢、不锈钢、钴铬合金、镍基高温合金等。达到的功能和性能指标包括：一次成形致密度大于 98%；表面粗糙度达 *Ra* 6 ~ 15 μm；成形精度达 0.05 ~ 0.1 mm，无须后续机加工；激光成形件的硬度、屈服强度、拉伸强度和断裂伸长率等力学性能指标，比相应材料铸造及粉末冶金制品性能水平可提高 20% 以上，并能达到同类型锻件力学性能水平。激光精密 3D 打印金属零件产品已通过典型使用环境验证
	当前 TRL 级别		根据技术成熟度评价参考准则，评价该项重大突破性技术的 TRL 级别(1 ~ 9)TRL __7__
制造成熟度评价	重大突破性技术的制造现状		金属激光精密 3D 打印技术已形成的产品包括激光器、扫描振镜的核心器件、激光精密 3D 打印整体装备、激光 3D 打印控制软件、3D 打印专用金属粉末耗材等。对于 2 kW 及以下功率的光纤激光器及相应的扫描振镜，其全速率生产能力得到验证，并转向精益化生产及更高功率激光器生产。对于激光精密 3D 打印整体装备，目前其试生产线能力得到验证，并已开始低速率生产；对于激光 3D 打印控制软件和专用金属粉末耗材，其低速率生产能力得到验证，准备开始全速率生产
	当前 MRL 级别		根据制造成熟度评价参考准则，评价该项重大突破性技术的 MRL 级别(1 ~ 10)MRL __9__
市场成熟度评价	市场现状		国家、部委及省市各级层面对金属零件激光精密 3D 打印的市场前期投入较大，但因属新兴产业，目前市场规模及收入仍较低；从业人员以研发人员为主，随着产业升级发展，生产和销售人员开始显著增加。从事金属激光 3D 打印产品生产销售的企业数量大幅增加，但目前产业集中度较低，产品主要处于商业应用示范阶段，市场占有率较低，但增长迅速。金属零件激光精密 3D 打印是 3D 打印行业的高端产业，目前仅有少数企业掌握核心技术，因此技术壁垒高，相关产品竞争力优势明显
	市场规模	市场收入	■ 前期投入大，市场收入规模低(MML1) □ 收入规模增加，实现盈利(MML2) □ 收入利润规模稳定(MML3)
		从业人员	■ 以研发人员为主，但生产和销售人员开始增加(MML1) □ 以生产和销售人员为主，生产销售人员大幅增加(MML2) □ 从业人员数量和结构趋于稳定(MML3)
	市场结构	产业集中度	□ 产品处于导入阶段，产品生产销售只集中在少数企业(MML1) ■ 从事产品生产销售的企业数量大幅增加，产业集中度较低(MML2) □ 产业经过并购整合调整，形成了以少数规模大实力强的企业为龙头的完整的产业链(MML3)
		市场占有率	■ 产品商业应用示范，占有率较低(MML1) □ 大规模商业化应用，占有率快速增长(MML2) □ 市场供需平衡，占有率高且趋于平稳(MML3)
	市场潜力	产品竞争力	□ 产品预期具有较强的竞争力(MML1) □ 产品竞争力优势显现(MML2) ■ 产品竞争力优势明显(MML3)
		进入壁垒	■ 少数企业掌握核心技术，技术壁垒高(MML1) □ 核心技术大规模应用，技术壁垒降低(MML2) □ 产业规模经济效应显现，进入壁垒高(MML3)

续表

<table>
<tr><td>时序预测年</td><td>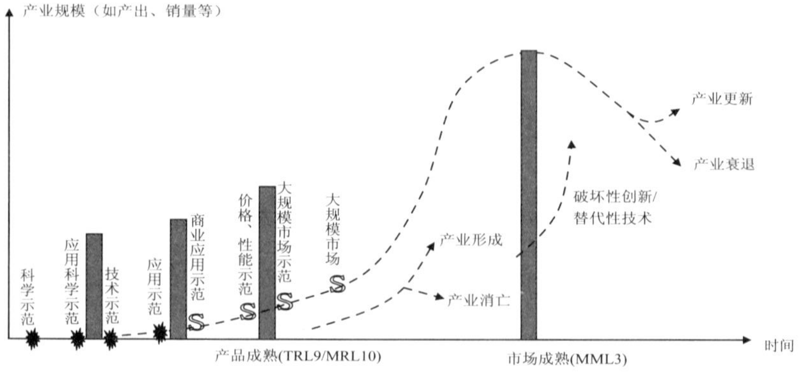

1）预测“十三五”时期末（2020 年）技术、制造、市场的成熟等级
技术成熟度（TRL1 ~9）：9
制造成熟度（MRL1 ~10）：10
市场成熟度（MML1 ~3）：3
2）预测技术、制造、市场完全成熟的时间点
技术完全成熟（TRL9）：2015 年
制造完全成熟（MRL10）：2018 年
市场完全成熟（MML3）：2020 年</td></tr>
<tr><td colspan="2">战略性新兴产业培育与发展建议：
1）从国家层面制定 3D 打印装备发展的高起点、前瞻性规划，及时设立 3D 打印科技专项，引领社会资源共同推动技术创新；
2）加大对金属激光精密 3D 打印装备核心技术的研发力度；
3）鼓励建立高端 3D 打印产业联盟，建立 3D 打印相关的国家标准和规范；
4）完善财税和金融支持政策，促进产业健康可持续发展；
5）广泛开展对外合作，引进国外先进技术；
6）加强 3D 打印专业人才队伍建设及培育</td></tr>
</table>

注：本表制于 2014 年。

（2）第三方专家评审意见

高性能金属零件激光增材制造（3D 打印）综合评审专家数据表见表 8 -9。

表 8 -9　高性能金属零件激光增材制造（3D 打印）综合评审专家数据表

<table>
<tr><td colspan="9">所属领域：高端装备制造</td></tr>
<tr><td colspan="9">产业方向：高性能金属零件增材制造（3D 打印）</td></tr>
<tr><td rowspan="2">技术成熟度
TRL（1 ~9 级）</td><td>专家 2</td><td>专家 3</td><td>专家 4</td><td>专家 5</td><td>专家 6</td><td>专家 7</td><td>专家 8</td><td>专家 9</td></tr>
<tr><td>6</td><td>6</td><td>6</td><td>6</td><td>6</td><td>6</td><td>6</td><td>5</td></tr>
<tr><td rowspan="2">制造成熟度
MRL（1 ~10 级）</td><td>专家 2</td><td>专家 3</td><td>专家 4</td><td>专家 5</td><td>专家 6</td><td>专家 7</td><td>专家 8</td><td>专家 9</td></tr>
<tr><td>8</td><td>8</td><td>8</td><td>8</td><td>7</td><td>8</td><td>8</td><td>7</td></tr>
</table>

续表

市场成熟度 MML(1～3 级)	市场收入	专家 2	专家 3	专家 4	专家 5	专家 6	专家 7	专家 8	专家 9
		1	1	1	1	2	1	1	1
	从业人员	专家 2	专家 3	专家 4	专家 5	专家 6	专家 7	专家 8	专家 9
		1	1	1	1	1	1	1	1
	产业集中度	专家 2	专家 3	专家 4	专家 5	专家 6	专家 7	专家 8	专家 9
		1	1	1	1	1	2	2	1
	市场占有率	专家 2	专家 3	专家 4	专家 5	专家 6	专家 7	专家 8	专家 9
		1	1	1	1	1	1	1	1
	产品竞争力	专家 2	专家 3	专家 4	专家 5	专家 6	专家 7	专家 8	专家 9
		1	1	1	1	2	2	1	1
	进入壁垒	专家 2	专家 3	专家 4	专家 5	专家 6	专家 7	专家 8	专家 9
		1	1	1	1	1	1	1	1
未来成熟等级和时序表预测	1)预测“十三五”时期末(2020 年)技术、制造、市场的成熟等级								
	技术成熟度(TRL1～9)	专家 2	专家 3	专家 4	专家 5	专家 6	专家 7	专家 8	专家 9
		8	7	8	8	8	8	9	8
	制造成熟度 MRL1～10	专家 2	专家 3	专家 4	专家 5	专家 6	专家 7	专家 8	专家 9
		9	8	9	9	9	9	9	9
	市场成熟度 MML1～3	专家 2	专家 3	专家 4	专家 5	专家 6	专家 7	专家 8	专家 9
		2	2	2	2	2	2	2	2
	2)预测技术、制造、市场完全成熟的时间点								
	技术完全成熟(TRL9)	专家 2	专家 3	专家 4	专家 5	专家 6	专家 7	专家 8	专家 9
		2025	2025	2018	2025	2022	2025	2018	2020
	制造完全成熟(MRL10)	专家 2	专家 3	专家 4	专家 5	专家 6	专家 7	专家 8	专家 9
		2025	2025	2025	2028	2018	2025	2025	2026
	市场完全成熟(MML3)	专家 2	专家 3	专家 4	专家 5	专家 6	专家 7	专家 8	专家 9
		2030	2030	2030	2030	2019	2030	2025	2030

战略性新兴产业培育与发展建议：

1)应重点培育和支持 3D 打印产业链之间协同发展，包括材料、3D 打印设备、市场需求特点。

2)培育和支持方式检验标准、规范及设施。

3)关于 3D 打印(金属材料、精密)应该把技术方法范围确定为激光选区熔化成形技术(SLM)，原来的 3D 建议改为“增材制造”，精度 0.01～0.02 建议调整为 0.05 最高。

4)设立专项发展基金；完善财税，金融支持政策。

5)加强人才培养和知识产权保护。

6)针对特殊具体行业需求，定位在常规复杂产品加工方法不易制造的。建议国家以应用需求牵引，加大投入研发力度，取得应用示范成果，培育 3D 打印产业

注：本表制于 2014 年。

(3)产业成熟度评定结果

激光增材制造技术及装备的研发热点则是金属零部件的直接制造工艺及装备，主要由

激光器、惰性气体工作舱、激光打印头、冷却系统、多轴数控系统，送粉或铺粉装置及其控制装置等构成。近年来，我国对增材制造技术及装备的研究，主要是以高校牵头进行的科学研究，并逐步进行产业化运行。但因起步较晚，再加之诸如大功率光纤激光器、软件系统、闭环控制系统等核心技术的制约，我国增材制造装备的研制及产业化较落后，与国外差距较大。尤其是基于自动铺粉的选区激光熔化技术(SLM，Selective Laser Melting)，在成形装备上取得了一些研究成果，但在如高功率光纤激光器、高精度铺粉系统、反馈及控制系统等关键技术以及增材制造专用金属粉末耗材上还存在较大问题。通过技术成熟度评价，我国激光增材制造技术达到 TRL6，制造成熟度达到 MRL8 的水平，评价结果见表 8－10。

市场和产业层面，制约发展的主要因素有：1)产业链缺乏整体的发展顶层和统筹管理；2)装备的打印质量不稳定性与加工精度的不足，阻碍其在制造业中的广泛应用；3)可用材料有限，制造产品总量尚低，故边际成本高，制约增材制造装备产业规模；4)知识产权保护机制尚未建立，影响增材制造的创新发展。自评价专家和评审专家均估计关键技术和关键制造完全成熟需要 10 年的时间，而市场和产业整体完善成熟需要 15 年的时间，2020 年国内外全行业将达到 210 亿美元的规模。

通过产业成熟度评价，自评价专家和综合评审专家针对制约主要问题，提出了产业培育与发展建议：

1)重视基础技术研究工作，做到从源头创新、基础研究、核心技术、工程应用创新等齐头并进。

2)增材制造产业要发展规划，做好顶层设计工作，并能够快速启动，做好中央、地方与企业协同的发展。

3)完善财税和金融支持政策，扶持产业发展。

4)加强增材制造专业人才队伍建设。

表 8－10　高性能金属零件激光增材制造(3D 打印)产业成熟度评价结果

产业方向	成熟度结果	“十三五”预测	完全成熟时间/年
高性能金属零件增材制造(3D 打印)	技术成熟度 TRL6	TRL8	2025
	制造成熟度 MRL8	MRL8	2025
	市场成熟度 MML1	MML2	2030
	产业成熟度 IML1	IML3	2030

8.4　工业机器人产业成熟度评价案例

(1)领域专家自评价

领域自评价专家提供的评价数据见表 8－11。

表 8－11　工业机器人产业方向的领域专家自评价数据表

<table>
<tr><td colspan="2">重点产业方向名称</td><td>工业机器人产业</td></tr>
<tr><td colspan="2">重大突破性技术名称</td><td>工业机器人技术</td></tr>
<tr><td colspan="2">所属产业领域</td><td>□ 节能环保　□ 新一代信息技术　□ 生物　■ 高端装备制造
□ 新能源　□ 新材料　□ 节能与新能源汽车</td></tr>
<tr><td colspan="2">重点产业发展方向简介</td><td>从工业机器人本体来看，主要包括多关节工业机器人、并联机器人和移动机器人(AGV)等。根据应用领域的不同，包括：焊接机器人、搬运机器人、喷涂机器人、码垛机器人、物流机器人、加工机器人、装配机器人、检测机器人和洁净机器人等。
我国工业机器人主要产品的研制开发已取得一定的进展，今后的重点任务是推进工业机器人的产业化，既要力争实现机器人本体的批量生产，又要实现工业机器人集成应用的批量化。主要技术包括：机器人整机的设计与制造技术；机器人精密传动技术、机器人高性能控制和驱动技术；机器人智能工艺软件包与集成应用技术等。
目前，国内企业已经基本掌握了机器人整机的设计与制造技术，并能够设计生产包括直角坐标式、平面多关节型、空间多关节型等各类构型工业机器人，但运动控制器、伺服驱动器、伺服电机及精密减速器等关键零部件长期依赖进口。国内企业与国外先进企业相比在核心部件及相关技术方面差距显著，尤其是高精密减速器方面的差距尤为突出，制约了我国国产工业机器人产业的成熟及国际竞争力的形成</td></tr>
<tr><td rowspan="2">技术成熟度评价</td><td>重大突破性技术的技术现状</td><td>在“十五”“十一五”攻关计划和863计划等科技计划的支持下，我国工业机器人在技术攻关和设计水平上有了长足的进步，在本体及关键零部件研制方面都取得明显进展。如，在本体技术方面：最大负载为500 kg的多关节机器人，其重复定位精度可达±0.5 mm；AGV类产品的平均无故障时间达到3万小时以上，实现5台以上集中应用。在关键零部件技术方面：RV减速机的传动效率大于80%，噪音小于75分贝，输出转矩为100～6 000 N·m，瞬时加速转矩为500～30 000 N·m。</td></tr>
<tr><td>当前 TRL 级别</td><td>根据技术成熟度评价参考准则，评价该项重大突破性技术的 TRL 级别(1～9)
TRL <u>　8　</u></td></tr>
<tr><td rowspan="2">制造成熟度评价</td><td>重大突破性技术的制造现状</td><td>随着国内市场对工业机器人的需求越来越迫切，国内骨干企业在工业机器人生产制造方面不断发展壮大，开发出弧焊、点焊、码垛、装配、搬运、注塑、冲压、喷漆等工业机器人。如，新松机器人公司的新一代工业机器人进入批量化生产，实现在焊接、码垛、搬运、铸造、锻造、智能上下料、打磨、喷涂等多方面的应用。
零部件方面，我国虽然已有部分企业在减速器、伺服电机和控制器等工业机器人关键零部件研制方面取得进展，但是产品的稳定性、可靠性等方面与国外仍然存在差距。如，精密减速器是目前我国工业机器人关键零部件中最薄弱的环节，由于其制造技术难度大，致使其产品质量稳定性较差、精度较低和使用寿命较短，造成该类产品没有真正实现国产化的批量生产</td></tr>
<tr><td>当前 MRL 级别</td><td>根据制造成熟度评价参考准则，评价该项重大突破性技术的 MRL 级别(1～10)
MRL <u>　8　</u></td></tr>
<tr><td>市场成熟度评价</td><td>市场现状</td><td>2013年中国工业机器人销量达到3.7万台，同比增长41%。中国已超越日本成为全球第一大机器人市场。从应用行业来看，汽车、电子工业是国内工业机器人主要的应用领域；从区域市场来看，沿海经济发达地区是国内工业机器人的主要市场；从应用企业来看，外商独资企业、中外合资企业是国内机器人主要用户。随着国内外制造业的迅速发展，工业制造领域迫切希望提升生产效率和制造质量，加之人口红利的减弱，对工业机器人的需求和应用越来越多。预计到2015年中国工业机器人市场需求总量将达到5万台</td></tr>
</table>

续表

市场成熟度评价	市场规模	市场收入	■ 前期投入大，市场收入规模低（MML1） □ 收入规模增加，实现盈利（MML2） □ 收入利润规模稳定（MML3）
		从业人员	■ 以研发人员为主，但生产和销售人员开始增加（MML1） □ 以生产和销售人员为主，生产销售人员大幅增加（MML2） □ 从业人员数量和结构趋于稳定（MML3）
	市场结构	产业集中度	■ 产品处于导入阶段，产品生产销售只集中在少数企业（MML1） □ 从事产品生产销售的企业数量大幅增加，产业集中度较低（MML2） □ 产业经过并购整合调整，形成了以少数规模大实力强的企业为龙头的完整的产业链（MML3）
		市场占有率	■ 产品商业应用示范，占有率较低（MML1） □ 大规模商业化应用，占有率快速增长（MML2） □ 市场供需平衡，占有率高且趋于平稳（MML3）
	市场潜力	产品竞争力	■ 产品预期具有较强的竞争力（MML1） □ 产品竞争力优势显现（MML2） □ 产品竞争力优势明显（MML3）
		进入壁垒	■ 少数企业掌握核心技术，技术壁垒高（MML1） □ 核心技术大规模应用，技术壁垒降低（MML2） □ 产业规模经济效应显现，进入壁垒高（MML3）

时序预测年

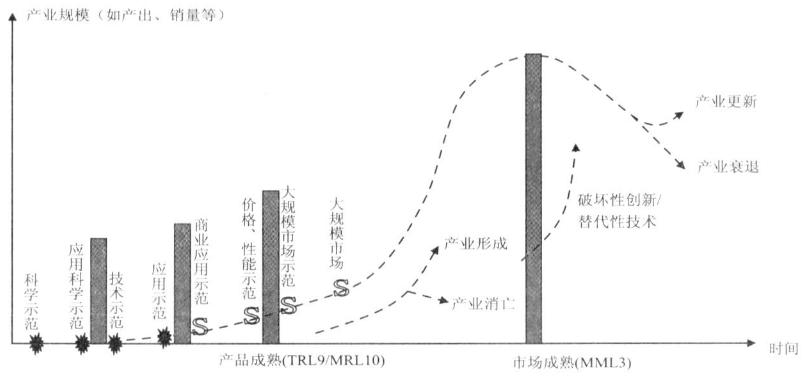

1）预测“十三五”时期末（2020 年）技术、制造、市场的成熟等级

技术成熟度（TRL1～9）：__9__

制造成熟度（MRL1～10）：__9__

市场成熟度（MML1～3）：__2__

2）预测技术、制造、市场完全成熟的时间点

技术完全成熟（TRL9）：__2020__年

制造完全成熟（MRL10）：__2025__年

市场完全成熟（MML3）：__2030__年

战略性新兴产业培育与发展建议。“十三五”时期，重点突破机器人精密传动技术、机器人高性能控制和驱动技术、机器人智能工艺软件包与集成应用技术等关键技术，以应用带动市场，推进工业机器人产业化健康发展，具体建议：

续表

1)突破瓶颈，重点支持关键基础部件的研发生产；
2)以典型应用示范工程推进产业化发展；
3)全面推进工业机器人质量保障工程，协调推进工业机器人标准体系建设

注：本表制于 2014 年。

(2)第三方专家评审意见

工业机器人产业综合评审专家数据表见表 8－12。

表 8－12　工业机器人产业综合评审专家数据表

所属领域：高端装备制造									
产业方向：工业机器人产业									
技术成熟度 TRL(1～9 级)		专家 1	专家 2	专家 3	专家 4	专家 5	专家 6	专家 7	专家 8
		8	8	8	8	8	8	7	8
制造成熟度 MRL(1～10 级)		专家 1	专家 2	专家 3	专家 4	专家 5	专家 6	专家 7	专家 8
		8	8	8	8	8	8	6	8
市场成熟度 MML(1～3 级)	市场收入	专家 1	专家 2	专家 3	专家 4	专家 5	专家 6	专家 7	专家 8
		1	1	1	1	1	1	1	1
	从业人员	专家 1	专家 2	专家 3	专家 4	专家 5	专家 6	专家 7	专家 8
		1	1	1	1	1	1	1	1
	产业集中度	专家 1	专家 2	专家 3	专家 4	专家 5	专家 6	专家 7	专家 8
		1	1	1	1	1	1	1	1
	市场占有率	专家 1	专家 2	专家 3	专家 4	专家 5	专家 6	专家 7	专家 8
		1	1	1	1	1	1	1	1
	产品竞争力	专家 1	专家 2	专家 3	专家 4	专家 5	专家 6	专家 7	专家 8
		1	1	1	1	1	2	1	1
	进入壁垒	专家 1	专家 2	专家 3	专家 4	专家 5	专家 6	专家 7	专家 8
		1	1	1	1	1	1	1	1
未来成熟等级和时序表预测	1)预测“十三五”时期末(2020 年)技术、制造、市场的成熟等级								
	技术成熟度 TRL1～9	专家 1	专家 2	专家 3	专家 4	专家 5	专家 6	专家 7	专家 8
		9	9	9	9	9	9	9	9
	制造成熟度 MRL1～10	专家 1	专家 2	专家 3	专家 4	专家 5	专家 6	专家 7	专家 8
		9	9	9	9	9	9	9	9
	市场成熟度 MML1～3	专家 1	专家 2	专家 3	专家 4	专家 5	专家 6	专家 7	专家 8
		2	2	2	2	2	2	2	2
	2)预测技术、制造、市场完全成熟的时间点								
	技术完全成熟(TRL9)	专家 1	专家 2	专家 3	专家 4	专家 5	专家 6	专家 7	专家 8
		2020	2020	2020	2020	2020	2020	2020	2020

续表

未来成熟等级和时序表预测	制造完全成熟（MRL10）	专家 1	专家 2	专家 3	专家 4	专家 5	专家 6	专家 7	专家 8
		2025	2025	2025	2025	2025	2025	2025	2025
	市场完全成熟（MML3）	专家 1	专家 2	专家 3	专家 4	专家 5	专家 6	专家 7	专家 8
		2030	2030	2030	2030	2030	2030	2025	2030

战略性新兴产业培育与发展的建议：

1）工业机器人研发的时间较长，应用需求旺盛，技术基础良好；对提高生产力，降低人的劳动强度具有重要意义。

2）设立专项发展基金。

3）完善财税金融支持政策。

4）加强知识产权保护。

5）在切削加工，装配机器人方向上聚焦。

6）建议设立“机器人技术”国家科技重大专项，推动工业机器人的发展，形成新兴产业

注：本表制于 2014 年。

（3）产业成熟度评定结果

工业机器人诞生于 20 世纪 60 年代，真正在中国发展起来是在 20 世纪 90 年代末，我国机器人技术的研发起步并不算晚，但由于当时我国工业化进程和市场需求等因素，研发与应用进展缓慢。近年来，在需求快速扩张及国家自主创新政策作用下，国内一大批企业通过自主研制或通过与科研院所、外资企业合作，进入工业机器人研制和生产行列。目前，我国工业机器人处于快速发展阶段，通过产业成熟度评价关键技术和关键制造的成熟度分别为 TRL8 和 MRL8，结果显示整体技术水平已经成熟，但是，一些核心技术和关键零部件等尚需突破。

目前，正迎来机器人发展与应用机遇期，已超越日本成为全球第一大机器人市场。据中国机器人产业联盟（简称 CRIA）数据显示，2015 年中国工业机器人市场销量继续增长，全年累计销售 68 459 台，同比增长 18%；其中，国产机器人销售 22 257 台，销量同比增长 31. 3%，在市场总销量中的比例为 33%，比上年提高 4 个百分点，明显高于外资品牌机器人的销量增速，中国机器人井喷时代即将到来。从产业成熟度评价结果来看，技术完善需要 5 ~ 10 年的时间，而市场和产业完全成熟需要 10 ~ 15 年的发展时间。

通过产业成熟度评价，自评价专家和综合评审专家认为制约发展的主要因素有：1）虽然技术整体水平较高，但是一些关键技术和先进技术与国外仍有差距；2）行业标准有待进一步制定与规范；3）自主创新能力需要进一步提高，产品应向高端方向发展；3）自主品牌认可度和产品质量需要进一步提高；4）企业成本压力较大，核心零部件的国产化研制尚需突破。

针对评价过程反映出来的发展问题，提出相应的培育与发展政策建议：

1）加强政府的引导作用，制定整体发展与监管规划，构建以企业为主体，产学研用紧密结合的产业协调发展模式；

2）通过示范工程，鼓励用户采用自主品牌机器人，提升自主品牌的市场认知度；

3）集中力量对核心部件的关键技术和关键制造进行攻关；

4）建立健全行业标准和质量标准体系，加强知识产权保护；

5）完善财税金融支持政策，引入多种投融资渠道和模式。

表 8 – 13　工业机器人产业方向的产业成熟度评价结果

产业方向	成熟度结果	“十三五”预测	完全成熟时间/年
工业机器人	技术成熟度　TRL8	TRL9	2020
	制造成熟度　MRL8	MRL9	2025
	市场成熟度　MML1	MML2	2030
	产业成熟度　IML1	IML3	2030

第 9 章　产业成熟度的后续发展

产业成熟度不仅可以为产业发展咨询研究课题提供支撑，而且还可以进一步结合投融资分析方法，提供一种新技术转化与投资决策咨询的新视角；或者也可以进一步拓展成熟度方法，形成一种全面支撑重大工程实施的工程成熟度评价方法。前者，产业投资咨询研究是在分析技术研发、制造能力和市场发展情况的基础上，针对新技术研发和产业发展阶段的投资时机，并融合新技术投资效益分析等，以一种独特的投融资决策新视角形成咨询建议。后者，工程成熟度探索新技术研发工程项目在不同的实施阶段中，技术研发状态、企业生产能力、企业规模、财务状况、上下游供给链等主要因素对工程进度的影响与风险，通过集成技术成熟度、制造成熟度、集成成熟度、管理成熟度和人员队伍成熟度的评价结果，进而提出相应的实施策略，为工程管理和项目实施者提供客观的决策依据。

本章还探讨了在产业成熟度的基础上，结合综合集成研讨厅、可视化仿真技术、大数据分析等方法，形成一套针对工程科技和经济社会发展战略问题的综合分析工具。

本章依次介绍了产业投资咨询研究、工程成熟度研究、产业发展综合集成研讨与评价研究等和后续发展方向。

9.1　产业投资咨询研究

产业成熟度作为一种对产业评价、预测趋势、分析问题的工具，在分析技术研发、制造能力和市场发展情况的基础上，针对产业发展阶段的投资时机，结合新技术投资效益分析等，从成熟度角度提供了独特的投融资决策新视角，形成了一种产业投资评价与咨询的方法。企业是发展战略性新兴产业的主体，企业在产业的萌芽阶段、培育阶段、发展阶段、成熟阶段等阶段中，会受到技术研发状态、企业生产能力、企业规模、财务状况、上下游供给链等因素的影响，须采用不同的投资和融资策略。另外，从中观和宏观层面来讲，产业发展阶段与融资模式的合理匹配有利于促进新产业的发展，优化资源配置，有益于提高经济效益。

本书在产业成熟度研究的基础上，进一步探索将本方法发展成为一种投融资的咨询工具，在这方面积累了些许的研究基础。通过产业成熟度定义，产业成熟过程分为 4 个阶段，其主要特点有：萌芽阶段（IML1）是以技术研发为主导的产业萌芽阶段，主要活动是开展技术的基础研究和研发；培育阶段（IML2）是以技术应用为主导的产业培育阶段，阶段标志是产业的产品或服务取得了商业化应用示范的成功，且随着商业化应用的推广，产品或服务在性能、成本等方面的优势得到了确认；发展阶段（IML3）是以市场为主导的产业快速发展阶段，大规模市场推广示范取得成功后，吸引大量竞争者进入市场，产品或服务的销售量在一段时间内可以保持较高的增长率；成熟阶段(IML4)是以产业链为主导的产业发展成熟阶段，该阶段标志着产业链条基本形成，行业标准得到应用，产业链向着逐步完善的方向发展。随着产品或服务的供需接近饱和状态，销售量增长率逐步趋缓，企业之间进行大规模兼并重组，产业集中度不断提高，领先企业脱颖而出。

正是因为产业不同阶段的特点，通过研究发现从技术、制造和市场层面，对投产的决策存在一定的固有规律和特征，总结见表 9－1。

表 9－1　基于产业成熟度角度的投资决策时机

<table>
<tr><th>技术成熟度</th><th>制造成熟度</th><th>市场成熟度</th><th>投资决策时机特征</th></tr>
<tr><td>TRL 1</td><td>MRL1</td><td rowspan="8"></td><td rowspan="3">时机 1：技术研发和关键制造都处于理论和技术基础的可行性论证阶段，此阶段是基础性研究，适于科学发展类基金资助</td></tr>
<tr><td>TRL 2</td><td>MRL2</td></tr>
<tr><td>TRL 3</td><td>MRL3</td></tr>
<tr><td>TRL 4</td><td>MRL4</td><td rowspan="3">时机 2：产品的关键技术和关键制造处于工程阶段；适于工程类投资，促进产品系统的工程研制，此时企业投资风险很大</td></tr>
<tr><td>TRL 5</td><td>MRL5</td></tr>
<tr><td>TRL 6</td><td>MRL6</td></tr>
<tr><td rowspan="2">TRL 7</td><td>MRL7</td><td rowspan="2">时机 3：关键技术取得突破，制造能力可以实现；适于多种投资，企业可以投产，回报周期较长</td></tr>
<tr><td>MRL8</td></tr>
<tr><td>TRL 8</td><td>MRL9</td><td>MML1</td><td>时机 4：通过示范性应用，新产品的技术和制造能力更加成熟，新的市场得到确立；适于多种投资，尤其适合创新型企业投产</td></tr>
<tr><td rowspan="2">TRL 9</td><td rowspan="2">MRL10</td><td>MML2</td><td>时机 5：市场处于实质性增长的开始阶段，此时适于稳健型企业投资，回报率和回报周期都优于其他阶段。</td></tr>
<tr><td>MML3</td><td>时机 6：企业投产风险较小，回报周期相对较短，但回报率相对较低</td></tr>
</table>

投资决策时机 1：处于产业成熟度 IML1，其中技术成熟度 TRL 和制造成熟度 MRL 都低于 3 级(含)。主要特征：由于关键技术和关键制造都处于很低的级别，主要是理论层面的研究或者可行性论证，原则上还没有正式有“实物”的研制。这一阶段，适于科学发展类资金的资助，例如一些跨国企业的研究院自有资金、政府政策性资金、国家自然科学基金等。一般地讲，企业集团的研究院、科研院所是研究的主体，而中小企或其他投融资基金资助的风险很大，回报周期最长。

投资决策时机 2：处于产业成熟度 IML1，其中技术成熟度 TRL4～6 和制造成熟度 MRL4～6。主要特征：产品的关键技术和关键制造处于工程阶段，从原理样件到原型样机的过程。这阶段适于工程类投资。例如，美国国防部投产一项新技术装备转到下一阶段的“正样”研制，要求必须通过技术成熟度 TRL6、制造成熟度 MRL6 的评估；台湾一家大型企业集团采用技术成熟度作为投产工具，只有成熟度达到 TRL5 以上的新技术才可以正式进行新产品工程研发。这个阶段，适于我国“863计划”项目资助、专项工程资助等政策性资金，当然还包括一些大型企业集团自有资金。这个阶段也有一些天使资金进行投资而获得快速发展，并最终取得成功的例子。中小企业、民营企业投产的话，风险大、投资回报周期较长，新技术研发能否攻关存在风险，通常建议谨慎投资。

投资决策时机3：处于产业成熟度IML1，其中技术成熟度TRL7和制造成熟度MRL7～8。主要特征：此时全尺寸全功能的产品（“正样”）已经完成，适于企业自有资金、政策性资金、天使基金等多种投资。此时已经突破了技术研发层面的“死亡之谷”，并成功取得了示范性应用。此时各种类型企业对新技术产品均可以投产，但是，民营、中小型企业等的投产风险和压力要大于大型企业或政府性扶持类资金投产，回报周期也比较长。一些创新型、增长快的公司多在此时机创业和投产。

投资决策时机4：处于产业成熟度IML2，其中技术成熟度TRL8和制造成熟度MRL9，市场成熟度MML1。主要特征：此时新产品的技术较为成熟，已经达到试批量生产的能力；产品导入市场，新产品有了一定的市场规模。此时各种类型企业对新技术产品均可以投产。但是，后期还有一个市场层面的“死亡之谷”，因此，民营、中小型企业等资金的投产风险与压力仍然较大。假如市场后期的“死亡之谷”没有出现，此时投资生产将是一个很好的时机，可以说这是一个先入为主的机会，大多数创新型、增长快的公司在此时投资和生产。

投资决策时机5：处于产业成熟度IML3，其中技术成熟度TRL9和制造成熟度MRL10，市场成熟度MML2。主要特征：此时产品的关键技术与关键制造已成熟，会随着市场发展以系统结构创新的形式来适应市场需求。市场成熟度MML2阶段会有“死亡之谷”的概念，也就是从新技术产品投放市场以来，消费者通过实际使用认识了新技术的优缺点，然后新产品凭借自身竞争力再次获得市场认可的过程，这个阶段与Gartner公司The Hype Cycle曲线的泡沫化的底谷期（Trough of Disillusionment）是一致的。新技术产品得到再次确认后，市场会快速发展。此时各种类型企业对新技术产品均可以投产，尤其适于稳健性的企业。投资资金来源主要有资本市场、银行信贷和产业基金等。

投资决策时机6：处于产业成熟度IML4，市场成熟度MML3。主要特征：此时市场通过快速发展形成了一定的规模和格局。此时企业投产风险较小，回报周期相对较短，但回报率相对较低。另外，市场集中度逐渐提高，新进入企业获得回报比较稳定；但是也要看到市场进入壁垒也比前面高。一般地讲，这个阶段投资资金主要有资本市场、银行信贷等。

本方法作为产业成熟度后续的研究方向之一，通过进一步探索与实践，完善产业成熟度的市场评价指标体系，提出投资回报分析、发展时序预测、风险分析与仿真模拟等方法综合集成体系，成为一种有效的咨询工具，为机构投融资、管理部门决策、企业投产决策，甚至军民融合转化论证等提供方法支撑。

9.2 工程成熟度研究

新商品导入市场之前是新产品的研发工程阶段，对于一项具体的新技术产品研发工程而言，其产品系统和组织管理系统都是一项系统工程。那么，新产品研发过程，需要从人员组织、技术、制造、集成、管理要素角度，构建一个综合集成的管理模型。工程成熟度评价方法具体围绕项目建设需要，对人、财、物资、设备、信息进行管理与协调，使得项目实施既能按照工程预期完成，又能保障资源与时间合理优化配置，其模型构图如图 9－1 所示。

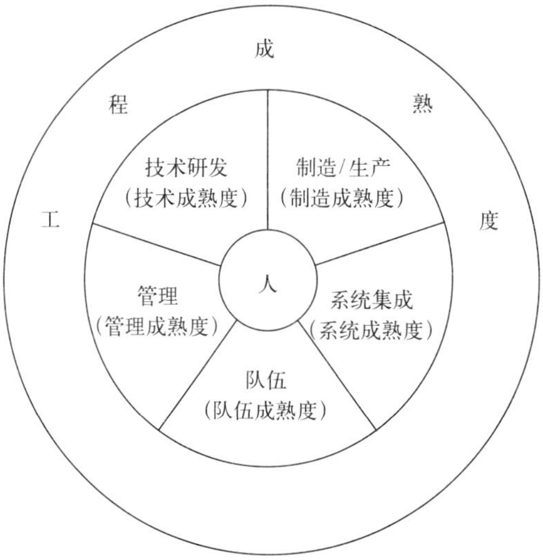

图 9－1　工程项目实施过程中的管理模型(工程成熟度模型)

工程成熟度，是评价一项工程项目当前状态距离工程研制目标要求的满足程度，主要包括：技术成熟度、制造成熟度、系统集成(系统成熟度)、管理成熟度、队伍成熟度。其中，技术成熟度如前文所述，重点从技术状态、集成程度、验证环境等 3 个维度进行评价；制造成熟度重点从制造状态、集成程度、制造环境等 3 个主要维度进行评价；系统成熟度重点从系统状态、集成环境等两个维度进行评价；队伍成熟度重点从个人与项目所处阶段的匹配能力、以及团队与项目所处阶段的匹配能力进行评价；管理成熟度围绕项目建设需求与目标，协同其他成熟度评价方法，重点从进度、需求设计、实施范围成本、质量、设备、知识、人力、文档、风险、保密等要素入手，构建综合的、对各个阶段规范化程度的评价与提升的管理方法。工程成熟度可以看作是运用系统工程技术解决实际项目实施的方法与工具，在项目实施过程中成熟度支撑人员也必须和项目工程人员共同开展工作，配合完成对项目的实施状态跟进与把控，为项目需求方、管理方和委托评价方把握工程现状、工程细节，乃至工程预期有一个客观的依据，对进一步安排与决策提供支撑。

9.3　产业发展综合集成研讨与评价研究

产业成熟度评价是一种基于实际数据而做出评价的方法，因此，当评价的数据量多且涉及的较复杂的时候，就需要运用计算工具处理数据。这方面的研究目标是运用大数据计算算法、可视化动态仿真技术、集成研讨厅等方法，对专家数据和调研数据进行处理，对潜在的问题进行研讨，对未来的趋势及其影响要素进行仿真，通过计算机网络技术实现离线或在线、集成研讨厅或网络视频研讨的方式，对一项产业培育与发展、或对一项工程项目实施进行定性到定量综合集成评价，其系统设计如图9－2所示。这个研讨与评价系统将自然科学与社会科学相结合，可以对技术、工程、产业、经济、社会的复杂系统问题进行构建，可以“量化”分析和动态模拟，对微观—中观—宏观的工程科技与经济社会发展战略问题与制定政策提供科学支撑。

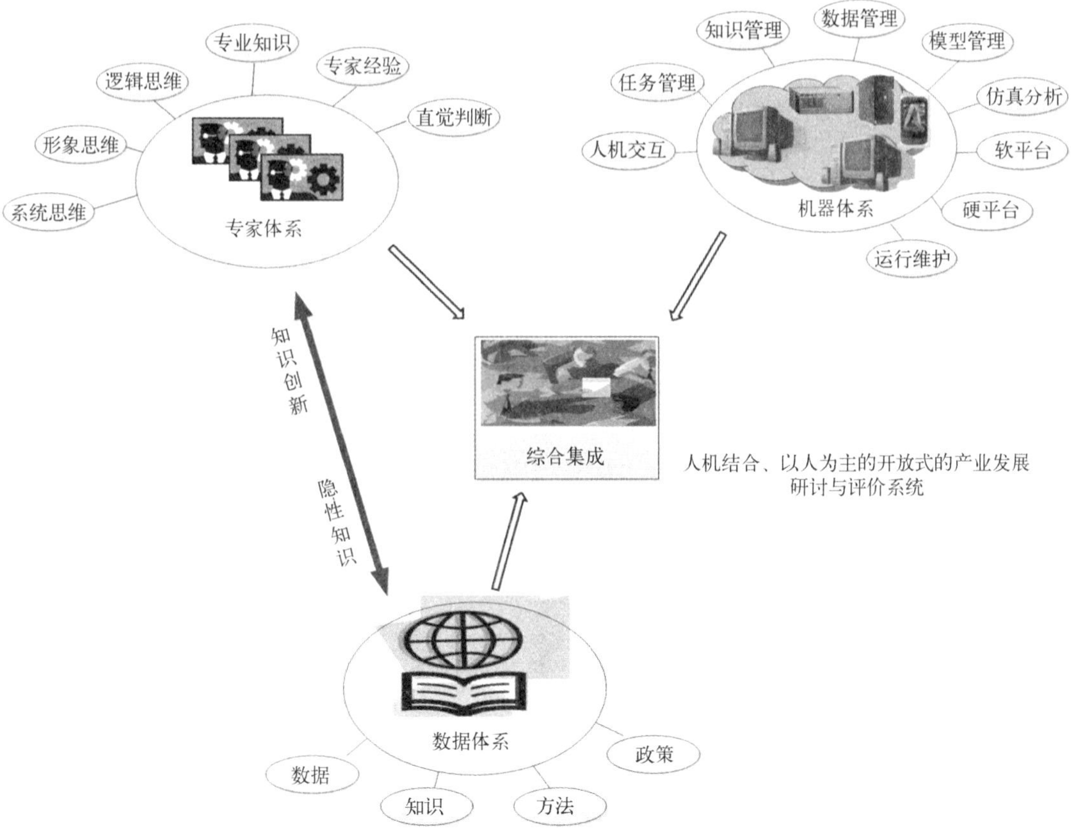

图9－2　产业发展综合集成研讨与评价系统理念图

附录一 缩略语

IML	Industry Maturity Levels	产业成熟度
IMA	Industry Maturity Assessment	产业成熟度评价
CMM	Capability Maturity Model for Software	软件能力成熟度模型
PMMM	Project Management Maturity Model	项目管理成熟度模型
OPMMM	Organizational Project Management Maturity Model	组织级项目管理成熟度模型
K-PMMM	Kerzner Project Management Maturity Mode	Kerzner 项目管理成熟度模型
JK-PMMM	James-Kevin Project Management Maturity Mode	James-Kevin 项目管理成熟度模型
ISO	International Organization for Standardization	国际标准化组织
HC	The Hype Cycle	技术循环曲线
IRL	Integration Readiness Levels	集成成熟度
SRL	System Readiness Levels	系统成熟度
MMM	Management Maturity Mode	管理成熟度
TMM	Team Maturity Mode	队伍成熟度
TRL	Technology Readiness Levels	技术成熟度
TRA	Technology Readiness Assessment	技术成熟度评价
NASA	National Aeronautics and Space Administration	美国国家航空航天局
CTE	Critical Technology Element	关键技术元素
DoD	Department of Defense	美国国防部
DoE	Department of Energy	美国能源部
MRL	Manufacturing Readiness Levels	制造成熟度
PML	Product Maturity Levels	产品成熟度
PMA	Product Maturity Assessment	产品成熟度评价
MML	Market Maturity Levels	市场成熟度
MMA	Market Maturity Assessment	市场成熟度评价
PLC	Product Lift Cycle	产品生命周期
MPLC	Market Product Lift Cycle	产品市场生命周期
GAO	Government Accountability Office	美国国会总审计局
CCS	Carbon Capture and Storage	碳捕获和封存
CMRL	Capability Manufacturing Readiness Levels	能力制造成熟度等级
GE	General Electric Company	通用电气公司
NREL	National Renewable Energy Labs	国家再生能源实验室
FRP	Fast Rate Prodction	大规模生产

续表

LRIP	Low Rate Initial Production	小规模试生产
MLC	Market Life Cycle	市场生命周期
TRMs	Technology Roadmaps	技术路线图
SPS	Satellite Positioning System	卫星定位系统
ARENA	Australian Renewable Energy Agency	澳大利亚可再生能源署
CRI	Commercial Readiness Index	新技术商业化指数
AHP	Analytical Hierarchy Process	层次分析法
GIOWA	Generally Induced Ordered Weighted Averaging	有序加权平均
SCR	Selective Catalytic Reduction	选择性催化还原技术
EGR	Exhaust Gas Recirculation	废气再循环系统
DPF	Diesel Particulate Filters	柴油颗粒物过滤器
SLM	Selective Laser Melting	选区激光熔化技术
CRIA	China Robot Industry Alliance	中国机器人产业联盟

附录二 术语说明

(1)使用环境

使用环境，是指最终产品执行任务的真实环境。它包括空间飞行的自然环境、作战所需要应对的敌方目标环境(例如，对方目标的数量和特点)等。就空间飞行器的硬件和软件而言，就是空间环境；就地基或空基系统而言，它将由使用条件确定；对软件而言，环境将由使用平台和操作系统来确定。

例如，就火箭氢氧发动机而言，其使用环境应该是火箭执行任务时的空间环境；就舵机系统的弹翼而言，其使用环境是导弹在一定马赫数下的飞行环境；就卫星而言，其使用环境是高度为几百千米至几万千米的空间环境。

(2)典型使用环境

该环境基本上体现了最终使用环境的所有关键要素，是真实的、具有代表性的使用环境。例如，就导弹系统的环形激光陀螺而言，其典型使用环境就是针对典型弹道的靶场飞行试验环境。

(3)模拟使用环境

模拟使用环境，是使用环境的一个特殊的子集，它模拟了使用环境中的某些关键因素，能够为技术的验证提供一定的压力。它可以是空间环境，也可以是地面环境或者实验室环境，根据验证的需要而确定。

不是所有的系统、分系统、部件都需要在使用环境中演示验证其是否能够满足性能的边界需求。选择模拟使用环境要体现既要尽量降低技术风险、又要尽量降低经济成本的原则。

例如，氢氧火箭发动机的低逼真度模拟使用环境可以是地面环境(因为非吸气的特点使其工作条件不受大气压影响，发动机性能受大气压的影响很小)，高逼真度的模拟使用环境应该是高空模拟环境，与气动有关的弹体的模拟使用环境应该是空间环境。控制系统的模拟使用环境可以是仿真的外部数据加上闭合回路的实验室环境。即使是空间环境，它对于最终的使用环境的逼真度也要根据验证关键技术的需要来确定。

(4)实验室环境

实验室环境通常是用于演示验证技术功能和性能的基本原理时的试验环境，该环境不能代表该技术在实际使用中遇到的真实环境。

(5)原理样件

原理样件由作为关键技术载体的部件及其他部件组成，主要是为演示技术原理、验证设计的正确性和工作的协调性而研制的实验或试验样件，通常技术参数是按照预研之初的设想而确定的，没有具体的工程型号需求，在尺寸和性能等方面存在一定的缩放比例，而功能上接近或达到使用要求。它只适合在实验室内试验。

(6)演示样机

演示样机，是指工程研制之前，开展演示试验验证主要功能和性能的样机。它通常集成了比原理样件更多的部件，适合在外场、甚至于飞行环境中进行试验。

(7)原型样机

原型样机，可以看作第一个工程模型，演示了最终飞行器的外形(形状和接口)、尺寸(一定的缩放比例，能够充分说明关键的全尺寸问题)、功能(全部的功能/性能能力)，原型样机与最终的飞行器在最大程度上是相似的，它制造的目的是用来在一定程度上(能够解释关键的全尺寸问题)验证研制和试验的过程。

(8)工程样机

工程样机，是指工程研制过程中，以具体工程型号需求(例如，性能参数、结构参数)为目标，为进行验证试验而制造的样机。

(9)产品

产品，是指承研单位交付用户使用的最终系统。就武器系统而言就是列装后用于训练和实战考验的系统，就卫星而言就是发射后用户可以实际使用的卫星产品。

(10)逼真度

逼真度是指当前状态相对于最终要求状态的相似程度。这里的逼真度包括两方面内容，一方面是技术载体的功能、性能、形状、接口、尺寸(缩放比例)、质量、工艺等与最终产品的相似程度，另一方面是当前试验或演示环境与实际使用环境的相似程度。通常分为低、中、高逼真度。

(11)相关生产环境

生产车间中具备了一些真实生产性的设备、人员、工具、工艺、材料等，尽可能少地依赖实验室中的制造资源。在相关生产环境下的演示验证制造能力的目的是，确保进入工程研制阶段之后制造能力满足费用、进度和性能要求是可以实现的。

(12)典型生产环境

要求在考虑设计成熟的情况下，具有尽可能多的真实生产环境，该生产环境尽可能使用试生产线上的人员、设备、工艺和材料，工作指令和工具应该是高质量的，其变更一般都是为了解决性能或生产速率问题而产生的设计变更。该生产环境已经不依赖实验室的制造资源和人员。

(13)试生产线环境

具备了满足低速率生产所要求的关键的真实生产要素，例如设备、人员技术水平、设施、材料、部件、工作指令、工艺、工具、温度等。试生产线环境尽可能使用全速率生产工艺。

(14)可制造性

在设计周期中需要考虑的一个特性，该特性集中体现了在要求的成本和质量水平下持续生产的工艺能力、设备柔性及其他全部能力。

(15)可生产性

在满足工程、质量、经济可承受要求的条件下生产一件产品相对容易的度量。

(16)成熟度定义说明

产业成熟度是对产品成熟度和市场成熟度评价结果的综合集成，而产品成熟度又是技术成熟度和制造成熟度评价结果的集成，由此可见，产业成熟度评价主要涉及技术、制造、产品、市场的成熟度评价与分析，相关概念名称和术语定义如下：技术成熟度(TRL, Technology Readiness Levels)，制造成熟度(MRL, Manufacturing Readiness Levels)，产品成熟度(PML, Product Maturity Levels)，市场成熟度(MML, Market Maturity Levels)，产业成熟度(IML, Industry Maturity Levels)。本文定义成熟度体系均用到 Readiness 和 Maturity，原因如下：

1)区分宏观和微观领域。对于企业内部而言，技术、制造和产品被评价的对象，相对市场和产业属于微观范畴。在这一层面上运用 Readiness 表示成熟，这与国际上对技术层面评价成熟多应用 Readiness 相一致；而宏观的市场和产业则运用 Maturity，以示区别。

2)本文构建的成熟度体系中，如果采用同一词，会出现缩略语混淆的局面。例如，市场成熟度(MML, Market Maturity Levels)运用 Readiness，则为市场成熟度(MRL, Market Readiness Levels)，则与制造成熟度(MRL), Manufacturing Readiness Levels 同为 MRL 的缩略语。

综上所述，从区分宏观、微观和缩略语混淆两个问题出发，对上述成熟度定义了相应的定义及其缩略语表达式。

(17)成熟度术语对比说明

另外，相关文献就定义术语问题，通过对比研究，就 Readiness 和 Maturity, Level 或 Levels，就绪度和成熟度，通过研究与辨析，对成熟度的概念术语进行比分析与说明。

① Readiness 和 Maturity

文献中都有用到 Readiness 和 Maturity 表示成熟。就字面意思，Readiness 是"准备就绪"的意思；而 Maturity 表示"成熟，到期，完备的"意思。显见 Maturity 更贴切于原本表示技术成熟过程的本意，即从理论到完整的系统的联系过程。另外，国际上"技术"的成熟度，文献多用"Readiness"一词。但是，国际上"过程、能力"的成熟度，文献多用"Maturity"一词，例如，美国卡耐基大学提出的 CMM(Capacity Maturity Model)，和 J · K · 克劳福德(J. K. Crawford)提出的项目管理成熟度 PMMM 模型(Project Management Maturity Model)。

因此，Readiness 和 Maturity 都可以表示成熟的意思。但是，在技术研发和制造能力领域约定俗成地使用 Readiness 较多，其他领域 Maturity 较多。分析两词所表示的时间频域，Maturity 可以覆盖萌芽到成熟的范围；而 Readiness 表示就绪而不一定是完全成熟，更倾向于相对于项目目标而言的状态。

② 成熟度和就绪度

Technology Readiness Levels 的两种翻译方法。"技术就绪度"是对它的直译，而"技术成熟度"是对它的意译。在辞海中对成熟度和就绪度做了如下的解释：成熟度：1)果实或谷实成长到可收获的程度，2）比喻事物已经发展到能有效果的阶段；就绪度表示事物安排妥当。

根据这种解释，技术成熟有两种含义。一种是具备使用的条件、但尚未投入使用，一种是已经投入使用，并且展现了效果。而技术就绪只是说技术已经完成了研发工作，但是并不包含技术已经投入使用、展现其效果的意思。根据国内外广泛使用的 TRL9 级定义，TRL 不仅包括了技术已经准备就绪（即完成了研发工作）、可以投入使用的含义（这是 TRL8 级实现的内容），而且该技术还应该通过集成后的系统在实际环境中的应用效果得到验证（这是 TRL9 级实现的内容）。由此看来，技术成熟度中的成熟能够涵盖 TRL9 级定义的全部内容。而技术就绪度中的就绪对 TRL 九级定义的覆盖有一定的局限性。因此，2012 年，我国颁布国军标的术语采用“成熟度”（《装备技术成熟度等级划分及定义（GJB 7688—2012）》）。

③ Level 和 Levels

文献中定义都有用到 Level 或 Levels。不论是技术成熟度的 9 级定义，还是制造成熟度的 10 级定义，都不仅仅是一个级别，事物发展的过程是分成若干个阶段的，肯定是若干个级别。因此，成熟度的等级应该是一个复数 Levels。我国国军标和国际标准 ISO 都采用了 Levels 一词，本文全部采用 Levels 表示成熟所达到的度。

附录三　战略性新兴产业成熟度评价案例集

2010 年，国务院发布《关于加快培育和发展战略性新兴产业的决定》以来，战略性新兴产业的宏观政策环境不断完善，各领域快速健康发展。“十二五”期间，我国战略性新兴产业形成了良好开局和高质量增长的势头。目前，正是“十三五”开局之年，我国战略性新兴产业的技术创新和商业模式创新不断加快，在相关基础性、前沿性领域突破了一大批关键核心技术，形成了一批充满活力、带动产业结构升级的高质量增长点，对稳增长、促转型、调结构发挥了重要作用。七大战略性新兴领域的特点有：节能环保产业部分领域技术进展显著，规模扩张明显；新一代信息技术产业呈现强劲发展势头，核心关键技术有所突破，已成为全球最大的信息技术和产品市场；生物医药产业总体规模增大，生物农业产业培育取得重要进展，生物制造产业急需转型升级；高端装备制造业取得重要进展，航空重点产品、卫星应用、轨道交通、海洋工程装备快速发展，智能制造装备取得初步成果；煤炭清洁高效转化与利用取得重要突破，非常规油气成为新亮点，智能电网处于起步阶段，核能、可再生能源产业发展迅速；新材料产业，研究水平进一步提高，产业区域集聚态势明显，支撑重大应用示范工程的作用日益显现；新能源汽车与节能技术及关键零部件取得了阶段性突破，市场推广、商业模式创新初显成效，基础设施建设快速发展。

2011 年至今，产业成熟度依托中国工程院重大咨询课题开展基础研究和应用实践，获得了各个专家的指导和帮助。本书出版的目的之一就是能够推广这个方法，因此，各位读者如果选用本方法应用的时候，能够给出一个相近的案例给予参考和借鉴。这里，本章节从战略性新兴各领域中选取 7 个重点方向作为案例。这些案例中的数据来源于自评价专家、综合评审专家和支撑组调研的数据，仅作参考。最后，各个领域专家多年来对本方法的研究和应用给予了指导、帮助和支持，这里致以诚挚的谢意！

案例 1：节能建筑外墙保温技术和材料

(1)领域专家自评价

重点产业方向名称	节能建筑外墙保温技术和材料产业
重大突破性技术名称	节能与结构一体化技术
所属产业领域	■ 节能环保　□ 新一代信息技术　□ 生物　□ 高端装备制造 □ 新能源　□ 新材料　□ 节能与新能源汽车
重点产业发展方向简介	外墙保温是指采用一定的固定方式，把导热系数较低的绝热材料与建筑物墙体固定一体，增加墙体的平均热阻值，从而达到保温或隔热效果的一种工程做法。建筑外墙保温工艺主要有 4 种：外墙外保温、外墙内保温、外墙夹芯保温、墙体自保温。其中，

续表

重点产业发展方向简介		建筑墙体节能的措施以外墙外保温为主，但是目前墙体外保温技术设计使用年限为25年，与建筑物主体结构50～70年设计使用年限相比，存在严重不匹配现象。因此，发展建筑节能与结构一体化技术，是从根本上解决外墙保温工程的维修和更换问题，真正实现节约资源和节能减排的双重目标。 目前，我国建筑节能外墙保温市场已发展成为种类繁多、技术构造多样、产品需求巨大的一个产业。经过近20年的研究及近10年的外墙大规模应用，已经形成了全系列各种类型保温技术的应用技术规范、规程，每种类型的保温系统在中国均有大量的保温工程案例，应用技术日趋成熟，国外一大批知名的保温企业均在中国设立了研发生产基地或分公司（如圣戈班、申得欧、欧文斯科宁等），国内也涌现了一大批勇于创新、致力于推广外墙外保温技术的规模较大的公司（如江苏尼高、北京振利等）
技术成熟度评价	重大突破性技术的技术现状	建筑节能与结构一体化技术，是指集成建筑保温隔热功能与墙体围护功能于一体、墙体不需要另行采取保温措施即可满足现行建筑节能标准要求的新型建筑结构体系，不但保温防火性能优良、质量安全可靠，而且能够实现建筑保温与墙体同寿命。 建筑节能与结构一体化技术特点：1）具有良好的保温隔性能，可达到建筑节能65%甚至更高的要求；2）实现产品工厂化生产和结构防火功能，从根本上解决了墙体保温工程的消防安全隐患；3）结构与保温工程同步设计、同步施工，解决了新建建筑"穿棉衣"的顽症，工程质量安全可靠；4）实现了保温与建筑同寿命，经济社会环境综合效益显著
	当前TRL级别	根据技术成熟度评价参考准则，评价该项重大突破性技术的TRL级别（1～9） TRL 8
制造成熟度评价	重大突破性技术的制造现状	目前，建筑节能与结构一体化技术体系有：CL结构体系（复合保温钢筋焊接网架混凝土剪力墙）、FS外模板现浇混凝土复合保温体系、IPS现浇混凝土剪力墙结构自保温体系、砖块自保温体系（包括承重和非承重体系）、夹心复合墙砖砌块保温结构体系等，这些建筑节能与结构一体化技术已经非常成熟，并已经开始大量使用。其中CL建筑体系生产基地基本覆盖河北省各区市，CL建筑体系由河北省自主研发，其综合技术达到国际先进水平。它是一种保温与结构一体化的复合钢筋混凝土剪力墙结构体系，较好地解决了保温技术方面存在的共性关键技术难题，实现了建筑节能与结构一体化和同寿命。该体系已在全国10多个省市推广应用，建成3 000多万平方米CL体系建筑（其中省内近千万平方米）；在全国建设专业化部品生产基地30多个，总生产能力可满足每年2 000万平方米建筑需要。 建筑节能与结构一体化技术相关标准规范的发布为一体化技术产品的生产、设计、施工、验收等提供了有力的技术依据。目前，已发布实施《CL结构体系技术规程》《FS外模板现浇混凝土复合保温系统应用技术规程》《非承重砌块自保温体系应用技术规程》《SK装配式墙板自保温体系应用技术导则》《承重混凝土多孔砖自保温结构体系应用技术导则》《居住建筑夹芯保温复合砖砌体结构体系应用技术导则》《AESI装配式墙板自保温体系应用技术导则》等七项标准规范
	当前MRL级别	根据制造成熟度评价准则，评价该项重大突破性技术的MRL级别（1～10） MRL 9
市场成熟度评价	市场现状	按照建设部测算，我国若实现2020年城镇建筑达到65%节能率（相对于在05年基数上再节能30%）的规划，从2008年起，这个领域的投资额将达到2万亿元，每年的建筑节能产业经济效益也高达数千亿。另外，预计到2020年，我国高耗能建筑面积将达到700亿平方米。然而，目前新建建筑和既有建筑节能改造的外墙体主要采用外墙外保温技术，占工程应用量的95%以上，外墙外保温技术是建筑节能工作的重要手段。因此，建筑节能与结构一体化技术具有广阔的发展空间和良好的发展前景

续表

<table>
<tr><td rowspan="6">市场成熟度评价</td><td rowspan="2">市场规模</td><td>市场收入</td><td>□ 前期投入大，市场收入规模低（MML1）
■ 收入规模增加，实现盈利（MML2）
□ 收入利润规模稳定（MML3）</td></tr>
<tr><td>从业人员</td><td>□ 以研发人员为主，但生产和销售人员开始增加（MML1）
■ 以生产和销售人员为主，生产销售人员大幅增加（MML2）
□ 从业人员数量和结构趋于稳定（MML3）</td></tr>
<tr><td rowspan="2">市场结构</td><td>产业集中度</td><td>□ 产品处于导入阶段，产品生产销售只集中在少数企业（MML1）
■ 从事产品生产销售的企业数量大幅增加，产业集中度较低（MML2）
□ 产业经过并购整合调整，形成了以少数规模大实力强的企业为龙头的完整的产业链（MML3）</td></tr>
<tr><td>市场占有率</td><td>□ 产品商业应用示范，占有率较低（MML1）
■ 大规模商业化应用，占有率快速增长（MML2）
□ 市场供需平衡，占有率高且趋于平稳（MML3）</td></tr>
<tr><td rowspan="2">市场潜力</td><td>产品竞争力</td><td>□ 产品预期具有较强的竞争力（MML1）
□ 产品竞争力优势显现（MML2）
■ 产品竞争力优势明显（MML3）</td></tr>
<tr><td>进入壁垒</td><td>□ 少数企业掌握核心技术，技术壁垒高（MML1）
■ 核心技术大规模应用，技术壁垒降低（MML2）
□ 产业规模经济效应显现，进入壁垒高（MML3）</td></tr>
<tr><td>时序预测年</td><td colspan="3">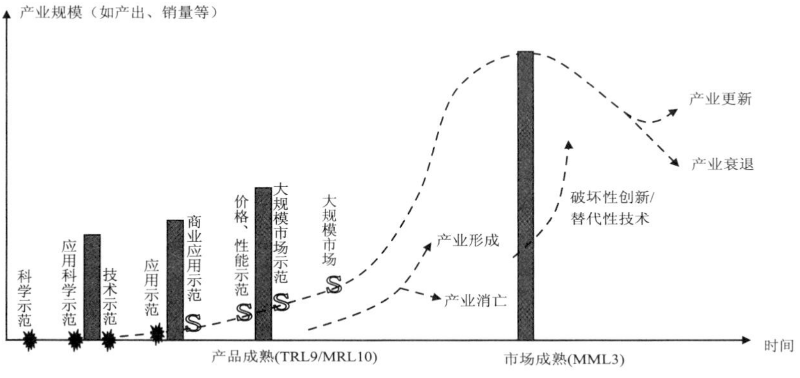

1）预测“十三五”时期末（2020 年）技术、制造、市场的成熟等级
技术成熟度（TRL1 ~9）：<u>9</u>
制造成熟度（MRL1 ~10）：<u>10</u>
市场成熟度（MML1 ~3）：<u>3</u>
2）预测技术、制造、市场完全成熟的时间点
技术完全成熟（TRL9）：<u>2020</u> 年
制造完全成熟（MRL10）：<u>2020</u> 年
市场完全成熟（MML3）：<u>2025</u> 年</td></tr>
</table>

续表

战略性新兴产业培育与发展的建议： 1）结合中国工程院关于战略性新兴产业培育和发展咨询项目，推进这项技术产业化。重点支持已经站在国际前沿的单位，不断推进技术发展，确保我国的国际领先地位。 2）在对新技术进行大量理论研究与工程试验的基础上，进一步开展试点工程，在实践过程中逐步完善相应的技术准则与规范，以使该技术有更广阔的市场应用前景。 3）各地区根据经济发展水平、建筑结构特点、资源条件和产业现状等，通过示范工程建设和充分调研论证，合理确定一体化技术方向。 4）以当地的科研机构和企业为依托，积极研发具有当地特色的一体化技术产品，培育发展一批从事一体化技术研发、生产的产业化基地，确保产品质量和市场供应

注：本表制于2014年。

（2）第三方专家评审意见

所属领域：节能环保产业						
产业方向：节能建筑外墙保温技术和材料产业						
技术成熟度 TRL（1～9级）		专家1	专家2	专家3	专家4	专家5
		8	8	9	8	8
制造成熟度 MRL（1～10级）		专家1	专家2	专家3	专家4	专家5
		9	8	9	9	9
市场成熟度 MML（1～3级）	市场收入	专家1	专家2	专家3	专家4	专家5
		2	2	2	2	2
	从业人员	专家1	专家2	专家3	专家4	专家5
		2	2	2	2	2
	产业集中度	专家1	专家2	专家3	专家4	专家5
		1	2	2	2	1
	市场占有率	专家1	专家2	专家3	专家4	专家5
		2	2	1	2	2
	产品竞争力	专家1	专家2	专家3	专家4	专家5
		2	3	1	3	2
	进入壁垒	专家1	专家2	专家3	专家4	专家5
		2	2	2	2	2
未来成熟等级和时序表预测	1）预测“十三五”时期末（2020年）技术、制造、市场的成熟等级					
	技术成熟度（TRL1～9）	专家1	专家2	专家3	专家4	专家5
		9	9	9	9	8
	制造成熟度（MRL1～10）	专家1	专家2	专家3	专家4	专家5
		10	10	9	10	9
	市场成熟度（MML1～3）	专家1	专家2	专家3	专家4	专家5
		2	3	2	3	3

续表

<table>
<tr><td rowspan="7">未来成熟等级和时序表预测</td><td colspan="6">2）预测技术、制造、市场完全成熟的时间点</td></tr>
<tr><td rowspan="2">技术完全成熟（TRL9）</td><td>专家 1</td><td>专家 2</td><td>专家 3</td><td>专家 4</td><td>专家 5</td></tr>
<tr><td>2017</td><td>2020</td><td>2015</td><td>2020</td><td>2020</td></tr>
<tr><td rowspan="2">制造完全成熟（MRL10）</td><td>专家 1</td><td>专家 2</td><td>专家 3</td><td>专家 4</td><td>专家 5</td></tr>
<tr><td>2020</td><td>2021</td><td>2015</td><td>2020</td><td>2020</td></tr>
<tr><td rowspan="2">市场完全成熟（MML3）</td><td>专家 1</td><td>专家 2</td><td>专家 3</td><td>专家 4</td><td>专家 5</td></tr>
<tr><td>2022</td><td>2025</td><td>2020</td><td>2025</td><td>2023</td></tr>
<tr><td colspan="7">战略性新兴产业培育与发展的建议：
1）尽快在大中城市开展试点工程，在 2020 年之前制定完善相关的技术规范，尽量形成国家统一标准，推进技术产业化。
2）应论述本产业实施耗能与节能的平衡关系，做到真正达到节能的目的。
3）本产业方向具备成为战略性新兴产业的潜力，需要增强不同技术之间的比较研究，确保真正实现全生命周期内的节能应用。
4）加强市场调研和战略研究，确定合理科学的技术方向。关注新型建筑材料发展对该项技术应用的影响。
5）加强对节能建筑外墙保温技术应用的节能效果的评价，技术发展对建材行业产业转型的影响评价</td></tr>
</table>

注：本表制于 2014 年。

（3）产业成熟度评定结果

产业方向	成熟度评价结果	“十三五”预测	完全成熟时间/年
节能建筑外墙保温技术和材料	技术成熟度　TRL8	TRL 9	2020
	制造成熟度　MRL9	MRL10	2020
	市场成熟度　MML2	MML 3	2025
	产业成熟度　IML2	IML 4	2025

注：本表制于 2014 年。

案例 2：移动互联网和社会网络服务应用产业生态群

（1）领域专家自评价

重点产业方向名称	移动互联网和社会网络服务产业——移动互联网应用及安全产业生态群
重大突破性技术名称	生活化、智能化的移动应用平台
所属产业领域	☐ 节能环保　■ 新一代信息技术　☐ 生物　☐ 高端装备制造 ☐ 新能源　☐ 新材料　☐ 节能与新能源汽车
重点产业发展方向简介	移动互联网的核心价值正在从社交化、娱乐化向智能化、生活化转变，原有的“基础通讯平台 + OS + App Store”结构生态开始向“基础通讯平台 + OS + App Store + 健康数据开放平台 + 智能家居开放平台 + 车载应用开放平台 + ……”的新结构生态模式演变，该模式下，“web 平台（浏览器和 web OS 等）和互联网渠道”将取代“移动终端操作系统和应用程序商店”成为移动互联网产业新的核心，操作系统的核心地位正在被逐步弱化。然而，我国现阶段 PC 端被微软操作系统垄断，在移动终端又被安卓和苹果操作系统双寡头垄断，IT 核心技术受制于人的局面亟需打破。因此，基于生活化、智能化

续表

<table>
<tr><td colspan="3">重点产业发展方向简介</td><td>的移动应用平台的创新为我国引领全球移动互联网产业生态创造了新的契机，是我国实现弯道超车的最佳机遇。
现阶段以 HTML5 标准为基础的 web 应用平台研究成为产业重要的努力方向，参与者囊括了包括互联网厂商、浏览器厂商、软件公司、运营商、应用服务提供商、终端制造商等在内的产业各个环节。我国在此方面有了很好的积累，我国自主研发的基础软件在 HTML5 标准支持、Java Script 引擎执行效率、硬件加速等方面均有显著提升，并有多项自主创新技术。互联网应用服务为移动 web 应用的大规模发展提供良好支撑，包括即时消息、微博、搜索、电子商务、SNS、网络游戏、网络视频等七大互联网应用均实现本土企业引领发展，为移动 Web 应用生态的构建奠定了开发者、用户和市场基础。目前，国内多家企业已经或者正在积极加入到万维网联盟(W3C)，并积极参与 HTML5 等国际标准的制定工作，国际标准领域的参与度与影响力日增。此外，中国移动等电信运营商在 WAC 电信网络能力 API 标准方面走在国际前列。</td></tr>
<tr><td rowspan="2">技术成熟度评价</td><td colspan="2">重大突破性技术的技术现状</td><td>国内相关互联网企业级运营商积极参与了 HTML5 标准组织，并提出许多领先的标准提案。多家互联网企业自主研发的基础软件在 HTML5 标准支持、Java Script 引擎执行效率、硬件加速等方面均有显著提升，并有多项自主创新技术。同时，基于原生操作系统，在其上层搭建自身生态体系和超级应用，已成为我国一条独特的发展路径和发展模式，即通过用户规模优势，不断融入新型业务能力，以互联网方式构建一个超级应用平台，并在超级应用之上建立自己的应用体系，并通过开放标准化 API，实现基于其自身应用平台的跨操作系统、跨终端的服务特性</td></tr>
<tr><td colspan="2">当前 TRL 级别</td><td>根据技术成熟度评价参考准则，评价该项重大突破性技术的 TRL 级别(1～9)
TRL __2__</td></tr>
<tr><td rowspan="2">制造成熟度评价</td><td colspan="2">重大突破性技术的制造现状</td><td>我国在面向 HTML5 的移动互联网产业演进方向已具备良好基础，国内企业开发的基础软件在 HTML5 标准支持、Java Script 引擎执行效率、硬件加速等方面均有显著提升，并有多项自主创新技术。在基于原操作系统上的应用体系建设上，国内企业也推出了相应的应用服务平台。因此，在生活、智能化应用平台建设方面，国内已具备相应的生产、验证能力</td></tr>
<tr><td colspan="2">当前 MRL 级别</td><td>根据制造成熟度评价参考准则，评价该项重大突破性技术的 MRL 级别(1～10)
MRL __6__</td></tr>
<tr><td rowspan="3">市场成熟度评价</td><td colspan="2">市场现状</td><td>生活、智能应用平台创新的着力点集中在智能家居、智能健康监测、手机 APP 车联网应用平台等领域，利用智能家居 APP 搭建家庭物联网平台，以智能终端或可穿戴设备为入口形成云平台对人体健康数据的存储、传递和分享，通过手机 APP 车联网应用平台了解车辆的实时动态等。在用户基数逐渐增大的前提下，生活、智能应用平台具备的平台发展能力越来越强。该平台的应用可推动智能生活、智慧城市的发展，将会推动千亿规模的市场</td></tr>
<tr><td rowspan="2">市场规模</td><td>市场收入</td><td>■ 前期投入大，市场收入规模低(MML1)
□ 收入规模增加，实现盈利(MML2)
□ 收入利润规模稳定(MML3)</td></tr>
<tr><td>从业人员</td><td>■ 以研发人员为主，但生产和销售人员开始增加(MML1)
□ 以生产和销售人员为主，生产销售人员大幅增加(MML2)
□ 从业人员数量和结构趋于稳定(MML3)</td></tr>
</table>

续表

<table>
<tr><td rowspan="4">市场成熟度评价</td><td rowspan="2">市场结构</td><td>产业集中度</td><td>■ 产品处于导入阶段，产品生产销售只集中在少数企业（MML1）
□ 从事产品生产销售的企业数量大幅增加，产业集中度较低（MML2）
□ 产业经过并购整合调整，形成了以少数规模大实力强的企业为龙头的完整的产业链（MML3）</td></tr>
<tr><td>市场占有率</td><td>■ 产品商业应用示范，占有率较低（MML1）
□ 大规模商业化应用，占有率快速增长（MML2）
□ 市场供需平衡，占有率高且趋于平稳（MML3）</td></tr>
<tr><td rowspan="2">市场潜力</td><td>产品竞争力</td><td>■ 产品预期具有较强的竞争力（MML1）
□ 产品竞争力优势显现（MML2）
□ 产品竞争力优势明显（MML3）</td></tr>
<tr><td>进入壁垒</td><td>□ 少数企业掌握核心技术，技术壁垒高（MML1）
■ 核心技术大规模应用，技术壁垒降低（MML2）
□ 产业规模经济效应显现，进入壁垒高（MML3）</td></tr>
<tr><td>时序预测年</td><td colspan="3">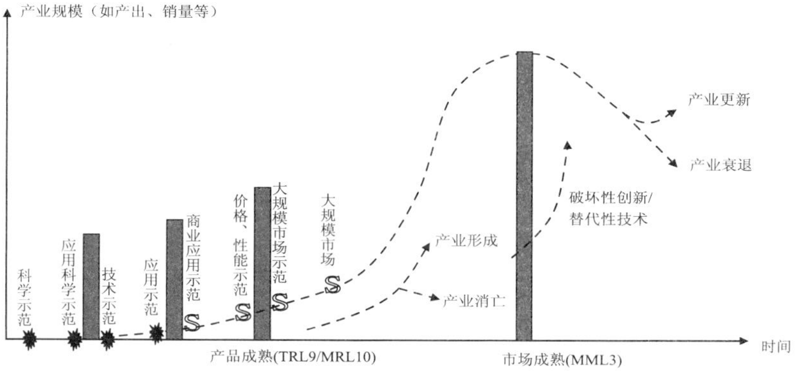

1）预测“十三五”时期末（2020 年）技术、制造、市场的成熟等级
技术成熟度（TRL1 ~ 9）：__9__
制造成熟度（MRL1 ~ 10）：__10__
市场成熟度（MML1 ~ 3）：__3__
2）预测技术、制造、市场完全成熟的时间点
技术完全成熟（TRL9）：__2020__ 年
制造完全成熟（MRL10）：__2018__ 年
市场完全成熟（MML3）：__2020__ 年</td></tr>
<tr><td colspan="4">战略性新兴产业培育与发展建议：
1）建议国家能引导产业的发展方向，促进应用平台的尽快推出。
2）建立以政府财政经费投入为引导、以企业科技经费投入为主体和激励社会资本进入的多元化科技投融资体系。
3）产业链条上的企业要加速技术研发速度，促进技术创新到产业升级发展。
4）加强数据和知识产权的保护，出台相关政策和法案</td></tr>
</table>

注：本表制于 2014 年。

(2)第三方专家评审意见

所属领域：新兴信息产业

产业方向：移动互联网和社会网络服务应用产业生态群

技术成熟度 TRL(1～9 级)		专家 1	专家 2	专家 3	专家 4	专家 5	专家 6
		3	3	8	5	4	2
制造成熟度 MRL(1～10 级)		专家 1	专家 2	专家 3	专家 4	专家 5	专家 6
		6	7	9	6	6	6
市场成熟度 MML(1～3 级)	市场收入	专家 1	专家 2	专家 3	专家 4	专家 5	专家 6
		1	2	3	2	2	1
	从业人员	专家 1	专家 2	专家 3	专家 4	专家 5	专家 6
		1	2	3	2	2	1
	产业集中度	专家 1	专家 2	专家 3	专家 4	专家 5	专家 6
		1	2	3	2	3	1
	市场占有率	专家 1	专家 2	专家 3	专家 4	专家 5	专家 6
		1	2	3	1	2	1
	产品竞争力	专家 1	专家 2	专家 3	专家 4	专家 5	专家 6
		1	1	3	2	1	1
	进入壁垒	专家 1	专家 2	专家 3	专家 4	专家 5	专家 6
		2	2	2	3	2	1
未来成熟等级和时序表预测	1)预测“十三五”时期末(2020 年)技术、制造、市场的成熟等级						
	技术成熟度(TRL1～9)	专家 1	专家 2	专家 3	专家 4	专家 5	专家 6
		9	8	9	8	9	9
	制造成熟度(MRL1～10)	专家 1	专家 2	专家 3	专家 4	专家 5	专家 6
		10	10	10	8	9	9
	市场成熟度(MML1～3)	专家 1	专家 2	专家 3	专家 4	专家 5	专家 6
		3	3	3	2	3	2
	2)预测技术、制造、市场完全成熟的时间点						
	技术完全成熟(TRL9)	专家 1	专家 2	专家 3	专家 4	专家 5	专家 6
		2020	2022	2016	2025	2019	2020
	制造完全成熟(MRL10)	专家 1	专家 2	专家 3	专家 4	专家 5	专家 6
		2018	2018	2016	2025	2019	2021
	市场完全成熟(MML3)	专家 1	专家 2	专家 3	专家 4	专家 5	专家 6
		2020	2022	2015	2025	2020	2020

战略性新兴产业培育与发展的建议：

1)建议将 BAT 产业纳入进来进行产业分析，这是一个完全市场化的方向，建议应用平台产业政策方面给予支持。

2)建议科研机构做基础性、辅助性的研究工作，具体发展留给市场，支持产业链上的公司后期的市场发展。

3)我国的应用平台发展水平较高，也在向高技术水平发展，建议进一步明确应用平台的技术范畴。

4)技术目前取得一些突破，但市场占率仍偏低；支持互联网巨头建设基础应用平台，加大产业化推动。

续表

5)政策刺激角度比从技术角度更容易推动该产业发展，建议国家能出台培育与发展的相关政策，引导产业发展方向的整体规划，尽快推出应用平台

注：本表制于2014年。

（3）产业成熟度评定结果

产业方向	成熟度评价结果	"十三五"预测	完全成熟时间/年
移动互联网和社会网络服务应用产业生态群	技术成熟度 TRL5	TRL 8	2025
	制造成熟度 MRL6	MRL9	2025
	市场成熟度 MML2	MML 3	2025
	产业成熟度 IML1	IML 4	2025

案例3：可穿戴医疗设备

（1）领域专家自评价

重点产业方向名称	可穿戴医疗设备
重大突破性技术名称	低功耗微控制器；传感器及系统集成芯片技术；可穿戴生物医学柔性传感和微型低功耗通用芯片融合技术
所属产业领域	□ 节能环保 □ 新一代信息技术 ■ 生物 □ 高端装备制造 □ 新能源 □ 新材料 □ 节能与新能源汽车
重点产业发展方向简介	随着移动技术的突破性进展、大众对健康管理价值认知度的提升，以及国家医疗健康服务业政策的强劲推动，可穿戴医疗设备的发展迅速。可穿戴医疗技术集成了大数据、可穿戴科技、移动终端应用、社交网络、认知计算、3D打印等前沿科技。在变被动的疾病治疗为主动的健康管理、维护健康的同时，节省了普通医疗检测的费用。 可穿戴式医疗设备主要是利用传感器和系统集成芯片对心电、血糖、血压、血氧和体温等进行实时、连续监测，并与相关智能设备(如智能手机等)实现无缝连接，同时借助云计算技术将监测数据通过云端进行存储和分析，对异常情况及时提供预警及相应的诊治意见。可穿戴医疗设备作为未来移动互联新的入口，其产业发展的最大潜力不在于硬件本身，而在于通过硬件采集到的医疗"大数据"，以及由此衍生出的商业模式。 可穿戴医疗设备是将可穿戴技术应用于体征检测、运动数据统计及健康状况改善的设备统称，具备监测生理指标、记录数据、动态观察等三大作用。目前，可穿戴移动医疗设备已可应用于慢性病管理、健康保健、居家养老、运动健身、疾病早期预测、早期诊断、远程监护及分布式个性化医疗等方面。目前及未来5年可穿戴核心产品主要分为六类：1)运动检测及计量器(计步、运动量等)；2)生理参数监测仪(血压、心电、心率、脉波传导时间、心率变异、肌电、脑电、血氧饱合度、呼吸率、体温等)；3)生化参数检测器(血糖、脂肪含量、汗液等)；4)行为心理监测仪(饮食、卡路里摄取量、热消耗量、睡眠等)；5)无创治疗仪(电疗、光疗、磁疗、超声疗法、除颤、透皮给药等)；6)可穿戴康复设备(智能假肢等)。 可穿戴核心产品的关键技术，如生物医学传感技术、低功耗芯片设计及无线互联平台等技术都已取得重大突破。可穿戴核心产品正沿着微型化、智能化、网络化、数字化和标准化的方向迅速发展。作为可穿戴移动医疗发展较快的地区，韩国、德国与美

续表

重点产业发展方向简介		国目前已经初步形成了一套相对完整的业务体系和产业链，同时其市场也在迅速扩大。国际上 IEEE 即将发布全球首个可穿戴无袖带连续血压测量标准(IEEE P1708)，并规范了其可穿戴设备的互操作性，这将进一步对可穿戴医疗设备产业化起到重要的积极推动作用。在国内，基于此国际标准草案和香港创新科技署资助研发的可穿戴无袖带连续血压测量技术，深圳诺康公司已设计出多生理参数无扰式(unobtrusive)连续监测系统。总体上讲，尽管近几年技术突飞猛进，可穿戴健康医疗需求巨大且目前可穿戴移动医疗监测关键技术和核心产品制造均趋于成熟，但可穿戴技术革命仍处于初级阶段，行业内的整体技术水平差距不大。医疗及商业模式转变面临的诸多困难和挑战仍影响着可穿戴医疗的市场成熟。就目前来看，可穿戴医疗设备存在以下问题：首先，数据背景不明确。目前的可穿戴设备只能记录数据，却无法智能分辨数据发生的环境和背景；其次，状态解读准确性。这是一个非常重要的问题。对于不同的患者群体答案也不尽相同。再者，数据准确性问题。在美国，可穿戴设备上市必须经过 FDA 认证，而中国尚未出台相关的监管法律或法规。可穿戴医疗设备的检测结果能否被医院认可，对可能发生的医疗事故如何处理，尚无定论。最后，存在数据损失
技术成熟度评价	重大突破性技术的技术现状	可穿戴医疗产品的核心技术包括：生物传感(尤其柔性生物医学传感技术)、超低功耗数模电路及芯片设计、抗伪迹干扰技术、数据加密技术及无线区域网技术。目前，柔性电子织物电极/传感技术已比较成熟，并已应用于可穿戴生理参数监测系统。以智能衬衫或婴儿服的形式为例可以计量穿着者的心电(ECG)、肌电(EMG)、心率、呼吸频率等。在未来 3～5 年，该类基于柔性电子织物传感器的可穿戴产品会从目前的发展期进入成熟期。此外，可用于柔性生物光电传感器的突破性技术——高灵敏度红外光电晶体管已经研制成功，并用于连续脉搏波监测。值得一提的是，高灵敏度柔性电子生物传感器还能实现压力和温度的测量，具有超轻(3 g/m^2)、薄(2 μm)、可弯曲折叠及动态附着等特性。在可穿戴核心芯片设计上，英特尔基于 22 nm 技术近期已经设计了适于可穿戴设备的 Edison 通用芯片，大小仅与一张普通的 SD 卡相当。该芯片内置 WiFi 与蓝牙连接功能，并拥有灵活的可拓展 I/O 功能，支持 Linux 和开源软件，适用于超小型和低功耗的可穿戴医疗设备。基于该芯片已预研的可穿戴设备包括耳机、智能婴儿监控衣等。此外，基于美信公司(Maxim Integrated)IC 的"Fit 衫"，其利用内嵌的传感器来测量心电、体温及用户活动量等，可供医疗机构来持续监测使用者的生命体征。 利用无线连接技术实现可穿戴设备间的网络互联，是开发这些设备应用潜力的另一关键所在。嵌入式无线互联平台将可以简化因特网连接应用到大量消费设备的过程。博通开发的 WICED 平台集成了近场通信(NFC，Near Filed Communication)技术、BluetoothSmart 和 WiFi 技术。此外，将可穿戴设备与定位技术结合起来，可以实现一些新应用功能。国内北京君正推出智能互联设备平台 Newton，具有从几十兆到 1 GHz 的超强计算能力，超低功耗(＜2 mW)，超小尺寸(21.6 mm×38.4 mm)，提供灵活的扩展接口，具有联网功能(WIFI、Bluetooth、NFC)，并集成有 9 轴 MEMS 传感器、压力传感器、温湿度传感器、心电传感器等传感器件，能应用于可穿戴医疗设备等多个领域中。另外，除无线局域网外，具有安全性及高能效优势的人体通信技术(HBC，Human Body Communication)处于蓬勃发展的阶段，并已被列入 IEEE 802.15.6(无线区域网)标准。 总体来说，我国在传感器及系统集成芯片方面与主要发达国家相比还存在很大的差距，特别是在传感器方面，主要是在测量原理上还没有重大突破，在测量精度、低功耗方面还亟待提高。这需要多学科交叉进行创新，包括生物工程技术及信息技术，从而开发我国自有的前端医疗监测设备
	当前 TRL 级别	根据技术成熟度评价参考准则，评价该项重大突破性技术的 TRL 级别(1～9) TRL __8__

续表

制造成熟度评价	重大突破性技术的制造现状	可穿戴设备的流行，最大的潜力不在于硬件本身，而在于通过硬件附着住客户的舒适性、硬件背后收集到的医疗云端“大数据”及由此衍生出的商业模式——智慧医疗。随着三星、苹果、英特尔 IT 产业巨头相继进入可穿戴设备市场，整个供应链的生态将得到极大的提升。在国内，医疗传感监测（心血管、血压）方面，宝莱特、理邦仪器、九安医疗等具有较强的制造供应能力。可穿戴核心芯片制造方面，北京君正低功耗芯片在便携设备市场有天然优势，是最早在智能手表领域耕耘的 IC 设计公司，目前已出货的客户有果壳，智器和土曼等。载体通信技术相对成熟，我国上海的中芯国际、台湾地区的 TSMC 等 FOUNDRY 厂都完全具备加工能力。在封装方面，深南电路和江阴长电等厂商也完全具备封测能力。总之，在制造能力和制造环境方面，我国已经在集成电路加工制造领域投入巨资	
	当前 MRL 级别	根据制造成熟度评价参考准则，评价该项重大突破性技术的 MRL 级别（1～10） MRL 8	
市场成熟度评价	市场现状	穿戴式医疗设备是移动医疗（mHealth）的重要前端设备之一。由于我国人口老龄化造成医疗需求的急剧增长，而实际医疗资源供给又严重短缺，尤其是在偏远地区。供需缺口为移动医疗带来了一片蓝海。例如，未来冠心病、高血压、糖尿病等慢性疾病的患者将不仅仅接受药物治疗，还要接受包括远程监测、远程治疗方案调整、生活方式管理在内的整体的疾病管理方案。 可穿戴设备为移动网络新的入口，将引领个人局域网的全面升级。可穿戴式设备具有百亿美元的市场空间，即将进入爆发期。多家研究机构都乐观预测，在未来 3～4 年内，穿戴式设备将达到 3～4 亿台，市场规模达到 200 亿美元以上。目前市场上可穿戴设备的产品形态以智能手表为主，眼镜、手环、项圈、戒指等为辅，功能主要分布在娱乐休闲、健身及医疗健康领域，其中医疗特别是重大疾病的个性化防治与管理可穿戴设备为最具前景的应用领域。据腾讯科技报道，市场研究机构 ON World 在最新的报告中预测，到 2019 年的未来 5 年内，全球可穿戴设备出货量将达到 7 亿部，全球可穿戴设备行业的市场经济规模将达到 3 000 亿元人民币。市场研究机构 Transparency Market Research 预测，在未来 5 年内，全球可穿戴医疗设备将达到 360 亿元人民币。随着全球可穿戴设备市场的逐渐兴起，中国的可穿戴设备市场也在迅速增长，并将逐渐成为全球可穿戴设备的主要市场之一。艾媒咨询（iiMedia Research）数据显示，2013 年中国可穿戴设备市场出货量约为 675 万部，市场规模达 20 亿元人民币；预计到 2016 年中国可穿戴设备市场出货量将超过 7 500 万部，市场规模将超过 160 亿元人民币。其中，可穿戴医疗设备 2013 年市场规模达到 5. 6 亿元人民币，预期 2017 年将达到 47. 7 亿元人民币。值得特别指出的是，近期多项可穿戴医疗核心技术的突破有望为可穿戴市场带来超出预期更大的潜力。以可穿戴无袖带实时连续血压监测设备为例，目前中国高血压与心脑血管病人口众多，仅此一项将有超过 100 亿元人民币的市场经济规模。柔性电子的发展更将为新的无扰式可穿戴传感带来机遇，从而具有广阔的可穿戴医疗设备市场前景。到 2020 年，印刷与柔性电子设备和材料市场预计将达到 100 亿人民币。随着突破性技术推广牵引力的增强，以及老龄化加剧，重大疾病的防治及人们对于自身健康管理的需求增加，可穿戴移动医疗可能引爆下一个十年规模超过万亿人民币的新兴市场	
		市场收入	■ 前期投入大，市场收入规模低（MML1） □ 收入规模增加，实现盈利（MML2） □ 收入利润规模稳定（MML3）
		从业人员	■ 以研发人员为主，但生产和销售人员开始增加（MML1） □ 以生产和销售人员为主，生产销售人员大幅增加（MML2） □ 从业人员数量和结构趋于稳定（MML3）

续表

市场成熟度评价	市场结构	产业集中度	☐ 产品处于导入阶段，产品生产销售只集中在少数企业（MML1） ■ 从事产品生产销售的企业数量大幅增加，产业集中度较低（MML2） ☐ 产业经过并购整合调整，形成了以少数规模大实力强的企业为龙头的完整的产业链（MML3）
		市场占有率	■ 产品商业应用示范，占有率较低（MML1） ☐ 大规模商业化应用，占有率快速增长（MML2） ☐ 市场供需平衡，占有率高且趋于平稳（MML3）
	市场潜力	产品竞争力	☐ 产品预期具有较强的竞争力（MML1） ■ 产品竞争力优势显现（MML2） ☐ 产品竞争力优势明显（MML3）
		进入壁垒	■ 少数企业掌握核心技术，技术壁垒高（MML1） ☐ 核心技术大规模应用，技术壁垒降低（MML2） ☐ 产业规模经济效应显现，进入壁垒高（MML3）
时序预测年	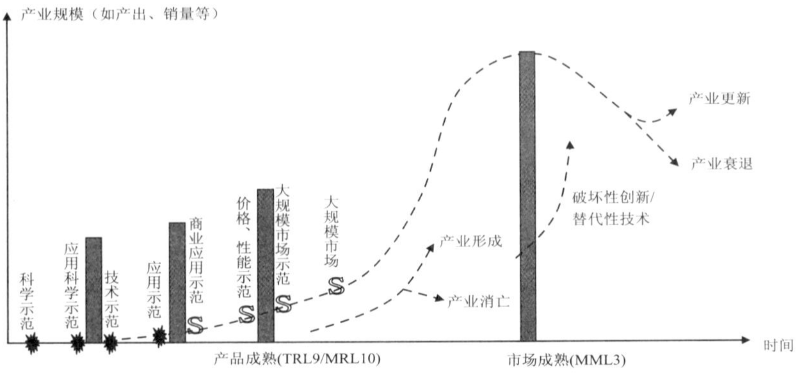 1）预测“十三五”时期末（2020年）技术、制造、市场的成熟等级 技术成熟度（TRL1～9）：__9__ 制造成熟度（MRL1～10）：__10__ 市场成熟度（MML1～3）：__2__ 2）预测技术、制造、市场完全成熟的时间点 技术完全成熟（TRL9）：__2018__年 制造完全成熟（MRL10）：__2020__年 市场完全成熟（MML3）：__2025__年		

战略性新兴产业培育与发展建议：可穿戴医疗设备是体现多学科交叉融合的颠覆性创新产品，虽然面临市场爆发期，但目前规模和成熟度都还需要一定的培育支持。从功能上，目前可穿戴医疗设备多停留在运动及健康维护应用，未来可培育有移动病人监护、融合智能诊断及治疗功能的可穿戴医疗配件与设备的发展。与IT产品不同，可穿戴医疗设备市场的发展与成熟不仅取决于产品质量和用户满意度，还在很大程度上取决于医学界的认可度、医疗范式的改革及商业模式创新。具体建议包括：

1）成立可穿戴医疗设备的国家级“产学研医”创新联盟，制定相关的技术和产品标准，规范市场，疏通产业链和推广应用链。

2）建立国家级可穿戴移动健康工程重点实验室，以引领核心技术的进一步发展、融合与转化。

3）以医学影像领域的联影公司为样板，瞄准可穿戴移动医疗颠覆性产业，在3～5年内打造以民间资本为主、国家投入为辅，但具有国际竞争力的“产研”融合、“学医”结合的一流大型创新企业平台。集中相关高端人才优势，

续表

大力投入可穿戴移动医疗产业各环节，从生物传感、核心芯片、无线网通用平台的研发生产到市场应用，从而推动整个产业链的快速发展。 4）从国家层面加大对具有自主知识产权的传感器（敏感单元）、系统集成芯片设计及制造工艺方面的投入。特别针对穿戴式医疗设备，还需要加强在电子纺织、低功耗和微小型化等核心关键技术的研发投入，从而使产品更加多样化、实用化。 5）加强产学研的交流与合作，特别要鼓励和加强学科交叉，包括信息技术、生物和医学技术、新能源和新材料技术等。鼓励对新兴商业模式的探索，适时修改相关医疗保险政策等，以适应新的市场和发展需求

注：本表制于2014年。

（2）第三方专家评审意见

所属领域：生物产业				
产业方向：可穿戴医疗设备				
技术成熟度 TRL（1～9级）		专家1	专家2	专家3
		7	7	7
制造成熟度 MRL（1～10级）		专家1	专家2	专家3
		9	8	9
市场成熟度 MML（1～3级）	市场收入	专家1	专家2	专家3
		1	1	1
	从业人员	专家1	专家2	专家3
		2	1	1
	产业集中度	专家1	专家2	专家3
		2	2	2
	市场占有率	专家1	专家2	专家3
		3	2	2
	产品竞争力	专家1	专家2	专家3
		2	2	2
	进入壁垒	专家1	专家2	专家3
		2	1	1
未来成熟等级和时序表预测	1）预测“十三五”时期末（2020年）技术、制造、市场的成熟等级			
	技术成熟度（TRL1～9）	专家1	专家2	专家3
		9	8	9
	制造成熟度（MRL1～10）	专家1	专家2	专家3
		10	9	10
	市场成熟度（MML1～3）	专家1	专家2	专家3
		3	2	3
	2）预测技术、制造、市场完全成熟的时间点			
	技术完全成熟（TRL9）	专家1	专家2	专家3
		2020	2018	2020

续表

未来成熟等级和时序表预测	制造完全成熟（MRL10）	专家1	专家2	专家3
		2020	2020	2020
	市场完全成熟（MML3）	专家1	专家2	专家3
		2025	2025	2025
战略性新兴产业培育与发展的建议： 1）重点支持系统集成，形成合力。在技术层面重点在于软件开发及算法，同时建议国家建立标准化。 2）目前国内的产品群雄并起，国外产品不多，但核心技术仍有待突破，建议建立国家级研发实验室，重点突破生物检测技术、传感信息的智能识别问题，核心芯片问题（含低功耗、微型化等）、数据及通信标准、降低政策壁垒等。 3）集中力量，重点突破，统一标准，统一服务				

注：本表制于2014年。

（3）产业成熟度评定结果

产业方向	成熟度评价结果	“十三五”预测	完全成熟时间/年
可穿戴医疗设备	技术成熟度　TRL 7	TRL 7	2020
	制造成熟度　MRL9	MRL10	2020
	市场成熟度　MML 2	MML 2	2025
	产业成熟度　IML 1	IML 3	2025

案例4：涡浆系列支线飞机

（1）领域专家自评价

重点产业方向名称	涡桨支线飞机产业
重大突破性技术名称	涡桨飞机技术
所属产业领域	□ 节能环保□ 新一代信息技术□ 生物　■ 高端装备制造 □ 新能源　□ 新材料　□ 节能与新能源汽车
重点产业发展方向简介	自20世纪70年代以来，世界航空制造业兼并浪潮不断。在支线飞机设计与制造领域，加拿大庞巴迪公司、巴西航空工业公司和法国/意大利ATR公司占据了优势地位，长期定位于干线客机市场的波音和空客公司，正在将飞机座级向下延伸，开始进入支线客机市场，在这样的世界大环境的影响下，中国商飞公司与中航国际西飞公司、俄罗斯苏霍伊公司、乌克兰安东诺夫公司和日本的三菱重工也正积极研制各型支线飞机，为进入国际支线飞机市场做好准备。 MA60飞机是中航工业西安飞机公司在运7-200A的基础上研制的50～60座双发涡桨支线飞机，动力装置为PW-127J涡桨发动机，也属于运7系列飞机。MA60飞机在机身结构、机载设备、机舱内装饰等方面进行了全新改进。MA600是在MA60基础上的改进型，在综合航电系统、客舱内环境、系统维护性和可靠性等方面进行了改进。截至目前，MA60/600支线飞机现已交付78架，在国内外的200条航线上进行服役，该系列飞机已获得的确认和意向订单约170架。中航工业西安飞机公司预计，2009—2018年全球市场对MA600飞机的需求量将超过300架，其中中国国内的需求量为120～150架

续表

<table>
<tr><td rowspan="2">技术成熟度评价</td><td>重大突破性技术的技术现状</td><td colspan="2">新舟涡桨飞机已取得 CAAC 型号许可证，飞行 26.6 万小时，实现交付国内外用户 92 架飞机。新一代多用途涡桨飞机 Y12F，2010 年 12 月实现首飞，2014 年 9 月获得 CAAC 型号合格证，2014 年 12 月获得 FAA 型号合格证。国家应急救援所需的“TA600”大型水上救援/灭火水陆两栖飞机，2014 年 2 月完成结构详细设计发图，年底实现大部件交付，2015 年年底完成 67% 静力试验，实现首飞。单发活塞水陆两栖飞机“海鸥 300”正在适航取证，“十二五”末投入市场。“小鹰 500”实施“精品工程”，提高产品的可靠性。同时，地方政府及民营企业也引进了部分国外型号进行复装</td></tr>
<tr><td>当前 TRL 级别</td><td colspan="2">根据技术成熟度评价参考准则，评价该项重大突破性技术的 TRL 级别(1～9)
TRL __8__</td></tr>
<tr><td rowspan="2">制造成熟度评价</td><td>重大突破性技术的制造现状</td><td colspan="2">已取得 CAAC 生产许可证，具备批生产条件，建立了供应链管理体系，实现批生产和交付。中国商飞公司采取的是“主制造商—供应商”模式，飞机机体部件和系统等都可以通过全球采购来得到，能充分利用全球最好的资源</td></tr>
<tr><td>当前 MRL 级别</td><td colspan="2">根据制造成熟度评价参考准则，评价该项重大突破性技术的 MRL 级别(1～10)
MRL __8__</td></tr>
<tr><td rowspan="5">市场成熟度评价</td><td>市场现状</td><td colspan="2">我国的支线航空产业目前仍处于起步阶段，存在许多尚待解决的问题。与干线运输相比，我国的支线运输明显落后。截至 2010 年底，全行业共有客机 1 506 架，其中支线客机为 140 架，占客机总数的 9.2%。截至 2011 年底，全行业共有客机 1 664 架，其中支线客机为 155 架，占客机总数的 9.3%。航线分布不均衡、缺少客源、市场需求不足、没有良好的运营环、航线密度低等都是制约我国支线航空产业发展的重要因素。
在鼓励支线运输方面，我国先后出台了若干政策性文件，包括《关于促进支线航空运输发展若干意见》《民航中小机场补贴管理暂行办法》《支线航空补贴管理暂行办法》等。按照以上出台的政策性文件，我国在“十二五”期间将免收支线飞机民航发展基金和进口航材的关税和增值税。其中免征民航发展基金的机型包括 ATR72、CRJ-200、ERJ-145、MA60 等 8 种支线飞机，涉及飞机数量为 103 架，执行的航班涉及航线 844 条，预计每年将有 1 000 万旅客受惠此政策。而在支线机场的发展及规划新建方面，预计到 2015 年，全国运输机场的总数将达到 230 个以上，覆盖全国 94% 的经济总量，83% 的人口和 81% 的县级行政单元，机场建设的速度将加快</td></tr>
<tr><td rowspan="2">市场规模</td><td>市场收入</td><td>■ 前期投入大，市场收入规模低(MML1)
□ 收入规模增加，实现盈利(MML2)
□ 收入利润规模稳定(MML3)</td></tr>
<tr><td>从业人员</td><td>■ 以研发人员为主，但生产和销售人员开始增加(MML1)
□ 以生产和销售人员为主，生产销售人员大幅增加(MML2)
□ 从业人员数量和结构趋于稳定(MML3)</td></tr>
<tr><td rowspan="2">市场结构</td><td>产业集中度</td><td>■ 产品处于导入阶段，产品生产销售只集中在少数企业(MML1)
□ 从事产品生产销售的企业数量大幅增加，产业集中度较低(MML2)
□ 产业经过并购整合调整，形成了以少数规模大实力强的企业为龙头的完整的产业链(MML3)</td></tr>
<tr><td>市场占有率</td><td>■ 产品商业应用示范，占有率较低(MML1)
□ 大规模商业化应用，占有率快速增长(MML2)
□ 市场供需平衡，占有率高且趋于平稳(MML3)</td></tr>
</table>

续表

<table>
<tr><td rowspan="2">市场成熟度评价</td><td rowspan="2">市场潜力</td><td>产品竞争力</td><td>■ 产品预期具有较强的竞争力(MML1)
□ 产品竞争力优势显现(MML2)
□ 产品竞争力优势明显(MML3)</td></tr>
<tr><td>进入壁垒</td><td>■ 少数企业掌握核心技术，技术壁垒高(MML1)
□ 核心技术大规模应用，技术壁垒降低(MML2)
□ 产业规模经济效应显现，进入壁垒高(MML3)</td></tr>
<tr><td>时序预测年</td><td colspan="3">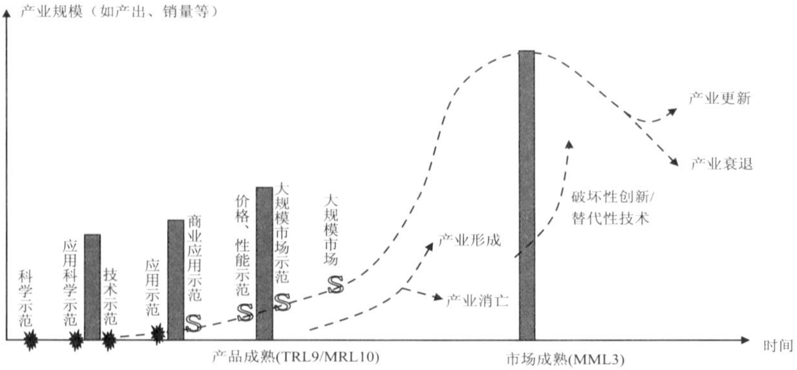

1)预测“十三五”时期末(2020年)技术、制造、市场的成熟等级
技术成熟度(TRL1～9)：__9__
制造成熟度(MRL1～10)：__9__
市场成熟度(MML1～3)：__3__
2)预测技术、制造、市场完全成熟的时间点
技术完全成熟(TRL9)：__2020__年
制造完全成熟(MRL10)：__2025__年
市场完全成熟(MML3)：__2025__年</td></tr>
</table>

战略性新兴产业培育与发展建议：

1)政府对产业的培育与发展应调动地方与企业的积极性，采用多元化投资机制。

2)利用竞争机制，发挥企业积极性，择优选择，再组织全国力量进行型号研制。

3)建议以航线距离界定、座级界定、旅客运输量界定相结合的方式，合理定义支线航线，充分发挥现行补贴政策的效用，努力寻求支线航空发展政策的进一步突破。

4)建立完整的民用飞机运营体系，将干线飞机运营网络与支线飞机运营网络相连接，同时建立并完善基本航空服务计划，保障偏远地区民众的基本出行需求，并为支线机的发展创造良好的市场环境。

5)建立并完善支线航线保护机制，对各级运营商，尤其是对支线航线开拓有贡献的运营商，应出台适当的鼓励政策与保护政策，并注重政策的落实与实施。

6)针对支线航空适当减免收费项目(尤其是西部地区)，降低运营成本，保证支线机运营的盈利空间；鼓励民营资本和外资进入支线航空领域，同时注意市场调节，合理发放补贴，给予国内支线机产业进口成品关税上的优惠政策

注：本表制于2014年。

(2)第三方专家评审意见

所属领域：高端装备制造

产业方向：涡桨支线飞机产业

技术成熟度 TRL(1～9级)		专家1	专家2	专家3
		8	8	8
制造成熟度 MRL(1～10级)		专家1	专家2	专家3
		8	8	8
市场成熟度 MML(1～3级)	市场收入	专家1	专家2	专家3
		1	1	1
	从业人员	专家1	专家2	专家3
		1	1	1
	产业集中度	专家1	专家2	专家3
		1	1	1
	市场占有率	专家1	专家2	专家3
		1	1	1
	产品竞争力	专家1	专家2	专家3
		1	1	1
	进入壁垒	专家1	专家2	专家3
		1	1	1
未来成熟等级和时序表预测	1)预测“十三五”时期末(2020年)技术、制造、市场的成熟等级			
	技术成熟度(TRL1～9)	专家1	专家2	专家3
		9	9	9
	制造成熟度(MRL1～10)	专家1	专家2	专家3
		10	9	9
	市场成熟度(MML1～3)	专家1	专家2	专家3
		3	3	3
	2)预测技术、制造、市场完全成熟的时间点			
	技术完全成熟(TRL9)	专家1	专家2	专家3
		2018	2020	2018
	制造完全成熟(MRL10)	专家1	专家2	专家3
		2020	2023	2020
	市场完全成熟(MML3)	专家1	专家2	专家3
		2025	2023	2025

战略性新兴产业培育与发展的建议：

1)培养和稳定科研人员队伍。

2)支持形成飞机产品支援服务高效体系(首先在国内及非洲开展工作)。涡桨支线客机面临的国际垄断和冲击相对较小，国内航空工业相对较好的发展机遇，但同样面临市场需求艰难的局面，需要国家到位的支持。

3)新舟60/600飞机技术相对成熟，但技术也相对落后，未来市场竞争力有限，应建议加大新技术、新产品研制。

续表

4）建议加大新舟系列飞机产品支援体系建设，保障飞机正常运营，以赢得市场口碑。建议结合国内市场分布和特点，培育新舟系列飞机市场

注：本表制于2014年。

（3）产业成熟度评定结果

产业方向	成熟度评价结果	“十三五”预测	完全成熟时间/年
涡桨系列支线飞机	技术成熟度　TRL 8	TRL9	2020
	制造成熟度　MRL8	MRL9	2020
	市场成熟度　MML 1	MML3	2025
	产业成熟度　IML 2	IML 4	2025

注：本表制于2014年。

案例5：城际动车组

（1）领域专家自评价

重点产业方向名称		轨道交通装备
重大突破性技术名称		城际动车组
所属产业领域		□ 节能环保□ 新一代信息技术□ 生物　■ 高端装备制造 □ 新能源　□ 新材料　□ 节能与新能源汽车
重点产业发展方向简介		城际轨道交通是介于国家干线铁路与城市轨道交通之间的客运系统，是一种理想的能适应区域经济快速发展和城市群崛起的城际快速轨道交通工具，在国内外市场需求旺盛。近年来，通过对城际动车组的系统集成、车体、转向架、牵引传动、制动、网络控制等城际列车关键技术进行深入研究，已完成CRH6型城际动车组的研制，取得了长足的发展，但同时还存在着明显不足： 1）在城际动车组方面，速度等级时速在120～160千米之间、大载客量、快起快停、快速通过、既可高速连续运转又可短时大扭矩工作的典型城际动车组尚无成熟业绩，产品谱系尚处于萌芽阶段，亟待加快产品研制进程，以填补此速度范围内产品存在的空白；此外，市场对城际动车组需求种类繁多，研发处于无序阶段，相关产业尚未形成规模。 2）在信号方面，能够实现城际列车安全保护、自动驾驶、精确停车、自动折返等功能的列控系统尚未成功开发。 3）在供电方面，适应城际短途多站、发车密度高、供电容量大、负载大、负序及谐波治理要求高的供电技术应用有待进一步研究，同相供电技术工程应用尚属空白
技术成熟度评价	重大突破性技术的技术现状	通过最近十年以来的技术引进、消化、吸收和再重新，以及自主开发产品的成熟应用，城际动车组牵引系统和信息监控系统等动车组电气系统投入广泛的运用，掌握了相关产品设计、制造的核心技术、城际动车组自主设计和制造的能力，完全有把握生产出达到国外先进水平的一流产品。 突破和提升了IGBT应用技术：器件驱动与吸收技术、低感母排（busbar）技术、高压绝缘技术、电磁兼容技术等。研究交流传动控制策略，优化控制算法，提高了交流传动控制的精度和系统的稳定性及动态响应速度
	当前TRL级别	根据技术成熟度评价参考准则，评价该项重大突破性技术的TRL级别（1～9） TRL　8

续表

<table>
<tr><td rowspan="2">制造成熟度评价</td><td>重大突破性技术的制造现状</td><td colspan="2">目前城际动车组速度等级时速在 120 ~ 160 千米之间，产品谱系尚处于萌芽状态，亟待加快研制生产进程，以填补此速度范围内产品存在的空白。整体上，其生产能力得到验证，准备开始全速率生产。
“十三五”期间，以城际动车组研制的阶段性成果为起点，研制满足我国城际大运量轨道交通运输需求的城际动车组并完成工程化验证和运用考核。具体目标如下：
1）完成时速 120 ~ 140/140 ~ 160 千米两个速度级，适应不同自然环境、不同条件，兼顾 AC 25 kV 和 DC 1 500 V 的城际动车组研制、工程化验证和运用考核。
2）形成我国自主化城际动车组技术规范和标准体系</td></tr>
<tr><td>当前 MRL 级别</td><td colspan="2">根据制造成熟度评价参考准则，评价该项重大突破性技术的 MRL 级别(1 ~ 10)
MRL __9__</td></tr>
<tr><td rowspan="7">市场成熟度评价</td><td>市场现状</td><td colspan="2">随着我国城市化进程的持续发展和城市化水平的不断提高，城市的规模也在不断扩大，未来城际间的客运市场潜力巨大。以其用地省、运能大、速度快、节约能源、减少污染、运行经济、安全性好等优点，越来越受到人们的重视。在今后铁路提速中起到关键性的作用。2014 年完工约 2 200 公里，需求城际动车组约 1 800 辆左右，约 220 列；预计到 2020 年全国规划城际铁路线路约 15 000 公里，按百公里配置 10 列(8 辆编组)测算，预计市场需求 1 500 列，约 12 000 辆左右</td></tr>
<tr><td rowspan="2">市场规模</td><td>市场收入</td><td>■ 前期投入大，市场收入规模低(MML1)
□ 收入规模增加，实现盈利(MML2)
□ 收入利润规模稳定(MML3)</td></tr>
<tr><td>从业人员</td><td>■ 以研发人员为主，但生产和销售人员开始增加(MML1)
□ 以生产和销售人员为主，生产销售人员大幅增加(MML2)
□ 从业人员数量和结构趋于稳定(MML3)</td></tr>
<tr><td rowspan="2">市场结构</td><td>产业集中度</td><td>□ 产品处于导入阶段，产品生产销售只集中在少数企业(MML1)
■ 从事产品生产销售的企业数量大幅增加，产业集中度较低(MML2)
□ 产业经过并购整合调整，形成了以少数规模大实力强的企业为龙头的完整的产业链(MML3)</td></tr>
<tr><td>市场占有率</td><td>■ 产品商业应用示范，占有率较低(MML1)
□ 大规模商业化应用，占有率快速增长(MML2)
□ 市场供需平衡，占有率高且趋于平稳(MML3)</td></tr>
<tr><td rowspan="2">市场潜力</td><td>产品竞争力</td><td>■ 产品预期具有较强的竞争力(MML1)
□ 产品竞争力优势显现(MML2)
□ 产品竞争力优势明显(MML3)</td></tr>
<tr><td>进入壁垒</td><td>□ 少数企业掌握核心技术，技术壁垒高(MML1)
■ 核心技术大规模应用，技术壁垒降低(MML2)
□ 产业规模经济效应显现，进入壁垒高(MML3)</td></tr>
</table>

续表

时序预测年

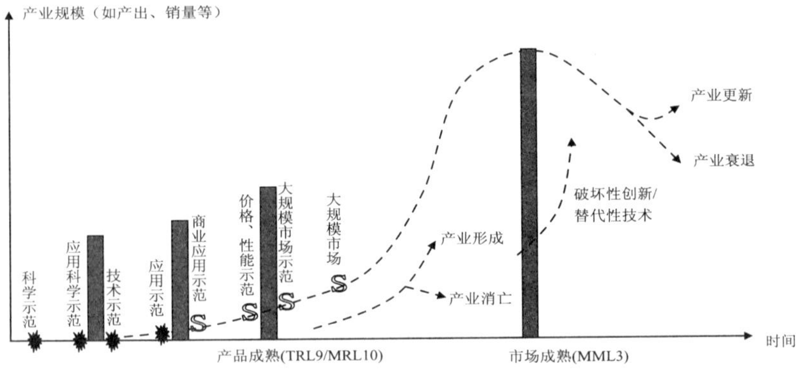

1）预测“十三五”时期末（2020 年）技术、制造、市场的成熟等级

技术成熟度（TRL1 ~9）：__9__

制造成熟度（MRL1 ~10）：__10__

市场成熟度（MML1 ~3）：__3__

2）预测技术、制造、市场完全成熟的时间点

技术完全成熟（TRL9）：__2020__年

制造完全成熟（MRL10）：__2018__年

市场完全成熟（MML3）：__2030__年

战略性新兴产业培育与发展建议：我国轨道交通装备企业自主研制的城际动车组等产品技术领先并具有独创性，市场前景不可限量，但大规模推广依赖于商业示范应用。希望国家尽早建立轨道交通高新技术产品首台套示范应用机制，可以考虑对研制企业、首家应该单位进行专项补贴或者税费减免，支持新型产品尽早应用，取得有关资质，进军国际市场，实现我国轨道交通技术引领全球市场

注：本表制于 2014 年。

（2）第三方专家评审意见

所属领域：高端装备制造

产业方向：城际动车组

技术成熟度 TRL（1 ~9 级）		专家 1	专家 2	专家 3	专家 4	专家 5	专家 6
		8	7	8	8	9	9
制造成熟度 MRL（1 ~10 级）		专家 1	专家 2	专家 3	专家 4	专家 5	专家 6
		9	8	9	9	10	10
市场成熟度 MML（1 ~3 级）	市场收入	专家 1	专家 2	专家 3	专家 4	专家 5	专家 6
		1	1	1	1	1	2
	从业人员	专家 1	专家 2	专家 3	专家 4	专家 5	专家 6
		1	1	1	1	1	3
	产业集中度	专家 1	专家 2	专家 3	专家 4	专家 5	专家 6
		2	1	2	2	3	3
	市场占有率	专家 1	专家 2	专家 3	专家 4	专家 5	专家 6
		1	1	1	1	1	2

续表

市场成熟度 MML(1～3 级)	产品竞争力	专家 1	专家 2	专家 3	专家 4	专家 5	专家 6
		1	2	1	1	2	2
	进入壁垒	专家 1	专家 2	专家 3	专家 4	专家 5	专家 6
		2	1	1	2	3	3
未来成熟等级和时序表预测	1)预测“十三五”时期末(2020 年)技术、制造、市场的成熟等级						
	技术成熟度(TRL1～9)	专家 1	专家 2	专家 3	专家 4	专家 5	专家 6
		9	9	8	9	9	9
	制造成熟度(MRL1～10)	专家 1	专家 2	专家 3	专家 4	专家 5	专家 6
		10	10	9	10	10	10
	市场成熟度(MML1～3)	专家 1	专家 2	专家 3	专家 4	专家 5	专家 6
		3	3	2	2	2	1
	2)预测技术、制造、市场完全成熟的时间点						
	技术完全成熟(TRL9)	专家 1	专家 2	专家 3	专家 4	专家 5	专家 6
		2020	2020	2016	2018	2016	2016
	制造完全成熟(MRL10)	专家 1	专家 2	专家 3	专家 4	专家 5	专家 6
		2018	2020	2018	2018	2014	2014
	市场完全成熟(MML3)	专家 1	专家 2	专家 3	专家 4	专家 5	专家 6
		2030	2025	2020	2025	2020	2025

战略性新兴产业培育与发展的建议：

1)近 10 余年来，我国城际动车组技术发展迅速，生产制造手段先进，但是由于有关方面或城市建设者在概念上尚未划清，存在混淆，使地铁在某些场合占领了动车组领域，这是不正常的，建议有关部门制定政策，明确定义与分工，确保地铁、城际共同发展。

2)城际动车组的培育与发展有利于国家的城镇化发展，但鉴于目前没有统一的标准体系和产品体系，国家应尽快组织建立产品标准化体系。

3)建议对 100～120 km/h 的地铁动车组部分进行改进，将速度提高到 120～160 km/h 是很容易的、可行的。2020 年以前，市场比较小，但是随着城市化发展需求量会较大。

4)用高速动车组投入的技术力量，加强技术攻关，使产品研发面向实际市场需要发展。

5)预期的市场占有率较高，建立并完善相关的产品安全、运营安全等相关的监控、评估体系

注：本表制于 2014 年。

(3)产业成熟度评定结果

产业方向	成熟度评价结果	“十三五”预测	完全成熟时间/年
城际动车组	技术成熟度　TRL8	TRL9	2018
	制造成熟度　MRL9	MRL10	2018
	市场成熟度　MML1	MML 2	2025
	产业成熟度　IML2	IML 3	2025

案例6：燃煤超低排放

(1)领域专家自评价

重点产业方向名称		燃煤超低排放重大工程
重大突破性技术名称		高效整体煤气化近零排放发电系统(IGCC与IGFC)
所属产业领域		□ 节能环保　□ 新一代信息技术　□ 生物　□ 高端装备制造 ■ 新能源　□ 新材料　□ 节能与新能源汽车
重点产业发展方向简介		燃煤超低排放重点研究开发燃煤电站多种污染物超低排放环保岛优化运行控制系统，通过单元污染物减排设备控制系统集成优化，对环保岛各运行系统进行集成控制，通过静态控制系统与动态控制系统耦合优化，形成污染物超低排放环保岛运行性能的优化控制系统，实现多目标共同优化控制，挖掘环保岛运行节能减排潜力，在污染物高效协同脱除的同时，实现经济效益、能量效率最优化。 超低排放技术可有效推进我国燃煤发电产业升级，已具备一定的技术和产业基础，超低排放技术可实现很好的环保效益，燃煤电厂超低排放的经济性可以接受。 中国首套烟气超低排放装置已在浙能嘉兴发电厂8号机组投入运行。该台百万千瓦燃煤机组经技术改造后，主要污排放粉尘2.12 mg/Nm^3、二氧化硫17.47 mg/Nm^3、氮氧化物38.94 mg/Nm^3，达到了国际先进水平，达到天燃气燃气轮机排放标准，为东部经济发达地区发展煤电产业开辟了新的途径。经初步检测，该装置投入运行后其排放指标已经达到设计要求。与达标排放的1 000 MW燃煤电厂相比，预计增加投资约6%，增加运行成本约4%，远低于燃气电厂度电成本，低约50%
技术成熟度评价	重大突破性技术的技术现状	国外个别电厂综合指标接近超低排放，但由于技术壁垒及煤种、运行水平等差异，很难直接在我国应用。国内虽仅有少数运行案例，针我国国情，以燃煤电厂全部达到天然气电厂的SO_2、NO_x、粉尘排放指标为目标，国内多家电力企业开展了燃煤电站大气污染物超低排放技术研究和工程示范
	当前TRL级别	根据技术成熟度评价参考准则，评价该项重大突破性技术的TRL级别(1~9) TRL <u>8</u>
制造成熟度评价	重大突破性技术的制造现状	目前国内五大发电集团相继在东部发达地区部署“超低排放”发展战略，数家发电企业已经开始“超低排放”改造工作。神华集团国华电力的61台燃煤机组中的48台将相继进行“近零排放”技术改造，预计到2017年改造完成。国华电力所有新建燃煤机组，拟都采用“近零排放”技术路线，全部达到或低于燃气机组排放标准
	当前MRL级别	根据制造成熟度评价参考准则，评价该项重大突破性技术的MRL级别(1~10) MRL <u>8</u>
市场成熟度评价	市场现状	目前，我国燃煤发电装机规模达到7.8亿千瓦，大部分的电站配备了脱硫工艺，但是脱硝和深度除尘配套不足。另外，我国对大气污染的控制趋于严格，各地去煤化、限制新上燃煤电厂，开展超低排放的市场空间巨大。燃煤超低排放工程受到国家产业政策影响较大，从发展趋势看，我国将加大对燃煤污染物排放的限制，从而产业市场空间巨大

续表

<table>
<tr><td rowspan="6">市场成熟度评价</td><td rowspan="2">市场规模</td><td>市场收入</td><td>□ 前期投入大，市场收入规模低(MML1)
□ 收入规模增加，实现盈利(MML2)
■ 收入利润规模稳定(MML3)</td></tr>
<tr><td>从业人员</td><td>■ 以研发人员为主，但生产和销售人员开始增加(MML1)
□ 以生产和销售人员为主，生产销售人员大幅增加(MML2)
□ 从业人员数量和结构趋于稳定(MML3)</td></tr>
<tr><td rowspan="2">市场结构</td><td>产业集中度</td><td>■ 产品处于导入阶段，产品生产销售只集中在少数企业(MML1)
□ 从事产品生产销售的企业数量大幅增加，产业集中度较低(MML2)
□ 产业经过并购整合调整，形成了以少数规模大实力强的企业为龙头的完整的产业链(MML3)</td></tr>
<tr><td>市场占有率</td><td>■ 产品商业应用示范，占有率较低(MML1)
□ 大规模商业化应用，占有率快速增长(MML2)
□ 市场供需平衡，占有率高且趋于平稳(MML3)</td></tr>
<tr><td rowspan="2">市场潜力</td><td>产品竞争力</td><td>□ 产品预期具有较强的竞争力(MML1)
□ 产品竞争力优势显现(MML2)
■ 产品竞争力优势明显(MML3)</td></tr>
<tr><td>进入壁垒</td><td>□ 少数企业掌握核心技术，技术壁垒高(MML1)
□ 核心技术大规模应用，技术壁垒降低(MML2)
■ 产业规模经济效应显现，进入壁垒高(MML3)</td></tr>
<tr><td>时序预测年</td><td colspan="3">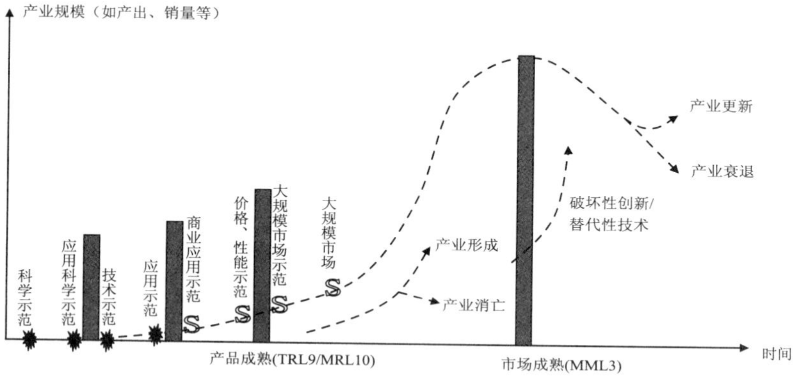

1)预测“十三五”时期末(2020年)技术、制造、市场的成熟等级
技术成熟度(TRL1～9)：<u>10</u>
制造成熟度(MRL1～10)：<u>10</u>
市场成熟度(MML1～3)：<u>7</u>
2)预测技术、制造、市场完全成熟的时间点
技术完全成熟(TRL9)：<u>5</u>年
制造完全成熟(MRL10)：<u>5</u>年
市场完全成熟(MML3)：<u>10</u>年</td></tr>
</table>

续表

战略性新兴产业培育与发展建议：

1)加快制定标准，规范超低排放产业发展。超低排放技术作为一种先进的洁净发电技术应该具有行业统一的规范和标准。该技术的规范不仅有利于超低排放技术研发的聚焦，更有利于污染物脱除装备制造及相关配套产业的健康发展。

2)优化电力布局，大力发展超低排放技术。超低排放技术适宜在我国东部沿海地区和京津冀地区发展应用。国家应对超低排放技术的发展进行统一布局。随着相关技术的创新和推广，燃煤发电可以变得更清洁、更环保、与环境更友好，超低排放技术可以适当扩展应用范围

注：本表制于2014年。

(2)第三方专家评审意见

所属领域：新能源产业

产业方向：燃煤超低排放重大工程

技术成熟度 TRL(1～9级)		专家1	专家2	专家3	专家4	专家5
		8	8	8	8	8
制造成熟度 MRL(1～10级)		专家1	专家2	专家3	专家4	专家5
		9	9	9	9	9
市场成熟度 MML(1～3级)	市场收入	专家1	专家2	专家3	专家4	专家5
		3	1	1	3	1
	从业人员	专家1	专家2	专家3	专家4	专家5
		1	1	1	1	3
	产业集中度	专家1	专家2	专家3	专家4	专家5
		1	1	1	1	1
	市场占有率	专家1	专家2	专家3	专家4	专家5
		1	1	1	1	1
	产品竞争力	专家1	专家2	专家3	专家4	专家5
		2	2	2	2	2
	进入壁垒	专家1	专家2	专家3	专家4	专家5
		2	2	2	2	2
未来成熟等级和时序表预测	1)预测"十三五"时期末(2020年)技术、制造、市场的成熟等级					
	技术成熟度(TRL1～9)	专家1	专家2	专家3	专家4	专家5
		9	9	9	9	9
	制造成熟度(MRL1～10)	专家1	专家2	专家3	专家4	专家5
		9	9	10	10	9
	市场成熟度(MML1～3)	专家1	专家2	专家3	专家4	专家5
		2	2	2	2	2
	2)预测技术、制造、市场完全成熟的时间点					
	技术完全成熟(TRL9)	专家1	专家2	专家3	专家4	专家5
		2020	2020	2020	2025	2020

续表

未来成熟等级和时序表预测	制造完全成熟（MRL10）	专家 1	专家 2	专家 3	专家 4	专家 5
		2020	2017	2020	2018	2019
	市场完全成熟（MML3）	专家 1	专家 2	专家 3	专家 4	专家 5
		2020	2023	2023	2030	2020

战略性新兴产业培育与发展的建议：
1）资金投入较大，但对于环境整治贡献较大。
2）建议国家政策引导推行。
3）关键国家政策推广，加大投资力度，通过国家政策支持，引导企业进入。
4）技术相对比较成熟，论证之前项目支撑及技术示范，培育产业发展，促进超低燃煤发电技术发展

注：本表制于 2014 年。

（3）产业成熟度评定结果

产业方向	成熟度评价结果	“十三五”预测	完全成熟时间/年
燃煤超低排放	技术成熟度　TRL8	TRL 9	2020
	制造成熟度　MRL8	MRL10	2020
	市场成熟度　MML1	MML2	2025
	产业成熟度　IML2	IML 3	2025

案例 7：航天运输

（1）领域专家自评价

重点产业方向名称	航天运输
重大突破性技术名称	先进总体技术、推进和动力技术
所属产业领域	□ 节能环保　□ 新一代信息技术　□ 生物　■ 高端装备制造 □ 新能源　□ 新材料　□ 节能与新能源汽车
重点产业发展方向简介	航天运输是指诸如卫星、货运飞行器、科学载荷的物体或乘客在空间的往复移动或移动方式。航天运输系统是指往返于地球表面和空间轨道之间，以及轨道与轨道之间运输各种有效载荷的运输工具系统的总称。 近年来，我国的航天运输产业取得了举世瞩目的成绩，我国已经成为航天大国。但目前我国航天运输产业的主力军还是一次性液体运载火箭，以 CZ-5、CZ-7 火箭为代表的新一代运载火箭已全面开展研制，固体小火箭、空射小火箭、液体小火箭及可重复使用运载技术的研究是对现有火箭型谱的有效补充。新一代运载火箭研制后，将极大提高我国运载火箭的性能及任务适应性，我国的运载能力将达到国际先进水平，但从未来发展来看，美、俄、欧洲以及日本都有在规划新型的运载火箭，新一代的优势将在未来几年内逐步弱化。因此，在“十三五”时期，我国的航天运输系统将致力于完成新一代大推力、高可靠、无毒、无污染、竞争力强的一次性运载火箭体系构建及对现役运载火箭适应性的改进，进一步提升运载火箭的运载能力、可靠性、经济可承受性和快速响应能力，争取达到国际商业发射服务市场 15% 的市场份额，进一步加强我国航天运输产业的市场竞争力

续表

<table>
<tr><td rowspan="2">技术成熟度评价</td><td>重大突破性技术的技术现状</td><td colspan="2">先进总体技术、先进推进和动力技术、先进材料和结构技术、先进信息、通信及电子技术及先进制造技术是我国航天运输产业的关键核心技术。目前我国的运载火箭总体设计技术已达到世界先进水平，长征系列运载火箭已经实现了从常温推进剂到低温推进剂、从串联到捆绑、从一箭单星到一箭多星、从发射卫星到发射载人飞船和月球探测器的跨越式发展，现阶段已经形成了相对完备的运载火箭型谱，具备开展中小规模的低、中、高不同轨道有效载荷发射的能力。而随着新一代运载火箭的研制，大量新技术在新型运载火箭中的应用，如大推力液氧煤油发动机、2219 铝合金、总线、光纤惯组、激光惯组等，研制成功的运载火箭能力将在“十三五”期间与世界目前的主流运载火箭持平，无论是运载能力、可靠性、环境友好等方面均可实现世界领先，运载能力近地轨道达 25 吨级，GTO 达 14 吨级。但相对于国外运载火箭来说，我国运载火箭不管从总体性能还是从技术先进性等方面来说，都还存在较大的差距。表明在技术成熟度方面，如复合材料贮箱、大推力氢氧发动机、大推力固体火箭发动机，我国技术研发仍较低或刚开展预研</td></tr>
<tr><td>当前 TRL 级别</td><td colspan="2">根据技术成熟度评价参考准则，评价该项重大突破性技术的 TRL 级别(1～9)
TRL __7__</td></tr>
<tr><td rowspan="2">制造成熟度评价</td><td>重大突破性技术的制造现状</td><td colspan="2">经过多年的发展，我国已经能够生产、制造 5 m 级的运载火箭，并可以在现有基础上扩展到 6 m，具备了根据任务完成型号产品研制的能力，但从航天运输本身来看，仍属于小子样的制造流程，大量依靠人工完成，尚未实现批量化的制造，生产线效率较低，建议加大投入，提升生产制造能力，建议加大投入，开展生产制造的新工艺、新技术等研究，提高生产制造水平</td></tr>
<tr><td>当前 MRL 级别</td><td colspan="2">根据制造成熟度评价参考准则，评价该项重大突破性技术的 MRL 级别(1～10)
MRL __7__</td></tr>
<tr><td rowspan="5">市场成熟度评价</td><td>市场现状</td><td colspan="2">由于我国的运载火箭发射成本较高，目前除了政府、军队的发射任务外，社会上其他企业发射任务较少，截至 2012 年，我国实施国际商业发射 35 次，发射了 41 颗卫星。
据粗略估计，至 2020 年我国需要发射的卫星将超过 200 颗。按照卫星质量分类，1 t 以下的卫星约占 45%，1～4 t 的卫星约占 30%，5 吨以上的卫星约占 25%。按照轨道分类，近地轨道卫星约占 30%，太阳同步轨道卫星约占 25%，地球同步转移轨道、地球同步轨道卫星约占 45%。从上述需求来看，未来我国的航天运输产业市场需求旺盛，市场前景良好，市场潜力巨大</td></tr>
<tr><td rowspan="2">市场规模</td><td>市场收入</td><td>■ 前期投入大，市场收入规模低(MML1)
□ 收入规模增加，实现盈利(MML2)
□ 收入利润规模稳定(MML3)</td></tr>
<tr><td>从业人员</td><td>■ 以研发人员为主，但生产和销售人员开始增加(MML1)
□ 以生产和销售人员为主，生产销售人员大幅增加(MML2)
□ 从业人员数量和结构趋于稳定(MML3)</td></tr>
<tr><td rowspan="2">市场结构</td><td>产业集中度</td><td>■ 产品处于导入阶段，产品生产销售只集中在少数企业(MML1)
□ 从事产品生产销售的企业数量大幅增加，产业集中度较低(MML2)
□ 产业经过并购整合调整，形成了以少数规模大实力强的企业为龙头的完整的产业链(MML3)</td></tr>
<tr><td>市场占有率</td><td>■ 产品商业应用示范，占有率较低(MML1)
□ 大规模商业化应用，占有率快速增长(MML2)
□ 市场供需平衡，占有率高且趋于平稳(MML3)</td></tr>
</table>

续表

<table>
<tr><td rowspan="2">市场成熟度评价</td><td rowspan="2">市场潜力</td><td>产品竞争力</td><td>☐ 产品预期具有较强的竞争力(MML1)
■ 产品竞争力优势显现(MML2)
☐ 产品竞争力优势明显(MML3)</td></tr>
<tr><td>进入壁垒</td><td>■ 少数企业掌握核心技术，技术壁垒高(MML1)
☐ 核心技术大规模应用，技术壁垒降低(MML2)
☐ 产业规模经济效应显现，进入壁垒高(MML3)</td></tr>
<tr><td>时序预测年</td><td colspan="3">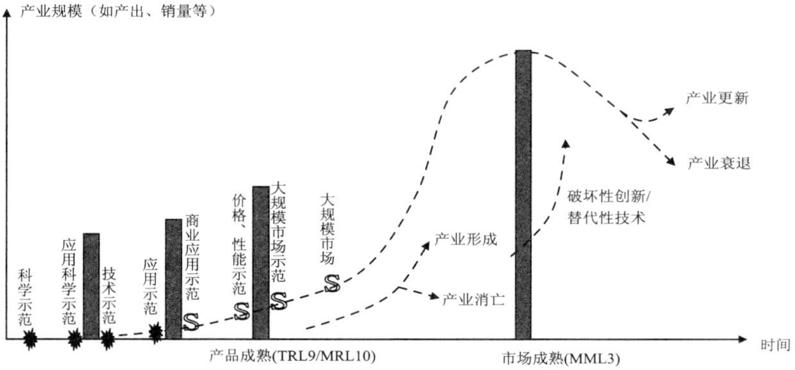

1)预测“十三五”时期末(2020年)技术、制造、市场的成熟等级
技术成熟度(TRL1～9)：__8__
制造成熟度(MRL1～10)：__8__
市场成熟度(MML1～3)：__2__
2)预测技术、制造、市场完全成熟的时间点
技术完全成熟(TRL9)：__2025__年
制造完全成熟(MRL10)：__2025__年
市场完全成熟(MML3)：__2030__年</td></tr>
<tr><td colspan="4">战略性新兴产业培育与发展建议：
1)将运载火箭的基础能力和拓展能力分开发展，相互牵引促进；研究如何绕开美国的众多限制，如发展小型的运载火箭，从众多的验证性试验、微小型卫星等市场入手，逐步渗透。
2)对复合材料贮箱技术、大推力氢氧发动机技术、大推力固体发动机技术、电气小型化集成化技术等开展研究，切实提高传统运载火箭的总体性能；加大重复使用运载器的关键技术、总体方案论证、飞行演示验证的研究投入；加强运载火箭系列化、通用化、产品化的力度，切实提高我国运载火箭的适应性、适用范围，并降低成本；改变我国现有“重实现、轻使用”的局面，切实提升使用维护性能，满足“好用”的要求。
3)重视基础技术研究，提升国家工业基础能力，促进产品的升级换代；加强顶层策划，统筹国内资源，合理规划未来航天产业发展；以重大项目牵引带动航天产业升级。
4)大力发展可重复使用技术，降低单次发射成本，实现“廉价、可靠、快速、机动”地进出空间；关注低成本技术。
5)放宽民营企业、社会资本进入航天领域的限制，包括卫星、运载火箭等领域，推动商业化的进程；加强对新技术的研发</td></tr>
</table>

注：本表制于2014年。

(2)第三方专家评审意见

所属领域：高端装备制造

产业方向：航天运输

指标	子项	专家1	专家2	专家3	专家4
技术成熟度 TRL(1～9级)		8	8	7	8
制造成熟度 MRL(1～10级)		9	9	8	8
市场成熟度 MML(1～3级)	市场收入	2	1	3	2
市场成熟度 MML(1～3级)	从业人员	1	1	3	2
市场成熟度 MML(1～3级)	产业集中度	1	1	3	3
市场成熟度 MML(1～3级)	市场占有率	1	1	3	3
市场成熟度 MML(1～3级)	产品竞争力	2	2	2	3
市场成熟度 MML(1～3级)	进入壁垒	1	1	2	3
未来成熟等级和时序表预测	1)预测“十三五”时期末(2020年)技术、制造、市场的成熟等级				
未来成熟等级和时序表预测	技术成熟度(TRL1～9)	8	8	7	9
未来成熟等级和时序表预测	制造成熟度(MRL1～10)	9	9	8	9
未来成熟等级和时序表预测	市场成熟度(MML1～3)	2	1	3	3
未来成熟等级和时序表预测	2)预测技术、制造、市场完全成熟的时间点				
未来成熟等级和时序表预测	技术完全成熟(TRL9)	2030	2020	2030	2020
未来成熟等级和时序表预测	制造完全成熟(MRL10)	2030	2020	2030	2020
未来成熟等级和时序表预测	市场完全成熟(MML3)	2040	2030	2030	2030

战略性新兴产业培育与发展的建议：

1)发展低成本发射技术，并不断改善有效载荷的动力学环境；发展GEO、MEO轨道直接入轨技术，支持一箭多星能力。

2)快速响应载荷发射需求的运载火箭；满足未来大型有效载荷，如大型多功能静止轨道通信卫星需求的运载；引入民间商业资本投资，合作发展新一代运载产业。

续表

3）需要看国家经济的发展状况，适时开展新兴的产业，比如，载人登月的交项，探测火星或深空的项目开展。 4）主要是针对目前已开展研制的型号；航天运输业是国家支柱性战略新兴产业，结合我国的工业基础、能力、水平来看，以国家的支持为主取得了显著的成就，今后10～20年仍应以国家支持、国家大型企业为主，产学研结合，促进航天运输业的发展

注：本表制于2014年。

（3）产业成熟度评定结果

产业方向	成熟度评价结果	"十三五"预测	完全成熟时间/年
航天运输	技术成熟度　TRL7	TRL8	2025
	制造成熟度　MRL8	MRL9	2025
	市场成熟度　MML1	MML2	2030
	产业成熟度　IML2	IML 3	2030

注：本表制于2014年。

参考文献

[1] 苏东水. 产业经济学. 北京：高等教育出版社，2000.

[2] 杨公仆. 产业经济学. 上海：复旦大学出版社，1999.

[3] 吴燕生，王崑声，等. 技术成熟度及其评价方法. 北京：国防工业出版社，2012.

[4] J Mankins. TECHNOLOGY READINESS LEVELS. A white paper of NASA Advanced Concepts Office of Space Access and Technology，2004.

[5] 黎连业，张晓冬，吕小刚，等. 软件能力成熟度模型与模型集成基础. 北京：机械工业出版社，2011.

[6] 水藏玺，许艳红. 管理成熟度评价理论与方法. 北京：中国经济出版社，2011.

[7] J Crawford. Project Management Maturity Model. UK：Auerbach Publications，2006.

[8] J Mankins. Technology Readiness and Risk Assessments TRLs and Innovation Portfolio Management History，Practices and Future Directions. Artemis Innovation Management Solutions LLC，USA，2012.

[9] ISO，Space system-Definition of the Technology Readiness Levels（TRL）and their criteria of assessment，Working Draft，ISO TC20/SC14/WG5，August，2011.

[10] 张新国. 国防装备系统工程中的成熟度理论与应用. 北京：国防工业出版社，2013.

[11] 杨明海. 项目团队效能成熟度研究. 北京：中国社会科学出版社，2008.

[12] 巨建国，汤万金. 科技评价理论与方法：基于技术增加值. 北京：中国计量出版社，2008.

[13] 袁家军. 航天产品工程. 北京：中国宇航出版社，2011.

[14] F Jackie，R Mark. Mastering the Hype Cycle：How to Choose the Right Innovation at the Right Time. USA：Harvard Business Press，2008.

[15] 葛宏志. 中国航天战略性新兴产业重要发展方向评价方法研究. 北京：中国航天系统科学与工程研究院，2013.

[16] 中国人民解放军总装备部. 装备技术成熟度等级划分及定义（GJB 7688—2012）. 2012.

[17] 王礼恒，等. 战略性新兴产业培育与发展战略研究综合报告. 北京：科学出版社，2015.

[18] Assistant Secretary of Defense for Research and Engineering（ASD（R&E））. Technology Readiness Assessment（TRA）Guidance[R]. U. S. A Department of Defense，2011.

[19] U. S. Department of Energy. Technology Readiness Assessment Guide[R]. Washington，D. C.：U. S. A Department of Energy，2011.

[20] European Commission. HORIZON 2020 WORK PROGRAMME 2014—2015[R]. European Commission Decision C（2014）4995 of 22 July 2014.

[21] 中央军委装备发展部. 装备技术成熟度等级划分及定义（GJB 7688—2012）. 北京：总装备部电子信息基础部，2012.

[22] 张健壮，史克禄. 武器装备研制项目制造风险与制造成熟度. 北京：中国宇航出版社，2013.

[23] OSD. Manufacturing Technology Program，The Joint Service/Industry MRLWorking Group，Manufacturing Readiness Level（MRL）Deskbook，version 2. 2，2012.

[24] 中国工程科技发展战略研究院. 2016 中国战略性新兴产业发展报告. 北京：科学出版社，2016：517－529.

[25] U. S. Government Printing Office. GAO/NSIAD-99-162 Best Practices: Better Management of Technology Development Can Improve Weapon System Outcomes. July 30, 1999.

[26] U. S. DEPARTMENT OF ENERGY Technology Readiness Assessment Guide. DOE G 413. 3 – 4 2009. 10. 12.

[27] U. S. Department of Defense. Manufacturing Readiness Level (MRL) Deskbook. 2010.

[28] 中华人民共和国国家质量监督检验检疫总局，中国国家标准化管理委员会发布. 科学技术研究项目评价通则. GB/T22900—2009，2009.

[29] 樊胜，李彬，张华，等. 技术成熟度的应用对我国核电研发的启示. 中国核电，2015，2：168 – 173.

[30] 国家食品药品监督管理总局. 药物非临床研究质量管理规范，局令第 2 号. 2003.

[31] 国家食品药品监督管理总局. 药物临床研究质量管理规范，局令第 3 号. 2003.

[32] J. Steven Newman. Failure-Space: A systems engineering look at 50 space system failures. Acta Astronautica, 2001.

[33] Department of Defense. DoDI 5000. 02 Operation of the Defense Acquisition System [EB/OL]. http://www. acqnotes. com/Attachents/DoD%20Instruction%205000. 2. pdf. 2008.

[33] 彼得·潘迪，罗伯特·纽曼，罗兰·卡瓦纳. 六西格玛管理法：世界顶级企业追求卓越之道. 马钦海，陈桂云译. 北京：机械工业出版社，2011.

[34] 张楠楠，丁新玲，安孟长. 国外航天制造工艺与装备技术 2011 年度发展研究综述. 军民两用技术与产品，2012.

[35] J E Amadi-Echendu, R T Rasetlola. Technology commercialization factors, frameworks and models. San Jose, CA, United states: 1st International Technology Management Conference, 2011

[36] H Lucheng, X Yanmei. An approach to identify the commercialization potential of new technology. Cairo, Egypt: 2010 International Conference on Education and Man agement Technology, 2010.

[37] J P Irene, E E Ann. Technology roadmapping in review: A tool for making sustainable new product development decisions. Technological Forecasting & Social Change, 2004, 71: 81 – 100

[38] P Asthana. Jumping the technology s-curve. IEEE Spectrum. 1995, 32(6): 49 – 54.

[39] A John. Rapid Innovation in the Air Force: Pushing Innovative Space Technologies Across the Valley of Death. San Diego, CA: AIAA SPACE 2014 Conference and Exposition, August 2014.

[40] A Michel, D Franck, F Claude. Tools and Methods to prepare Technologies and Competences of Future Orbital Systems: The Technical Policy at CNES. 60th International astronautical congress, 2009.

[41] 王吉武. 新兴技术商业化潜力评价及投资决策研究. 哈尔滨：哈尔滨工程大学，2008.

[42] 曾路，汤勇力，李东从. 产业技术路线图：探索战略性新兴产业培育路径. 北京：科学出版社，2014.

[43] Department of Energy. Economic Feasibility And Market Readiness Of Solar Technologies. September, 1978.

[44] R Vernon. International Investment and International Trade in the Product Cycle. Quarterly Journal of Economics and Statistics. 1979.

[45] M Gort, S Klepper. Time paths in the diffusion of product innovations. The Economic Journal, 1982, 92 (367).

[46] J Utterback, W Abernathy. A dynamic model of process and product innovation. Omega, 1993(3).

[47] R Watts, A Porter. Innovation forecasting. IEEE Transaction on Technological Forecast- ing and Social Change, 1997, 56(1).

[48] J P Martino. A review of selected recent advances in technological forecasting. Technological Forecasting and Social Change, 2003, 70(8).

[49] M Porter. Clusters and New Economics of Competition. Harvard Business Review, 1998(11).

[50] J P Irene, E E Ann. Technology roadmapping in review: A tool for making sustainable new product development decisions. Technological Forecasting & Social Change 71 (2004) 81 - 100.

[51] C R Gunderson. Platform Across the Valley of Death: Tech Transition Via Open Enterprise Information System Development. Monterey: Naval Postgraduate School, 2014.

[52] National Academy Of Sciences. Accelerating Technology Transition: Bridging the Valley of Death for Materials & Processes in Defense Systems. Washington, Dc, 2006.

[53] P L Gardner, A Y Fong, L S Graham. From innovation to enterprise-the role of technology the role of technology commercialization in sustaining economic growth. Singapore: IEEE International Engineering Management Conference, 2004.

[54] C David. Leestma and Kumar Krishen. Innovative Approaches to Technology Transfer and Commercialization at NASA Johnson Space Center.

[55] M Douglas, B David, etc. Crossing the ′valley of death′: Transitioning cybersecurity research into practice [J]. IEEE Security and Privacy, 2013, 11(2).

[56] C R Gunderson. Platform Across the Valley of Death: Tech Transition Via Open Enterprise Information System Development. Monterey: Naval Postgraduate School, 2014.

[57]陈正伟. 综合评价技术及应用. 成都: 西南财经大学出版社, 2013.

[58] T L Saaty. Fundamentals of decision making and prority theory with the analytic hierarchy process. RWS Publications, 1994.

[59] 徐泽水. 模糊互补判断矩阵排序的一种算法. 系统工程学报, 2011, 16(4): 311 -314.

[60] 胡成伟. 基于变异系数的风险投资项目评价方法研究. 郑州: 郑州大学, 2009.

[61] 王道平, 王煦. 基于AHP/熵值法的钢铁企业绿色供应商选择指标权重研究. 软科学, 2010(8).

[62] 王玲玲, 伍转青. 优度评价法在多式联运运输方式组合优选中的应用. 中国系统工程学会决策科学专业委员会2009年学术年会, 2009.

[63] 张立军, 袁能文. 线性综合评价模型中指标标准化方法的比较与选择. 统计与信息论坛, 2010(8).

[64] 冯臻, 邓忠民, 吴强. 基于模糊评价与GIOWA算子的技术风险评估方法. 北京航空航天大学学报, 2011, 37(6): 743 -747.

[65] 张小红, 裴道武, 代建华. 模糊数学与Rough集理论. 北京: 清华大学出版社, 2013.

后　记

本书的研究、写作、讨论、修改历时5年，得到了众多专家的帮助与支持，尤其是在中国工程院重大咨询课题“战略性新兴产业培育与发展咨询研究项目”“‘十三五’战略性新兴产业培育与发展研究”和科技部“国家科技重大专项（民口）中期评估”中获得各领域的专家参与研讨与支持，共同完成了众多重点产业方向的评价工作，大家一起经历了研究与探索的艰辛与快乐，借此表达诚挚的谢意！

由于时间仓促，书中内容难免有不妥之处，敬请读者批评指正！